党的自我革命与纪检监察研究丛书

本书由浙江省新型重点智库中共浙江省委党校全面从严治党研究中心资助出版

新时代
党内监督体系建设研究

肖剑忠　著

中国人民大学出版社
·北京·

序　言

在中国共产党领导的多党合作和政治协商制度这一颇具中国特色且具有极大优势的中国新型政党制度背景下，以执政党自我治理的现代化推动国家治理的现代化，正是中国治理的特有逻辑，是符合中国国情、具有中国特色的国家治理现代化道路。对于执政的中国共产党来说，政党治理的现代化，其核心就是通过完善党内监督体系，强化党的自我监督，确保权为民所赋、权为民所谋、权为民所用，使得中国共产党及其领导的各级各类权力机构能够践行全心全意为人民服务的根本宗旨，不断满足人民群众的美好生活需要，最终实现中华民族伟大复兴的中国梦。那么，如何完善党内监督体系？如何把党的十九届四中全会通过的《中共中央关于坚持和完善中国特色社会主义制度 推进国家治理体系和治理能力现代化若干重大问题的决定》、党的二十大报告和党的二十届三中全会通过的《中共中央关于进一步全面深化改革 推进中国式现代化的决定》等文件一再强调的这一重要任务落实到位，使之从战略蓝图变为工程施工图，最后变为实实在在的成果？这就成了党委、政府和学界所共同面对的重要任务。肖剑忠教授所著的《新时代党内监督体系建设研究》，正是他为此重要任务所付出努力的结果，是他展示给广大读者的个人答案。作为作者的导师，我为此感到欣慰，同时也深以为这是新时代党内监督体系建设研究领域的一个有分量、有新意的重要成果。在我看来，这部著作有以下几个特点和亮点。

其一，对新时代党内监督体系进行了有开创性的理论建构。的确，我国学界从事党史党建研究和政治学研究的学者对党内监督的研究成果是不少的。但是，这些研究大多是聚焦于某个方面、某种制度的研究，例如党委监督、纪委监督、党代会监督、民主集中制、派驻监督制度、巡视制度、领导干部个人事项报告制度等，而缺乏在系统观念指导下对整个党内监督体系进行研究的成果。少数学术论文虽然也以党内监督体系为研究主题，但限于篇幅，其论述仍然是比较简略的，只涉及少数几个方面或几个维度。此外，也有少数博士学位论文和硕士学位论文从历史角度对党内监督体系进行研究，但实际上，在很长一个时期内，我们党并没有明确建立党内监督体系的目标，因而，这些从党史角度对党内监督体系进行的研究，严格说也并不是真正的党内监督体系研究。肖剑忠教授的《新时代党内监督体系建设研究》不仅比较全面地分析了新时代党内监督体系的构成要素，即包括主体、内容、对象在内的基本要素和包括制度、技术、指向在内的连接要素，而且提出了新时代党内监督体系所应具有的五方面基本特征，即党内监督主体方面的各尽其责和各显其能，党内监督内容方面的权力、日常工作、政治和作风全覆盖，党内监督对象方面的普遍性前提下的差异性，党内监督指向方面的自上而下、自下而上和同级相互的均衡，党内监督手段方面的制度和技术的组合。此外，作者还提出了党内监督体系所具有的五方面目标导向，即坚持党的领导、基本解决党内的党风和腐败问题、降低党内监督的成本、形成党内监督的闭环、确保党内监督体系的持续运行。作者对新时代党内监督体系进行了比较系统的理论建构，不仅可为新时代党内监督体系建设指明方向，也可为我们评价和分析党内监督体系甚至某个党内监督主体与某项党内监督制度提供标准和参照。其中，尤其值得一提的是关于党内政治监督的论述。政治监督是近些年党中央和各级党委以及各级纪委制定的文件中的高频词，也是习近平总书记屡屡强调的重要概念。

很显然，这些文件和中央领导人在中央纪委全会等重要场合所提的政治监督，其实都是党内政治监督，而非泛指的对国家公权力的政治监督，虽然这两者密切相关，存在交集。那么，这种政治监督与党内监督有什么关系？作者从内容角度将党内监督分为党内权力监督、党内日常工作监督、党内政治监督和党内作风监督，从而有助于我们理解党内政治监督与其他党内监督形式的关系。而且，作者还指出了部分党组织以及党员、干部对政治问题的理解存在观念偏差、大多数政治问题具有很强的隐蔽性、现有的适用于党内政治监督的制度或手段比较缺乏等问题，从而为新时代加强党内政治监督指明了破题方向。

其二，对一些不太为人关注的问题进行了深入分析。新时代党内监督体系建设涉及问题甚多，有些重点难题是中央文件所着重指出要破解的，也有些是不太为人关注的。一般而言，对于前面这类问题，学界往往更关注，产出的研究成果也更多；对于后面这类问题，学界则相对关注不多，研究成果也较少。例如，对于从主体角度来完善党内监督体系，大多数学者往往着眼于党委（党组）、纪委以及具体的巡视组、派驻纪检小组等，很少有人考虑党支部监督在党内监督体系中应该发挥什么作用，以及如何加强党支部这一主体的监督。但事实上，正如作者所指出的那样，党支部监督是一种日常性、直接性、基础性的党内监督，具有知情早、行动快、开展方便、成本较低、抓早抓小、防微杜渐等优势。如果党支部监督在党内监督体系中没有一席之地，如果不能加强党支部层面的监督，那么，必然容易出现全面从严治党中“杀鸡用牛刀”的尴尬，必然难以走出只有依靠强力的巡视巡察才能解决党组织管党治党宽松软问题这种效率并非最优、效果并非最佳的管党治党困局。又如，述职（述责）述廉制度也是一种重要的党内监督制度，但学界对这一他们认为不太重要的党内监督制度研究较少，相应地在思考新时代党内监督体系建设时也一般对其予以忽略。作者在分析自下而上的党内监督问题时将其纳入视野，并指出述职（述责）述廉制度运行中存在两个普遍且集中的突出问题。一是党员领导干部述职（述责）述廉时说成绩太多、说问题太少，说问题也主要是表面和抽象地说次要问题，而不是具体和深刻地说主要问题。作者指出，党的十八大后查处的领导干部，几乎没有一位曾在每年一次或换届中、换届前的述职（述责）述廉时承认自己有不廉行为和贪腐问题。二是党员领导干部述职（述责）述廉时所说的问题得不到纠正。在现实中，党员领导干部可能会睚眦必报、秋后算账，给他们眼中的“挑刺”者穿小鞋，对他们认定的“异己分子”进行打击报复，而且有的党员也只愿当好好先生，怕得罪人，只想多栽花少栽刺以明哲保身。这就使得对党员领导干部述职（述责）述廉情况的质询和讨论很难出现，甚至想都不敢想；同时也使得党员在民主评议或民主测评时，虽然心有不满甚至积怨，但大多还是照样全部画“√”，照样违心地说党员领导干部的好话。很显然，作者对于述职（述责）述廉制度在党内监督体系中作用不大的原因分析是深刻的。再如，党代会以及与之密切相关的党代表常任制度是党内民主的重要制度安排，学界在这方面的研究成果不少。但是，毋庸讳言，党代会及党代表长期以来在党内监督体系中存在感较低、发挥作用不大。对于这一尴尬事实及其背后的原因，也有学者对此进行了深入调查和研究。有学者就指出，其中一个重要原因是党代表中领导干部比例偏高。作者则更进一步指出，这些党代表大多与作为监督对象的党委常委、党委委员存在下级与上级关系，从而使其很难有勇气对这些事实上的“领导”进行监督。作者的分析显然更深入，更接近事实，也更能为激发党代会制度、党代表常任制度的监督效能提供方向指导。

其三，为党内监督难题的破解提供了新维度。作者认为，技术是国家治理和社会治理的重要手段。越是在科学技术飞速发展、日新月异的信息时代，以网络技术为代表的现代信息技术在国家治理和社会治理方面越有用武之地，越扮演着重要的角色。由此，作者认为，在新时代党内监督体系建设中，技术和制度一样，扮演着重要的角色、发挥着重要的作用，是其中的重要要素。对此，我是深表赞同的。长期以来，学界研究政治问题，特别是研究党内监督问题，一般基于制度视角，主要是分析既有制度的弊端和非科学性，始终着力于探索如何建立健全制度。作者固然同样重点关注制度的创设和运行，却又关注技术维度，做到了制度和技术并重。故而，作者提出了对民主生活会进行现场录像并存档、探索党委（党组）会议决策重大事项时录视频以及探索网上民主测评等思路和做法。这些思路和做法虽然进入操作层面后有待精细化和科学化，但是顺应时代发展趋势的，是可以为新时代党内监督体系建设打开新思路、提供新视角的。

当然，党中央所提出的完善党内监督体系的目标是宏大且艰巨的，实践探索和理论研究都是不能止步的。我也希望作者有更多的新的研究成果，从而持续助力于新时代党内监督体系建设。

是为序。

丁晓强

2024 年 9 月 18 日

自序

党的十八大后，以习近平同志为核心的党中央以“打铁还需自身硬”的高度自觉，以“明知山有虎，偏向虎山行”的无畏勇气，以作风建设开局，坚持全面从严治党的战略方针和战略目标不动摇，从而“刹住了一些过去被认为不可能刹住的歪风，纠治了一些多年未除的顽瘴痼疾，党风政风和社会风气为之一新”，使得“党的自我净化、自我完善、自我革新、自我提高能力显著增强，管党治党宽松软状况得到根本扭转，反腐败斗争取得压倒性胜利并全面巩固，消除了党、国家、军队内部存在的严重隐患，党在革命性锻造中更加坚强”。对于党的政治建设、思想建设、组织建设、作风建设、纪律建设和制度建设以及反腐败斗争等在党的十八大前后发生的全方位显著变化、取得的多方面显著成效，人们无疑会产生探寻这一显著变化和显著成效背后原因的强烈兴趣。党的十八大后发生的这些显著变化、取得的这些显著成效，归根到底是始终深入推进党的自我革命的结果，是我们党找到了跳出历史周期率的第二个答案。众所周知，党的自我革命的主要内核就是党的自我监督，亦即党内监督。由此，也就需要学者对党的十八大后党内监督方面所取得的理论成果、制度成果、实践成果进行系统总结和科学概括。同时，鉴于党的十八大后党内监督的加强和深化都是在马克思主义经典作家党内监督思想指导和启发下进行的，都是在无产阶级政党特别是中国共产党诞生以来长期推进党内监督并取得一系列经验、创设一系列制度、形成诸多传统同时也经历不少挫折的基础上进行的，因而，也就有必要对党内监督进行一个长时段的历史回溯和深度省思。对新时代党内监督理论、制度和实践的总结和概括，以及对无产阶级政党特别是中国共产党诞生以来的党内监督理论、制度和实践的回顾和省思，这两方面构成了新时代党内监督研究的前半篇文章。

然而，我们还有更重要的后半篇文章要做。那就是随着习近平总书记基于系统观念提出完善党内监督体系这一更艰巨、更具挑战性、更高层次的目标任务，我们还得思考新时代党内监督体系应该是一个包括哪些要素、具有什么特征和功能的科学和完善的监督体系；对照新时代党内监督体系建设目标，如今的党内监督工作还有哪些短板和不足需要补齐和改进，以及如何补齐这些短板和改进这些不足。做好新时代党内监督研究的这篇文章尤其是后半篇文章，正是我撰此著作的初衷和意义。

多年从事党建研究的我，历来喜欢分析问题、有些问题意识，也喜欢提一些新见解、新观点。本书固然有对许多已有研究成果的参考和借鉴，但也有一些是我自己的所思所想，特别是在关于新时代党内监督体系的特征和目标方面。又如，关于党内政治监督研究，我早有思考，并曾著文发表于《中国井冈山干部学院学报》2019 年第 2 期，根据中国知网的查询结果，这或许是当时发表于学术刊物最早研究党内政治监督的论文。再如，大多偏好宏观研究的党建研究对于党支部监督在党内监督体系中的重要作用及其特征、难点等缺乏关注，我基于成本角度考虑，认为必须重视这一具有日常性、直接性、基础性的党内监督，并使之在党内监督体系中有一席之地。

毋庸讳言，由于学养有限、调研不广，本书难免有诸多不足，在此敬请专家和读者批评指正。

肖剑忠

2024 年 6 月 19 日

目　录

第一章　马克思主义经典作家的党内监督思想…… 1

第一节　马克思、恩格斯的党内监督思想…… 1

第二节　列宁的党内监督思想 …… 15

第二章　建党后至十八大前党内监督的探索实践及理论成果 …… 33

第一节　建党后至新中国成立前党内监督的探索和实践 …… 34

第二节　新中国成立后至改革开放前党内监督的探索和实践 … 42

第三节　改革开放后至十八大前党内监督的探索和实践 …… 47

第四节　建党后至十八大前党内监督的经验启示 …… 52

第五节　毛泽东、邓小平、江泽民和胡锦涛的党内监督思想 …… 59

第三章　十八大后党内监督的实践进展和思想创新 …… 74

第一节　十八大后的党内监督的实践进展 …… 74

第二节　十八大后党内监督的思想创新 …… 92

第四章　新时代党内监督体系的构成要素、基本特征和主要目标…… 108

第一节　新时代党内监督体系的构成要素…… 108

第二节　新时代党内监督体系的基本特征…… 114

第三节　新时代党内监督体系建设的主要目标…… 121

第五章 新时代党内监督体系建设的主要问题和挑战 …… 126
第一节 主体方面的党支部监督缺位 …… 126
第二节 指向方面的同级相互的监督和自下而上的党内监督较弱 …… 134
第三节 对象方面的对一把手的党内监督明显薄弱 …… 146
第四节 内容方面的党内政治监督和党内权力监督相对薄弱 …… 152

第六章 新时代完善党内监督体系的思路和对策 …… 162
第一节 党内监督主体的完善 …… 162
第二节 党内监督指向的完善 …… 174
第三节 党内监督对象的完善 …… 191
第四节 党内监督内容的完善 …… 210
第五节 党内监督内外结合的完善：加强党内监督与审计监督、民主党派监督、群众监督、舆论监督的结合 …… 223

结 语 …… 235

参考文献 …… 247

后 记 …… 255

第一章　马克思主义经典作家的党内监督思想

中国共产党从成立之初就明确以马克思主义为指导思想，并在列宁领导的共产国际的帮助下、以布尔什维克为参照，由此，中国共产党成立之初就天然具有马克思、恩格斯和列宁等马克思主义经典作家对党建思想的基因。中国共产党在领导人民进行推翻“三座大山”的新民主主义革命中、在进行“三大改造”的社会主义革命中、在探索中国发展道路的社会主义建设中，以及在改革开放的伟大历史进程中，立足中国的国情和中国共产党自身的党情，对包括党内监督在内的自身建设进行了长期且卓有成效的探索，形成了具有中国共产党自身特色的党建思想。毫无疑问，马克思主义经典作家的党建思想作为基因和传统必然长期且深刻地影响着中国共产党的自身建设。因而，研究新时代党内监督体系建设，首先必须回溯马克思、恩格斯和列宁等马克思主义经典作家的党内监督思想，唯此才能科学认识中国共产党党内监督的思想渊源，正确把握中国共产党党内监督的理论逻辑，从而为新时代中国共产党党内监督体系建设提供丰富理论资源和科学理论指导。

第一节　马克思、恩格斯的党内监督思想

马克思和恩格斯作为伟大的思想家和革命导师，他们有着丰富的思

想创造和完整的思想体系，也有着长期的革命经历和丰富的革命实践。但由于他们直接参与和主导的无产阶级政党建设的时间和实践相对较少，不像列宁、毛泽东那样长期参与和主导无产阶级政党建设，甚至亲身经历党的建立、发展直至掌握政权，由此也就使得他们因为实践的需要、基于实践的体会而激发和孕育的关于党内监督的思想不是十分丰富，也不构成完整和系统的思想体系。总体看，在马克思、恩格斯的理论著作中，有不少和党内监督思想有关的理论。这些理论集中出现在他们参与改造正义者同盟和建立第一国际过程中所写的著作以及所表达的观点中。这些理论强调了“党内监督”的重要性，要求在党员之间形成相互监督、相互制约的关系，以确保党员干部在党内正确行使其权力。基于对马克思、恩格斯著作中相关内容的研读，可以将马克思、恩格斯的党内监督思想概括为以下几个方面。

一、民主监督思想

相较于马克思、恩格斯的哲学思想和科学社会主义思想等，其党内监督思想提出较晚，最早是在他们参与改造正义者同盟的时候提出的。正义者同盟是一个国际性工人组织，是一个秘密革命组织，其成员主要由德国流亡者同盟中分裂出来的左翼激进分子组成。正义者同盟最初是在法国巴黎成立，这个组织逐渐发展成为带有“陈旧的密谋性的传统和形式”① 的国际性工人组织。因为带有密谋性质，正义者同盟内部管理相对严格，非常注重对党内成员的严密控制，但这种控制是自上而下的，自下而上的组织成员之间的制约和监督非常缺乏。为了改造这个组织，马克思、恩格斯花费了大量心血，从而使之具备了民主性的党内监

① 《马克思恩格斯文集》第4卷，人民出版社2009年版，第235－236页。

督的雏形，并在此过程中初步阐发了其党内的民主监督思想。马克思和恩格斯关于党内监督的思想较为集中的阐释，则是在领导国际工人协会的过程中进行的。国际工人协会是国际性的工人联合组织，亦称第一国际，最初是由英国、德国、波兰等国家的工人阶级组织集体倡议建立的。第一国际是当时欧洲工人运动的核心领导力量，包括了来自欧洲多个国家的支部。也正是由于成员复杂，派别林立，马克思和恩格斯为把第一国际建设成为联合全世界无产阶级、在共同纲领下统一行动的领导核心，耗费了大量心血。也正是在参与第一国际的建设中，在与不同派别斗争的过程中，马克思和恩格斯逐渐丰富和完善了自己的党内监督思想，主要体现在确立了代表大会的绝对领导地位、建立了代表大会的年会制等方面。

（一）确立了代表大会的绝对领导地位

马克思、恩格斯在他们共同参与并确立的文件《共产主义者同盟章程》中提出，“代表大会是同盟的立法机关……中央委员会作为同盟的权力执行机关，有义务向代表大会报告工作”[①]，开除盟籍的问题只能由代表大会决定。同时，该章程明确，代表大会要受到各支部的制约，代表大会的一切立法性决议须提交各支部讨论，以便决定是否可以接受。从这一点可以看出，共产主义者同盟建立了自下而上、体现民主导向的党内监督体制。恩格斯评价指出，共产主义者同盟这一组织本身是完全民主的，其各委员会由选举产生并随时可以罢免，“仅这一点就已堵塞了任何要求独裁的密谋狂的道路”[②]。在建立第一国际时，代表大会自下而上的监督和制约功能得到进一步强化和扩展。《共产主义者同盟章程》明确规定，中央委员会的成员要由代表大会指定的中央委员会

① 《马克思恩格斯全集》第 42 卷，人民出版社 1979 年版，第 421 页。
② 《马克思恩格斯文集》第 4 卷，人民出版社 2009 年版，第 236 页。

所在地的区部委员会选举产生。中央委员会成员不是由代表大会直接选举产生，不具有广泛的代表性，因此会导致中央委员会实际上成为一个独立的不隶属于代表大会的权力机关，并且可能会造成同盟内部有两个并列的最高权力机关的局面，使得政治决策过程受到双重影响。有鉴于此，马克思为第一国际起草的章程确定了由代表大会产生中央委员会的具体规定，此后这个规定也不断完善。在日内瓦代表大会上，同盟为了让代表大会对中央委员会的监督有程序性保障，又对此增加了新的规定，也就是要求总委员会（中央委员会）必须执行代表大会的决议的规定，由此使得代表大会的绝对领导地位真正得到确立，也使得自下而上的民主性的党内监督在同盟内部得到进一步贯彻和体现。与此同时，马克思和恩格斯也考虑到在代表大会休会期间，可能会出现监督机构的缺失导致党内监督无法落实到位的现象。因此，在确保代表大会绝对领导地位之后，马克思和恩格斯在制度设计上允许总委员会在代表大会休会期间代行部分代表大会职责，其中就包括监督职责，并且他们强调，在总委员会贯彻执行代表大会决议过程中，总委员会是唯一的代行机构，而其他支部成立的机构则需要将某些权力给予总委员会，并接受其领导。例如，1872 年由马克思和恩格斯起草的《在海牙举行的全协会代表大会的决议》就规定了“总委员会必须……监督每一个国家严格遵守国际的共同章程和条例的原则”，总委员会有权力对其中违反章程或代表大会决议的分部、支部、联合会委员会以及联合会执行“暂时开除”的处罚，这个处罚“直到应届代表大会为止”。这一规定不仅能够保证在代表大会休会期间，总委员会作为党内最高监督机关的权力能够得到有效行使；而且还能确保总委员会的权力范围不会超出代表大会的界限，对总委员会工作起到有效监督。

（二）建立了代表大会的年会制

代表大会是现代政治民主的一种形式。在无产阶级政党的代表大会上，代表能够真正履行自己的职责，独立表达自己的意志，并通过适当的集中决定组织的重大事项。代表大会作为体现和集中同盟成员利益和意志的最高权力机关，其领导作用的发挥和党内监督功能的实现，都必须以这一组织的持续正常运转为前提。很难想象，代表大会在长期不开会、无法正常运转的“僵尸”状态下能实现其监督功能和体现其领导地位。也正因为此，马克思、恩格斯特别重视代表大会的每年正常召开，并特地设计了代表大会的年会制。《共产主义者同盟章程》第十九条明确规定：“代表大会于每年八月举行。遇紧急情况中央委员会有权召集非常代表大会。”① 此外，马克思为国际工人协会起草的成立宣言和临时章程都明确了代表大会的年会制，信奉马克思主义的欧洲各国无产阶级政党也都强调代表大会的年会制。1869 年马克思、恩格斯参与创建的德国社会民主工党的章程就明确规定，党代表大会每年至少举行一次②。从 1869 年到 1914 年的 45 年间，除了该党因俾斯麦政府的“反社会党人法令”被取缔而不能公开在国内活动的 12 年外，其余的 33 年时间里该党一直坚持党代表大会的年会制。代表大会年会制的确立，能够保证代表大会作为最高权力机关对全党实行党内监督具有足够的时效性。每年一次的代表大会，能够对党在过去的工作进行评估，及时调整有待完善的部分，取缔因情况改变而不再适用的政策。另外，无产阶级政党内部群体庞大，成分复杂，并且来自不同地区、持不同观点的工人团体还在源源不断涌入党内。如果作为最高权力机关的代表大会长时间不召开，就无法对当前情况有总的把握，无法有效应对党内不同声音对既有章程、方针乃至指导思想的冲击，进而导致思想混乱、行动失调的危险局面的出现。代表大会的年会制不仅可以增加监

---

① 《马克思恩格斯全集》第 42 卷，人民出版社 1979 年版，第 421 页。

② 中国人民大学科学社会主义系：《国际共产主义运动史文献史料选编》第 2 卷，中国人民大学出版社 1983 年版，第 46 页。

督工作的频率，而且可以通过明确监督工作的内容和范围，加强对党员干部的日常监督，进一步提升党内监督的效率。

二、通过党员之间相互监督强化党内监督

民主性的党内监督必须建立在党员彼此平等的基础上。高高在上的特权党员以及党内的依附关系等，显然不利于其他党员进行有效监督。马克思、恩格斯强调党内各成员之间应当是完全平等的，无产阶级政党内部不应当出现特权党员。在完全平等的基础上，实现党员之间、党支部之间相互监督乃至群众对党员的监督，是马克思、恩格斯民主监督思想的重要体现。

（一）强调盟员或党员地位平等

具体来说，有以下两个方面：

第一，反对个人迷信。马克思、恩格斯坚决反对任何形式的个人迷信，反对对党内的领导的迷信式、盲目式乃至宗教狂热般的崇拜。马克思和恩格斯虽然是无产阶级运动的核心领导者，创立了无产阶级政党行动的指导思想，但他们并没有借机把自己当作至高无上的领袖，反而在实际行动上坚决遏制个人迷信现象在党内的蔓延。1877年，马克思在给威廉·布洛斯的一封信中说，“恩格斯和我最初参加共产主义者秘密团体时的必要条件是：摒弃章程中一切助长迷信权威的东西”①，这也是他们在着手改造正义者同盟时关注的焦点问题之一。恩格斯提出，“任何一个身居高位的人，都无权要求别人对自己采取与众不同的温顺态度”②。在马克思和恩格斯看来，个人迷信是宗派主义

① 《马克思恩格斯全集》第34卷，人民出版社1972年版，第289页。
② 《马克思恩格斯全集》第38卷，人民出版社1972年版，第72－73页。

政党领袖维系其个人地位而惯用的一种手段，是不符合社会发展趋势和无产阶级革命需要的，这种组织模式的党已经走到了尽头，在工人阶级政党内部应当予以否定。如果党内成员出现了对领导者绝对服从的现象，那么在领导者出现错误的时候就无法通过代表大会来及时纠正，群众对领导者的监督也就无从谈起。

第二，强调党员平等。早在参与起草《共产主义者同盟章程》时，马克思和恩格斯就明确提出“所有盟员都一律平等”这个原则。无产阶级政党成员地位应当一律平等，没有任何党员可以凭借自己在党内的职务、地位凌驾于其他党员之上，也没有任何党员可以突破党的纪律与章程的束缚而成为特权党员，这是马克思和恩格斯党内监督思想的重要基石，也是实现党内监督的前提。在第一国际期间，马克思、恩格斯发现总委员会设置的主席一职，既没有具体的领导责任，也没有明确的职权范围，但其地位又位于党内其他委员之上，形成一种“王权原则”。他们认为工人协会内部出现这种情况是非常不恰当的，应避免对机构中最高领导的监督的缺位，以确保机构能够正常运作，并发挥出最大的作用。至于具体的监督制度设计，马克思和恩格斯提出，应当把对最高领导的监督建立在领导机构的成员集体之中。马克思建议取消“总委员会主席”这一职务，1869 年第一国际巴塞尔代表大会接受了马克思的建议①。

（二）建立了党员群众对党的干部的监督机制

马克思和恩格斯非常看重人民群众的作用，认为接受人民的监督能够防止权力腐败。恩格斯认为“德国的运动的特点是，领导的一切错误总是由群众来纠正”②，这一思想反映到无产阶级政党建设上就是倡导

---

① 雒树刚：《党内监督》，中国展望出版社 1989 年版，第 36 - 37 页。
② 《马克思恩格斯文集》第 10 卷，人民出版社 2009 年版，第 448 页。

党员群众对党的干部的监督。因此，无产阶级政党应当建立健全相关机制，充分发挥党员群众对党的干部的监督作用。马克思和恩格斯将这些思想付诸实践，提倡建立选举制、任期制和集体领导制等党内监督机制。在选举制以及密切相关的任期制方面，马克思、恩格斯参与起草的《共产主义者同盟章程》规定：各支部的主席和副主席由选举产生；选举者如认为担任公职人员的工作不能令人满意，可随时撤换之；区部委员会和中央委员会的委员实行任期制，任期为一年，一年以后必须经确认方得连任①。虽然在政治学范畴中，民主选举和民主监督经常并列，但很显然，选举本身其实也是一种监督，可以使得党内的领导干部因为这一机制对不合格者的淘汰作用而认真履职、努力工作。如《共产主义者同盟章程》直接明确，选举者如认为担任公职人员的工作不能令人满意，可随时撤换之。至于任期制，因为它可以使得被选举出来的代表及领导人员的职权具有阶段性而不是永久性，可以使得那些履职不力、表现不佳的代表和领导人员在经过一定周期后退下来，因而同样起到了监督的效果，同样是一种制约机制。

（三）提倡党员之间、党支部之间互相批评

恩格斯认为"批评是工人运动生命的要素"，是工人们表达自己意见和观点的重要方式。它不仅可以让工人们认识到自己的错误，也可以让他们更好地表达自己的意见，从而获得更多的支持和理解。批评也是言论自由的一种表现，它不仅可以让工人们更好地表达自己的观点，也可以促使党内形成一种良好的监督机制。因此，批评是无产阶级党内监督的有效手段。党员之间、党支部之间互相批评，能够使党员在自我扬弃过程中不断进步，从而达到约束党员行动、监督权力实施、防范滋生腐败效果，进而促进无产阶级政党不断更新、不断净化。虽然党员内部

① 《马克思恩格斯全集》第42卷，人民出版社1979年版，第420－422页。

的批评有时候会引起一些成员之间的反感，在马克思和恩格斯领导的无产阶级政党内部确实也发生过因为互相批评，不同支部之间产生矛盾甚至分裂的情况，在一定条件下影响到了党内团结，但恩格斯认为这种现象是“建立党内真正和谐的关键”①，每个党员如果能够通过互相之间的有益批评来检视自身过失，“一定要比任何无批判的恭维更有益处”②。

三、党内监督要保证党的统一

在马克思、恩格斯看来，无产阶级政党想要取得革命的最终胜利，一个根本的原则和关键就是要保持党的统一。无产阶级政党应该体现民主价值导向，同时又是统一的、有战斗力的。而要想维护党的统一，就势必涉及无产阶级政党的党内监督，因此马克思和恩格斯在革命斗争中围绕保证党的统一原则做了很多工作，其中就蕴含着大量和党内监督有直接或间接关联的思想。他们特别强调以下三方面。

（一）要有维护多数人意志的纪律

马克思、恩格斯高度重视党内纪律问题，认为这是加强无产阶级政党战斗力的重要内容。马克思在给恩格斯的一封信中指出：“我们现在必须绝对保持党的纪律，否则将一事无成。”③ 在马克思和恩格斯看来，无产阶级政党想要领导革命取得成功的重要前提是保证党在指导思想和总的行动纲领上的统一，党的每个支部只有在没有破坏党的统一、没有违背党的总纲领这一原则之下才能发挥自主性，才能组织和动员群众，推动革命事业向前发展。他们认为无产阶级政党维护党的统一是重要且困难的事情，而要达到这一目标，最有效的手段就是严明党的纪律。为

---

① 《马克思恩格斯文集》第10卷，人民出版社2009年版，第679页。
② 《马克思恩格斯全集》第34卷，人民出版社1972年版，第399页。
③ 《马克思恩格斯全集》第29卷，人民出版社1972年版，第413页。

此，他们特别强调党员必须遵守政治、组织、社会等方面的纪律，坚决反对任何形式的不正当行为。这一思想在《共产主义者同盟章程》和《国际工人协会共同章程》中有具体体现，他们在这些章程中规定了严格的纪律。像共产主义者同盟二大通过的章程就规定，盟员“不得参加任何反共产主义的（政治的或民族的）团体”，“服从同盟的一切决议”，等等①。无政府主义者曾攻讦维护党的统一、加强党内纪律的行为是“权威原则”，为此，恩格斯在《论权威》一文中运用历史唯物主义基本原理阐释了在限制内的权威对于联合工人阶级进行暴力革命的必要性，他指出组织活动的首要条件是有一个起支配作用的意志，而“受托执行有关的大多数人的决议的委员会”② 就是这个意志的具体表现形式之一。也正是从这个意义上来说，要想使无产阶级政党从事的伟大事业得到强有力的保障，就必须通过维护党的委员会的地位，严格遵守委员会的决定，并采取严肃的党内纪律，以此来实现党的统一，及确保无产阶级政党得到更加有力的领导。

（二）党的领导机关对下级组织和党员群众能够进行监督

这种监督形式属于党内自上而下的监督。这种自上而下的监督主要体现在两方面。一是强调党的领导机关对党的下级组织和党员群众有领导权。具体的实现形式就是当面临重大问题时，党的下级组织和党员群众有义务向党的领导机关请示并听取上级机关的意见和命令，以此来保证决策的正确实施。同时，党的领导机关也有权力对不服从的下级组织和党员群众进行监督，以此来确保党的正确领导，例如执行包括开除出组织等纪律。1869 年 3 月，第一国际对总委员会与各国家支部之间的关系进行了进一步的明确和规范，阐明了总委员会与各国家支部之间存

---

① 《马克思恩格斯全集》第 4 卷，人民出版社 1958 年版，第 572 页。
② 《马克思恩格斯文集》第 3 卷，人民出版社 2009 年版，第 337 页。

在一种监督与被监督关系。总委员会为了解决实际存在的问题，允许每个支部根据所在地区的工人运动的实际发展情况，提出和制定具体的理论和纲领，但是这些理论和纲领不能与章程直接抵触，而且总委员会要“注意各个工人政党纲领的一般倾向是否符合国际的总方针”[①]。当某个支部的行为违反了章程或代表大会决议时，总委员会就有责任且有职权将该支部剔除出去，以确保组织的一致性。二是强调否决权，也就是党的领导机关对下级组织和党员群众的决议、提议、建议拥有否决权。下级组织制定的决议不能违反中央决议。只有对于那些违反中央决议的决议拥有相应的否决权，才能确保下级组织和党员群众能够按照党的路线方针政策进行正确的决策。党的领导机关负责监督下级组织的决议是否与中央决议相冲突，如果有冲突，则可以否决下级组织的决议。党员群众、下级组织对上级组织和党的代表大会可以提建议，但如果这些建议与中央决议相违背，党的领导机关同样可以否决[②]。总体看，这两方面充分地表明党内自上而下的监督是有效和有力的，进而也是有助于维护党的统一的。

（三）反对派别组织活动

无论是在共产主义者同盟中，还是在第一国际、第二国际中，都有诸多派别组织。这些派别的出现，很大程度上是因为党的组织规模的壮大和发展是不可阻挡的。随着越来越多来自不同国家和地区的工人组织加入党的组织，党组织内部结构更加复杂，并且由于不同国家和地区的革命实际情况也各有不同，这些组织在具体的指导方法和实践方针上与党组织存在差异甚至分歧。马克思和恩格斯对这种情况持高度包容甚至支持的态度。恩格斯在晚年和保尔·施土姆普弗讨论党内问题时公开表

---

① 弗·梅林：《马克思传》，樊集译，人民出版社 1972 年版，第 532 页。

② 雒树刚：《党内监督》，中国展望出版社 1989 年版，第 37－38 页。

示，党内偶尔存在有限度的分歧“比暮气沉沉要好得多”[①]。当然，马克思和恩格斯对党内派别组织的容忍是有底线的。正如他们在领导无产阶级革命之初就提出要坚决反对和剔除“宗派主义”及其对工人运动的影响，马克思和恩格斯对党内不同派别组织的态度只是在全党尚且无法形成统一行动局面的前提下的一种让步，其最终目的在于通过争论等方式加强不同支部的思想交流，从而将正确的思想传达落实到每一个支部之中，逐渐“用工人阶级的真正的战斗组织来代替那些社会主义的或半社会主义的宗派”[②]，最终形成“一个共同的理论纲领”[③]。因此，当党内的派别组织只是停留在思想之争的范围时，马克思和恩格斯倾向于以容忍的态度对待它们，允许它们提出自己的观点和想法。如在共产主义者同盟中有魏特琳派、波尔恩的右倾派别、哥特沙克的“左”倾派别等，在第一国际中有蒲鲁东派、英国工联主义派等。马克思、恩格斯对这些派别采取了容忍的态度，因为这些派别只是思想上的派别，没有从事派别组织活动。他们主要是通过思想斗争消除这些派别的错误思想的影响，进而瓦解这些派别，使之转到正确的立场、观点上来。

但是，当党内的派别组织突破了党的纲领赋予的权力界限时，特别是开展了派别组织活动这种违背党的统一原则的非组织活动时，马克思、恩格斯则采取了坚决抵制态度，领导第一国际与之进行坚决斗争，从而表现出了鲜明的原则性。马克思曾在1871年给弗里德里希·波尔特的一封信中总结道：“国际的历史就是**总委员会**对那些力图在国际内部巩固起来以抗拒真正工人阶级运动的各个宗派和各种浅薄尝试所进行的**不断的斗争**。”[④] 这突出表现在他们对待共产主义者同盟中的维利希-

---

① 《马克思恩格斯文集》第10卷，人民出版社2009年版，第683页。
② 同①，第367页。
③ 弗·梅林：《马克思传》，樊集译，人民出版社1972年版，第532页。
④ 《马克思恩格斯文集》第10卷，人民出版社2009年版，第367页。

沙佩尔派别集团和第一国际中的巴枯宁派别集团的态度上。例如，在与巴枯宁派别集团斗争的过程中，马克思认为像巴枯宁集团创立的国际社会主义民主同盟虽然表面上“承认国际章程，承认国际的分支”，但在实际行动上却妄想建立自己的临时中央委员会，进而发展自己的支部与组织，这种试图掌控第一国际的行为“贻害无穷”。也就是基于这样的认识和判断，当意识到巴枯宁派别集团的理念已经超出了第一国际章程的底线，并且其实际行动有分裂第一国际的危险，马克思和恩格斯同这个派别集团作了坚决的斗争，最终，这两个派别集团最终被开除出共产主义者同盟和第一国际①。

总之，马克思、恩格斯的党内监督思想主要是党内民主监督和集中监督的结合。对于这种双向的党内监督的结合，列宁后来把它发展并概括为民主集中制。从以后的国际共产主义运动实践来看，马克思、恩格斯的党内监督思想深深地影响和指导了包括布尔什维克和中国共产党的党内监督及整个党的自身建设实践，新时代党内监督体系建设同样需要挖掘这一宝贵精神财富，从中寻找理论资源、汲取智慧。当然，我们也要客观地看到，马克思、恩格斯的党内监督思想远谈不上构成完整的科学的体系，他们对于无产阶级政党的党内监督只是画出了粗略的轮廓，提出了一些简单的构想，并没有系统的思考和精细的设计。例如，他们重点强调了选举监督，但对于集体领导监督、罢免监督、举报监督等同样体现民主导向的党内监督具体形式思考不多，更没有进行实践层面的相应制度设计。又如，马克思、恩格斯阐发了他们对党内自上而下的监督的一些主张，并有一些实践层面的制度设计和行动举措，但对于党内自上而下的监督应该如何把握合适的度，以免走到专制的极端，以及如何化为系统的具体的制度设计等论述不多。再如，他们提出了维护纪律

① 雒树刚：《党内监督》，中国展望出版社 1989 年版，第 38 页。

的重要性，但对于如何维护纪律、如何建设专门的监督执纪机构思考不多。他们更多的是在实践过程中，当党内出现需要维纪执法的情况时，临时组建起一支被赋予了监督权的队伍（这样的例子屡见不鲜：1870年9月前后第一国际就派了密使到巴黎监督并制止法国人支部的行动，马克思表示了支持[①]；1872年9月海牙大会召开之初，在马克思的安排下组建了一个特别委员会，用以把全德工人联合会驱逐出第一国际[②]），对党员或者党支部进行监督和检察。然而，这样的队伍组织上是临时的、职权上是模糊的，也就导致了在行使权力的时候不仅没有强制性，而且在情况发生变化后就自行解散了，没有实现制度化、规范化。之所以如此，主要是因为在马克思、恩格斯所处的时代，他们所参与和亲历的无产阶级政党建设实践才刚刚起步，不仅党员人数较少、政党规模较小，而且这些政党都远未形成武装夺取政权的自觉，更未达到成为执政党的目标。这就使得当时的无产阶级政党的党内监督及其他政党建设的实践甚为有限，相应地，这些有限的党内监督及其他政党建设的实践对思想创造和理论创新的需求也就很弱。何况，马克思、恩格斯对于许多无产阶级政党建设的实践参与不深，主要是提出思想、参与党章的起草、进行思想批判等。他们并未经常性地参与这些政党的日常管理，如此必然使得他们对于党内监督的实践观察不多、体会不深，进而影响到他们在党内监督方面的思想创造。总之，社会存在决定社会意识、实践决定认识这一历史唯物主义基本原理，决定了处于特定历史条件下和特定政治环境中的马克思、恩格斯对于党内监督的思想创造和思想阐发只能是不成系统的和原则性的。如果要求他们对于无产阶级政党掌握政权

① 《马克思恩格斯全集》第33卷，人民出版社1973年版，第57页。

② 雅克·阿塔利：《卡尔·马克思：世界的精神》，刘成富、陈玥、陈蕊译，上海人民出版社2018年版，第398页。

后如何进行党内监督有系统的思想和成功的经验，则无疑是违背历史唯物主义基本原理，苛求于人。

第二节　列宁的党内监督思想

列宁是国际共产主义运动最重要的革命导师之一，在马克思、恩格斯相继逝世之后扛起了国际共产主义运动的大旗，在欧洲最落后的俄国率先取得社会主义革命的胜利，建立了世界上第一个社会主义国家，并创立了第三国际，指导和帮助了欧洲以及亚非拉许多殖民地和半殖民地国家无产阶级政党的建立与革命事业的发展。列宁不仅和马克思、恩格斯一样重视与热衷理论思考和理论研究，而且他作为名副其实的无产阶级政党［俄国社会民主工党、俄共（布）］的创始人和领袖，有着长期的波澜壮阔的革命经历。他不仅经历了俄国社会民主工党的创立及分裂，经历了布尔什维克革命事业的低谷和挫折，而且经历了布尔什维克革命事业的发展和崛起，特别是亲自领导布尔什维克经过十月革命夺取了政权，亲自见证了布尔什维克从革命党向执政党的转变，亲自体验了布尔什维克在执政之后的风风雨雨，由此也就使得其著述既有深刻的理论性，也有鲜明的实践性。其关于党内监督的思想与马克思、恩格斯的党内监督思想相比，既有继承性，更有基于实践的开拓性和创新性。

列宁的党内监督思想的核心是民主集中制。这个思想的提出和成熟有一个过程。列宁在 1905 年 12 月召开俄国社会民主工党第一次代表会议时提出了“民主集中制”的概念。在这次会议上他主持起草了《党的改组》决议，正是在这份决议中提出了“民主集中制”这一核心概念，且得到出席这次代表会议的全体代表的一致认可。根据列宁的提议，俄国社会民主工党在 1906 年召开的党的第四次（统一）代表大会上把“党的一切组织是按民主集中制原则建立起来的”的规定写入了党章。这同时也意味着民主集中制在党内进一步得到公认和确认，并更具权威性。1919 年 3 月第三国际成立后，特别是列宁起草的《加入共产国际的条件》规定“加入共产国际的党，应该是按照民主**集中制**的原则建立起来的”① 以后，民主集中制也就成了共产国际及其所属各“支部”普遍遵循的根本组织原则。列宁正是沿着民主和集中两条理路阐发其党内监督思想、进行党内监督制度设计的。值得一提的是，“民主集中制”这个概念中，民主放在集中的前面，前者是一个形容词，后者是一个名词，两个词合成为一个词，意为“民主的集中”②。这事实上也表明列宁继承了马克思、恩格斯的民主监督是前提和基础，集中监督不能破坏民主监督的思想。当然，同时也必须注意到，列宁对民主和集中的关系的认识是充满辩证思维的，是深刻的，他既不排斥民主只讲集中，也不排斥集中只讲民主，而是因时因势而异，具体情况具体分析。像在俄国社会民主工党许多成员渴望这个党从彼此没有组织联系、小组习气盛行的状态向一个正式的党组织转变的时候，列宁特别强调集中制，特别强调组织和纪律；在敌人众多、斗争激烈的时代背景下，列宁则认为必须更加强调集中，用他的话说就是：“在目前激烈的国内战争时代，共产党只有按照高度集中的方式组织起来，在党内实行近似军事纪律那样的铁的纪律，党的中央机关成为拥有广泛的权力、得到党员普遍信任的权威性机构，只有这样，党才能履行自己的职责。”③ 而在俄共（布）取得革命胜利、掌握国家政权机器后出现了腐败问题和官僚主义作风的苗头时，列宁就特别强调民主制。概括而言，列宁的党内监督思想具体包

---

① 《列宁选集》第 4 卷，人民出版社 2012 年版，第 254 页。
② 王贵秀：《民主集中制的由来与含义新探》，《理论前沿》2002 年第 8 期，第 8－11 页。
③ 《列宁选集》第 4 卷，人民出版社 2012 年版，第 254 页。

括以下几个方面。

一、党内监督要发挥民主监督的作用

作为马克思主义的继承和发展者，列宁在领导俄国无产阶级革命过程中，在处理党内监督这一重大问题上，首先就继承了马克思和恩格斯关于民主监督的思想，高度重视选举、代表大会以及党代表的监督作用。

（一）重视选举监督

不管是国家公权力领域还是党内，普遍、公开、公正的选举都是一种重要且有效的监督机制。列宁在提出民主集中制的概念时就指出，“必须实行广泛的选举制度，赋予选举出来的各中央机构以进行思想领导和实际工作领导的全权”[①]。1906 年俄国社会民主工党第四次（统一）代表大会通过《党组织的基础》，其中规定：（1）党组织的选举原则应该自下而上地予以贯彻；（2）只有在无法克服的警察阻挠和极特殊的情况下才可以放弃这一原则，实行二级选举或者由选举机构遴选等等[②]。在布尔什维克代表告全党书中，更具体提出“党的一切负责人员必须由选举产生”[③]。1921 年，俄共（布）十大通过《关于党的建设问题》，再次强调：“工人民主制的形式排斥一切委任的制度，它的表现就是从下到上的一切机关都实行普遍选举制、报告制和监督制等等。”[④] 特别值得说明的是，列宁对选举监督的重视也是有前提条件的，因时因势而

---

① 《苏联共产党代表大会、代表会议和中央全会决议汇编》第 1 分册，人民出版社 1964 年版，第 119 页。

② 同①，第 139 页。

③ 《列宁全集》第 12 卷，人民出版社 1987 年版，第 362 页。

④ 《苏联共产党代表大会、代表会议和中央全会决议汇编》第 2 分册，人民出版社 1964 年版，第 54 页。

异，而非绝对的、一刀切的。具体而言，在俄国无产阶级政党还处于地下状态，还在为夺取国家政权与凶残的统治者作斗争的时代背景下，在俄国只有黑暗的专制制度而无类似德国的民主制度和政治自由的国情下，列宁是反对广泛的民主原则的，对通过选举制以监督秘密革命家是持批评态度的。他认为，在俄国这样的缺乏政治自由的专制国家，要所有“承认党纲的原则并尽力帮助党的人”来监督秘密革命家的一举一动是做不到的，因为“革命家为了工作，**必须**使‘所有的人’中的十分之九都不知道他是什么人”①，也就是说这些无产阶级政党内部的职业革命家本身就处于秘密状态，他们的情况是不为外界所知的，既然缺乏知情这个前提，党员的选举也就是无意义且无益的，进而党员借助选举以监督秘密革命家也是不可行的。可见，列宁的头脑是清醒的，不主张在俄国无产阶级政党还处于地下状态、时刻面临宪兵搜捕和镇压的特殊时代背景下，实行这种绝对的原始民主，搞极端民主化，因为这只会有利于敌人而无益于自身。当然，随着革命的胜利，俄国无产阶级政党成为执政党，地下的革命工作状态成为过去式，党的革命家和领导人的一举一动能够公之于众，能够较好地为党员所知，此时也就需要重视党员的选举权的保障，需要通过党员的选举以监督党的革命家和领导人。也正是在这样的时代背景下，列宁提出了上述许多关于选举监督的观点和论断。

（二）发挥党的代表大会的监督作用

列宁继承和发展了马克思、恩格斯关于党的代表大会的部分思想，其中非常重要的一点就是把党的代表大会作为党的最高权力机关的思想。1905 年 7 月，列宁指出，“党的最高机关应当是代表大会，即一切享有全权的组织的代表的会议，这些代表作出的决定应当是最

---

① 《列宁选集》第 1 卷，人民出版社 2012 年版，第 418 页。

后的决定”[①]。列宁坚持定期召开党的代表大会，以使这一最高机关得以正常运转，使其制约和监督功能得到充分发挥。从 1917 年十月革命成功到 1923 年，俄共（布）一共召开了 6 次党的全国代表大会，也就是七大至十二大；此外，还召开了 5 次全国代表会议和 45 次中央全会。平均下来，几乎每月有一次重要会议。而这些正是苏俄既要应对英法联军入侵、德国威胁以及高尔察克、邓尼金、尤登尼奇等反动军队叛乱，又要面对孟什维克、社会革命党、立宪民主党依托和借助全俄铁路工人执行委员会和立宪会议等组织和阵地发动的进攻、制造的乱局甚至发动的政变，同时还要应对饥荒和富农的抵抗，处于内忧外患、危机四伏、险象环生的时期所召开的。由此可见，列宁对党的代表大会以及党的代表会议、党的中央全会的地位和权威的尊重，对党章和党纪的尊崇，对党的代表大会以及党的代表会议、党的中央全会的决策功能的重视；同时也表明，党的代表大会对中央委员会和各级党组织监督的功能得到了实现。不仅是在布尔什维克成功执政之后，列宁坚持定期召开党的代表大会，即便是在没有执政的充满各种风险的革命时期，列宁也主张尽可能定期召开党的代表大会。例如，1905 年，以列宁为首的布尔什维克向党的总委员会提出尽快召开党的第三次代表大会的合理建议，但以普列汉诺夫为首、孟什维克占多数的党的总委员会并没有采纳布尔什维克的建议。由于俄国革命斗争形势的发展，由于组织、同基层组织的关系、起义、武装工人、支援革命的农民运动等许多重大议题亟须召开党的全国代表大会进行讨论，形成决议，因而，列宁在符合党章规定，且得到大多数党的地方委员会赞成的前提下，没有完全接受普列汉诺夫等人的态度，而是自主向全国各地党的委员会发出召开党的第三次代表大会的通知。普列汉诺夫知道列宁的行为后，对列宁及布尔什维克提出了

① 《列宁专题文集 论无产阶级政党》，人民出版社 2009 年版，第 345 页。

强烈的批评，他认为这一行为违反了党内关于党的代表大会的规定，这个规定明确表示党的代表大会必须由党的总委员会召开。但是，事实却不是如此。俄国社会民主工党组织章程规定：“代表大会由党总委员会召开（尽可能至少每两年一次）。如果占代表大会总票数一半的党组织提出要求，党总委员会必须召开代表大会。”① 可见，列宁提议召开党的代表大会的行为是完全符合党章规定的。在列宁的这种不同寻常的行为背后，正是他对党的代表大会的最高机关地位及党代表参与决策和监督的权利的尊重。

（三）保障党代表的监督权利

党代表的监督和党员代表大会的监督有一定的联系，例如党的代表大会的监督作用是以党代表的监督权利为基础的，但是这并不意味着可以把党代表的监督与党的代表大会的监督完全画等号。也正是基于这样的认识和把握，列宁在重视加强党的代表大会的监督的同时，也从微观层面重视保障和拓展党代表的监督权利。党代表在党代会上行使监督权利的具体形式和途径，有大会发言、大会讨论、提出提案、质询，等等。党中央在代表大会上作工作报告，既有报告人，也允许有补充报告人或反报告人。通常是由列宁代表党中央作工作报告，他不是长篇照念事先准备好的书面稿子，而是围绕提纲进行生动讲解和说明，内容也不全是歌功颂德那一套，而往往有批评与自我批评。列宁在每次报告结束之后，都会增加让党代表畅所欲言的环节，让党代表发表对大会报告或者决策的意见，其内容可以是发表不同意党中央决策的意见，甚至也可以作一份与主报告观点不同的副报告或反报告。这些做法看似保障党代表的言论自由表达权，实质是保障党代表的监督权。并且，党代表如果

① 《苏联共产党代表大会、代表会议和中央全会决议汇编》第 1 分册，人民出版社 1964 年版，第 44 页。

有新的提案，可以提出新的提案在大会上讨论，但前提是要联合一定数量的党代表，在提案上署名。这一制度从 1903 年俄国社会民主工党二大开始逐步得到完善。在这次大会上，党代表被明确分为有表决权的和有发言权的两类不同的党代表。如果是发言代表，则他们有在适当场合提出自己的提案的权利，并在会议召开的过程中，可以针对或结合提案阐述自己的见解。甚至在党的代表大会上，党代表可以对列宁的讲话提出反对意见。例如，1918 年 5 月 14 日至 17 日，俄共莫斯科区域局举行党代表会议，讨论当前形势，莫斯科党的负责人洛莫夫代表“左派共产主义”作主报告，他猛烈批评党的内外政策；随后，列宁作副报告，对其进行了反驳。在党代表们通过多种渠道表达意见后，再按照一人一票、少数服从多数的票决制作出党的决议。此外，列宁还提出了质询制度。根据质询制度，党内同志可以在党的任何一项政策主张和纲要计划等提出后，针对具体内容和实施结果产生怀疑，对有关部门进行问询，并且有权要求有关负责同志对此进行回应答复。这些都充分表明，党代表对中央重大决策、中央机构工作等诸多事项发挥了监督作用，也充分表明了列宁对党代表监督的重视。当然，不可否认，列宁对党代表监督的重视，也有历史因素，有历史传统的传承。在 1903 年俄国社会民主工党在二大上的分裂之前，俄国社会民主工党的代表大会就是一个自由的公开的舞台。在这样的舞台上，许多党代表可以发表意见，乃至可以对决议中的每一条文都发表意见、进行表决。布尔什维克成为独立的无产阶级政党并取得革命胜利后，党的代表大会的这种氛围和党代表通过发言以行使监督权的传统一直得到延续。

二、党内监督要保证党组织的集中统一

列宁高度重视无产阶级政党的组织建设，十分看重组织的作用。

“无产阶级在争取政权的斗争中，除了组织，没有别的武器。”① 这是他的名言。也正因为此，他投入了很大的精力参与到俄国社会民主工党的创建工作中，成为俄国社会民主工党的主要创始人。俄国社会民主工党一成立，列宁就提出要发挥组织的力量，使党员结成一个整体。他认为，党的思想统一是靠组织上的物质统一保证的。要保证党的思想统一，就必须自上而下建立严密的监督和控制系统，以防有人破坏党的思想统一。为此，列宁不仅强调党组织对党员的监督作用，而且还坚决反对有组织有纲领的反对派别活动，以保护党组织的肌体不受损害。

（一）强调组织监督

要实现组织监督，其一是自上而下地建立组织，即从上往下授权，这样，被授权的下级组织就自然而然地接受上级组织的监督。其二是每个党员都要加入党的一个组织，从而确保组织对党员的监督有依托，成为现实。很显然，如果没有党员必须加入党的一个组织这一前提，如果在党组织以外，党对党员的监督很容易落空，党的纪律很难实施，党要成为一个高度统一的有强大战斗力的整体也就成为奢望。在俄国社会民主工党二大上，列宁与马尔托夫围绕党的组织问题，具体包括党组织与阶级和行业工会关系、党员要不要加入党的一个组织以及彻底实行组织原则还是崇尚涣散状态和无政府状态，产生激烈争论、展开激烈斗争，原因就在于列宁主张建立一个对党员个人进行严格监督、有着严格纪律的政党。他认为，离开组织不可能实现领导、监督和维护纪律，对不加入党组织的党员进行监督只能是句空话；马尔托夫则要效仿社会民主党，建立一个对党员控制不严密的政党，认为党组织对不加入组织的党员是可以实现监督的。列宁的主张以及他与马尔托夫的争论和分歧集中体现在《进一步，退两步》这篇光辉文献中。其三是拥有一批职业党务

① 《列宁选集》第1卷，人民出版社2012年版，第526页。

工作者，专门从事维护组织、发展组织、整合组织、实施组织监督的工作。正是因为列宁的主张和坚持，俄共（布）的组织监督也始终是强有力的。一个典型的例子是，在十月革命刚刚结束，士官生在彼得格勒的暴动刚刚被镇压、克伦斯基还在进攻、莫斯科的斗争还在进行的危急时刻，俄共（布）的许多中央委员开始动摇，诺根、李可夫、米柳亭、泰奥多罗维奇等认为必须成立由所有社会主义政党组成的社会主义政府（也就是必须包括孟什维克和右派社会革命党人），但因为中央委员会通过了决议，拒绝了他们的主张，为此他们提出辞职，要求辞去人民委员会委员的职务。在这种情况下，彼得堡和莫斯科的党组织对这些同志退出中央委员会和辞职的要求进行了否决。这实际上表明了党组织对党员哪怕是担任高级领导职务的党员的组织监督是有力有效的。

（二）取缔派别监督

从 1903 年二大开始，俄国社会民主工党内部发生了严重分裂，分裂出了布尔什维克派和孟什维克派两大互相斗争的党内派别。两派之间的斗争属于派别组织之间的党内斗争。两派都有自己的组织系统，甚至各自召开代表大会。并且，派别之争并没有随着 1912 年孟什维克取消派被驱逐出党而消失，党内还有召回派；甚至后来出现的民主集中派、工人反对派等是在十月革命成功、布尔什维克取得执政地位后出现的。派别的存在及彼此间的斗争，不仅不是党内的民主监督，反而加剧了党的内耗，削弱了党的整体力量，有时也使得富有斗争精神的列宁本人感到身心俱疲。历来强调党的统一和严密组织纪律的列宁对这些党内派别的存在及活动始终持坚决反对态度。他在 1921 年 3 月撰写的《俄共第十次代表大会关于党的统一的决议草案初稿》中明确提出："必须使一切觉悟的工人都清楚地认识到，任何派别活动都是有害的，都是不能容许的，因为即令个别集团的代表人物满心想要保持党的统一，派别活动事实上也必然会削弱齐心协力的工作，使混进执政党内来的敌人不断加紧活动来加深党的分裂，并利用这种分裂来达到反革命的目的。”① 同时，列宁要求每一个党组织在同派别活动进行实际斗争的过程中，决不允许发表任何派别言论。他认为：“对党的缺点进行绝对必要的批评时，应当使一切实际的建议以尽量明确的形式毫不迟延地立刻提交党的地方和中央领导机关去讨论和决定。”② 亦即批评等党内民主权利必须在民主集中制和遵守组织纪律的前提下行使，而不能意气用事、出于私利，无组织无纪律，发展为派别活动。可见，列宁在重视党内自由讨论和意见争论乃至观点分歧的同时，又反对走向另一个极端，即思想观点上的争论发展为有组织有纲领的派别活动这样一种严重的政治错误。这其实也是列宁民主集中制思想的具体体现。列宁在此决议草案初稿中明确提出，“责成中央委员会彻底消灭一切派别活动”③，“为了在党内和整个苏维埃工作中执行严格的纪律，并取缔一切派别活动以求得最大程度的统一，代表大会授权中央委员会，在遇到违反纪律、恢复或进行派别活动的情况时，可以采取党内一切处分办法，直到开除出党”④，哪怕是中央委员出现这些严重违纪情况，也可把他降为中央候补委员，更严重者，甚至也可采取极端措施，将其开除出党。列宁的主张得到广大党代表的赞同和支持，所起草的决议草案在这次代表大会上被正式通过，从而将反对党内派别活动确立为俄国共产党的全党意志和重要政治规矩。

三、党内监督要有专门的机构和形式

在领导第一国际时期，马克思和恩格斯并未建立起长期固定有效的

---

① 《列宁专题文集 论无产阶级政党》，人民出版社 2009 年版，第 295 页。

②③ 同①，第 296 页。

④ 同①，第 297 页。

专门监督机构，而是经常根据斗争需要临时组建起一些监督机构或团体，并且他们也未对这些监督机构或团体的具体职能和权力限度进行界定，这显然不利于党内监督工作的正常进行和有效开展。有鉴于此，列宁在领导俄国革命时期，建立了专门机构负责党内监督工作，并将批评与自我批评这一党内监督的有效形式固定了下来，实现了党内监督思想的创新。

（一）成立监察委员会

这是列宁在党内监督方面最重要的思想创造和实践创新。1920年，列宁在俄共（布）九大上提出，“有必要成立一个同中央委员会平行的监察委员会，由受党的培养最多、最有经验、最大公无私并最能严格执行党的监督的同志组成”①。列宁的提议被大会所接受并付诸实践，监察委员会作为俄共（布）的专门监督机构由此得以成立。按照列宁的设想，党的专门监督机构与党的领导机关是相互监督、制约关系。

其中，党的领导机关对专门监督机构的监督和制约包括：各级监察委员会由同级党的代表大会、代表会议选举产生，并且要向选举单位报告工作，对其负责；各级监察委员会的决议要经过党的委员会同意后才能生效。党的专门监督机构对党的领导机关的监督和制约包括：监察委员会委员有权参加党的委员会一切会议并可以在会议上发言，对于各级监察委员会做出的决议本级党委会可以不同意但不得撤销。为了避免出现矛盾情况，还规定遇有不同意见时有三种解决途径，分别是举行联席会议、提交上级监察委员会或提交同级代表大会、代表会议解决。同时，党员群众和党的专门监督机构也是彼此监督、制约关系，其具体体现为党的专门监督机构是由党员群众的代表机构授权的，受党员群众的监督，其法理依据是党的专门监督机构由党员群众的代表机构——代表

① 《列宁全集》第39卷，人民出版社1986年版，第288页。

大会、代表会议选举产生。党内专门监督机构又对党员群众有监督作用，具体形式是能通过执行党的章程、决议，监督党员群众。有学者对党的领导机关、党员群众和党的监察委员会之间的关系做了概括，认为：“三者构成一种循环监督、制约体制。党员群众可以向党的监察委员会提出党员群众和下级组织的违纪情况，要求查处，也可以向党员群众的代表机构提出对党的监察委员会的控告。”① 监察委员会和同级党组织之间的关系采用平行原则，互不隶属。这个原则是在俄共（布）十大上通过的《关于监察委员会》得到明确的。在这份文件中，监察委员会的地位得到了提升，例如规定地方的监察委员会由中央监察委员会直接领导，与同级党组织并没有领导和被领导的关系；监察委员不由同级党组织管理，有权出席同级党组织的一切会议，并针对党组织会议的进程和决议提出自己的看法和建议，享有发言权；为了强化监察委员会的监督作用，监察委员会做出的决议，同级党组织必须执行，没有撤销的权力。在 1923 年召开的俄共（布）十二大上，列宁在已经成立监察委员会的基础上，又提出改组工农检查院以及将监察委员会和工农检查院结合起来的建议，并被接受和付诸实践。此举固然直接目的是提高工作效率、消除官僚积习，不过，其最终目的仍是提高监察委员会的监督效能。概而言之，列宁创设的监察委员会作为党内的专职监督机构被引入党内监督体系，从而使得马克思、恩格斯所设想并付诸实践的只有党的领导机关与下级党组织、党员群众两个支点的党内监督体制，变为有党的领导机关、下级党组织和党员群众、专职监督机构三个支点的党内监督体制。物理学原理表明，三个支点的结构更稳定。同样，列宁创设的三个支点的党内监督体制也比马克思、恩格斯时代的党内监督体制更稳定、更科学。总之，建立监察委员会、形成三个支点、监察委员会系统

---

① 雒树刚：《党内监督》，中国展望出版社 1989 年版，第 52 页。

实行垂直领导的党内监督体制，是列宁党内监督思想中最具创新意义和深远历史影响的思想。

（二）重视党内的批评和自我批评

列宁十分重视在党内开展同志式的批评，而这种批评正是马克思主义政党独具特色的党内相互监督的重要形式。由于党内浓厚的民主氛围和相互批评传统的存在，在俄共（布）的许多会议上和政策争论中，无论是列宁对党内同志的批评，还是其他同志对列宁本人的批评，都很常见，也很正常。例如，在俄共（布）八大上，列宁在其所作的《关于党纲的报告》中，对布哈林关于党纲中有关帝国主义和民族问题的一些观点进行了批评；在俄共（布）十大上，列宁对梁赞诺夫和施略普尼柯夫关于党纲的批评言论进行了反批评。至于党内其他同志对列宁的批评，同样不乏其例。例如，因为与德国签订有割地等内容的结束两国战争的对德合约，俄共（布）高层内部争论异常激烈，列宁在 1918 年 1 月到 2 月底召开的一系列党内会议（包括中央全会）上受到了布哈林、洛莫夫、托洛茨基、乌里茨基、捷尔任斯基、越飞、布勃诺夫等党内同志的激烈批评。又如，在 1921 年召开的俄共（布）十大上，因为新经济政策，列宁遭到了猛烈的攻击，或言新经济政策是向资本主义的倒退，或言列宁抛弃了国际主义，有些攻击甚至上升到人身攻击。在 1921 年 10 月 29 日的莫斯科省第七次党代表会议上，出席会议并作了关于新经济政策的报告的列宁，在这次会议上受到一些代表的严厉批评，有代表甚至大声喊道："如果说战时共产主义政策是'官僚主义邪恶'，那么新经济政策就是'资本主义邪恶'！"对于这些来自党内同志的批评，列宁或耐心解释，或有理有据地反驳。哪怕有些批评很激烈，甚至让他大怒，他也没有对批评者进行打击报复。这些不同背景不同时期不同场合的党内批评，最后往往因为列宁的反复说明、据理力争以及外部形势变化和政策取得成效而消失了，并证明了列宁思想观点和政策主张的正确性和合理性。而且哪怕托洛茨基、加米涅夫、季诺维也夫、李可夫、米柳亭等党内高层领导都曾经激烈地反对过列宁，也不妨碍他们后来成为苏俄的党政重要领导。总之，俄共（布）的党内批评（包括对列宁本人的批评）的经常化和正常化，充分表明俄共（布）的相互批评的氛围是浓厚的，这一传统是由来已久的，列宁对党内互相批评是看重和包容的。

批评，当然也包括自我批评。富有斗争精神的列宁，同样有着敢于自我批评的胸襟和品质。党代表、小人民委员会主席阿·谢·基谢廖夫曾在 1921 年 3 月召开的俄共（布）十大上公开批评列宁在之前讲话中使用“机关枪”一词不当，列宁马上诚恳地作了自我批评。1921 年 10 月 17 日，列宁就坦承，战争结束后继续实行战时共产主义政策，使党在经济上遭到的损失和失败比高尔察克、邓尼金或皮尔苏茨基给我们造成的损失和失败都要严重得多，危险得多！这实际上就是列宁在公开场合，向党内同志作工作上的自我批评，毕竟他是这一政策的主要提出者和实施者。为了开展批评和自我批评，活跃党内意见讨论和思想斗争氛围，列宁还要求“创办报刊（争论专页等）来更经常、更广泛地批评党的错误和开展党内各种批评”①，争论专页上刊登的内容包括对党和领导人进行批评和辩论；同时，还出专门文集。

四、党内监督要多重指向相结合

党内监督根据指向的不同，可以分为自上而下的党内监督、自下而上的党内监督和同级相互的监督（也可称为平行的党内监督）。在列宁的党内监督思想中，他对这三种指向的党内监督都很重视，并为此进行了成功的制度设计和诸多具体实践。同时，列宁也十分重视群众对党的

① 《列宁全集》第 39 卷，人民出版社 1986 年版，第 288 页。

监督作用，将其视为加强党组织监督的重要渠道。

（一）实行自上而下的党内监督、自下而上的党内监督、同级相互的监督的结合

自上而下的党内监督，是民主集中制的应有之义，主要体现的是集中的功能导向。其具体制度安排有常见的请示报告以及巡视与上级党组织对下级党组织错误的批评和纠正等制度。其中的巡视制度早在十月革命前就已建立。1912 年，列宁指示俄国社会民主工党俄国局成员奥尔忠尼启则、斯潘达良、斯塔索娃，要他们到所有的地方组织去巡视一番，要各地党组织通过确切的、正式的、详细的、清清楚楚的和毫不含糊的决议，拥护布拉格代表会议精神，接受中央的领导，反对当地的一切取消派，向党提供活动经费①。这可谓列宁借助巡视制度以实行自上而下的党内监督的一个典型例证。至于上级党组织对下级党组织错误的批评和处分制度，可以 1922 年的俄共中央严厉处分包庇应该绞死的犯罪的共产党员的莫斯科委员会这一事件为例。由于莫斯科委员会多次通过成立特别委员会的方式包庇应该绞死的犯罪的共产党员，列宁震怒，写信给俄共（布）中央政治局，要求宣布给莫斯科委员会以严重警告处分，同时委托全俄中央执行委员会主席团对莫斯科苏维埃主席团狠狠训斥一下。这反映了列宁的法律面前人人平等、党员也不能例外以及从严治党的思想，从党内监督的角度看，也可反映俄共（布）内部的上级党组织对下级党组织的错误进行批评和处分这种自上而下的党内监督方式是有效的。自下而上的党内监督，同样是民主集中制的应有之义，其主要体现的是民主这一价值和功能导向。这方面的制度安排主要有党代表选举制度等。此外，全党公开讨论中央重大决策和议题的制度也体现了自下而上的党内监督功能。典型的例子是 1920 年中央委员会内部围绕

---

① 季正矩：《列宁传》，天地出版社 2018 年版，第 209 页。

工会的作用、任务、工作方法、内部民主等问题发生了激烈争论，列宁、托洛茨基、布哈林等中央高层领导观点存在分歧。为了中央及时地制定关于工会工作的正确方针政策，俄共（布）中央全会决定把工会问题和中央内部分歧提交全党公开讨论，许多地方与部门的党组织和党员参与了这次全面的公开讨论。这无疑体现了党内重大决策的民主化，体现了对党员参与党内政策讨论这一民主权利的尊重和保障，从某种角度来说，也体现了自下而上的党内监督功能的发挥，因为广大地方和基层党组织及党员通过公开讨论的方式参与党重大问题的决策，他们的声音、意见和意志必须为中央委员会所重视、接受和采纳，而不能仅凭少数中央委员讨论决定。

（二）实行党内监督和外部群众监督的结合

如上所分析，无论是俄国社会民主工党时期还是俄国共产党时期，无论是十月革命前还是十月革命后，列宁始终是重视党内监督的。从主体角度来说，列宁所重视及探索和实践的党内监督有来自党组织的监督，有来自党代表的监督，有来自党内同志的监督，有来自普通党员的监督，有来自党代表大会或党代表会议的监督，有来自监察委员会这样的专职监督机构的监督。与此同时，列宁还很重视来自党外群众的监督，坚持党内监督和外部群众监督的结合。这种来自外部群众的监督平时主要体现为人民群众的来访。1921 年二三月，列宁接见了大批来访的工人、农民和士兵①。来访群众普遍表达了对战时共产主义政策的不满情绪，有的农民代表更是要求取消作为战时共产主义政策的核心政策的余粮收集制。当然，有些人也提出了改进工作的建议，有位来自弗拉基米尔省的农民切库诺夫就向列宁提出了实行粮食税的建议。电影《列宁在 1918》对列宁频繁接见来访群众有着生动的艺术展示。所有这些

---

① 季正矩：《列宁传》，天地出版社 2018 年版，第 402 页。

都表明，列宁对人民群众通过信访这一制度和渠道对党和苏维埃政权的工作进行监督是高度重视的。此外，在一些特殊时期，列宁同样重视人民群众的监督。例如，在1921年开展的清党工作中，他认为，“在评价人的时候……非党无产阶级群众的意见以及在许多场合下非党农民群众的意见是极其宝贵的。劳动群众非常敏感，很会识别谁是忠诚老实的共产党员，谁是那些靠辛勤劳动过活、没有任何特权、根本不会‘讨好领导’的人所厌恶的共产党员”。的确，党员是否符合一名共产党员的标准、是否先进和纯洁，党员周边的群众是有发言权的，群众是可以通过提意见的方式进行监督的。

总体看，列宁是国际共产主义运动史上第一位既有较系统的党内监督思想又有较丰富且成功的党内监督实践的革命导师。一方面，列宁具有良好的民主素养，怀有对民主价值的高度认同，因而民主在其党内监督的思想和实践中始终具有统摄和基础的作用，民主监督始终是列宁党内监督思想和实践的重要组成部分。哪怕是列宁手握党政大权、得到党和群众衷心爱戴、享有崇高威望时，他也始终保持清醒的头脑，适度地运用权力，并自觉地往削弱自己的权力的方向努力和前进，这跟其后的民主素养相对缺乏并最终大行个人专权、大搞个人崇拜的斯大林形成了鲜明对比。另一方面，列宁是一位脚踏实地的务实的革命家。为了推翻沙俄专制统治，为了战胜其他派别组织，列宁深知，在这样的背景下，只有加强集中监督，严明党的纪律，才能形成党的强大凝聚力和战斗力，才能捍卫党的利益，才能实现党的目标。一盘散沙、自由俱乐部式的党组织是无法担负起革命重任的，是无法帮助列宁实现其远大目标的；实行“广泛的民主制”，搞极端民主化，是会危及党的生存和损害党的利益的。再就是，随着革命的成功和执政党地位的确立，俄共（布）掌握的权力资源越来越多，面临的官僚主义作风和干部腐化的挑战越来越多。列宁敏锐地察觉到了这些变化，并与时俱进和因时制宜地进行思想、制度和实践创新，其核心就是成立监察委员会这一专职党内监督机构。如果说，在枪林弹雨的革命时期，共产党人经常面临饥饿、劳苦、奔波、流放、入狱甚至牺牲等代价和风险正好为无产阶级政党提供了天然的淘汰机制、筛选机制、免疫机制、防范机制，从而使得无产阶级政党不必太多担心和防范官僚主义作风和干部腐化等问题，那么，无产阶级政党执政之后，随着这些天然的淘汰机制、筛选机制、免疫机制、防范机制的消失或弱化，也就必须主动地建构起类似的机制，而成立监察委员会正体现了列宁领导的俄共（布）在这方面的自觉和努力。当然，也必须承认，由于列宁在革命取得胜利后没过几年就去世，由于后来的领导人斯大林逐渐地弱化甚至摒弃集体领导、党代会定期召开等党内民主监督制度，日益走向专权和独裁的道路，加之苏俄很长时期内面对的是恶劣的外部环境，列宁在党内监督方面的许多思想、制度和实践成果或者没有得到坚持，或者没有充分应用，或者未曾考虑、尚有空白。例如，列宁高度重视领袖的作用，但很少思考如何防止领袖蜕变的问题，并对此进行制度设计，等等。所有这些，我们都必须以历史唯物主义的态度看待和分析，最终使得列宁关于党内监督好的思想和成功的实践继续为我国新时代党内监督体系建设提供理论指导、思想资源、实践启迪，使得其关于党内监督思想和实践中的不足和挫折为我国新时代党内监督体系建设提供深刻教训和反面镜鉴。

第二章 建党后至十八大前党内监督的探索实践及理论成果

中国共产党自 1921 年成立后，为了实现共产主义的远大理想，为了自己的初心和使命，开始了长期的艰辛探索和不懈奋斗。无论是在新民主主义革命时期，还是在新中国成立后的社会主义革命和建设时期，抑或是改革开放和社会主义现代化建设新时期，中国共产党始终面临各种来自外部或内部的风险和挑战，例如革命时期的外部强大敌人的镇压和“围剿”，内部的主观主义、宗派主义、自由主义等不良作风的干扰和危害，以及建立新中国后强大执政权力所诱发的官僚主义作风和干部贪腐问题，等等。然而，中国共产党是一个始终具有自我革命品格的伟大马克思主义政党，始终保持着对各种风险和挑战的警惕之心，相应地，其自我监督即党内监督的探索也始终没有停止，并形成了诸多理论成果、制度成果和实践成果，积累了一些经验。这些理论成果、制度成果、实践成果及经验，不仅为十八大后党内监督的加强和深化以及新时代党内监督体系的建立和健全打下了工作基础，而且提供了理论指导、制度前提、经验借鉴和深刻启示。

第一节　建党后至新中国成立前党内监督的探索和实践

在中国共产党成立至新中国成立这 28 年的新民主主义革命时期，中国共产党本身就面临着国民党反动派和日本侵略者等反动势力的武力镇压、军事进攻、政治诱降和利益诱惑；此外，中国共产党还面临着因为工作经费、革命策略等而存在着的党内权力腐败和权力滥用的风险，以及军阀主义作风、个人主义作风、农民散漫作风、教条主义作风、宗派主义作风、党八股作风、官僚主义作风等不良作风的侵蚀和危害。所有这些都为党内监督的探索和实践提供了动力和诱因。大致而言，这一时期党内监督的探索和实践的亮点主要有如下几个方面。

一、提出三大纪律八项注意

在领导了湘赣边界秋收起义之后，1927 年 10 月，毛泽东同志率领新整编的工农革命军，在井冈山进行艰苦卓绝的斗争，开始探索开辟中国共产党第一块农村革命根据地。1928 年，毛泽东同志在总结领导军队和边区群众创建井冈山革命根据地的群众工作经验的基础上，创造性地总结出红军部队应坚持的原则，也就是三大纪律六项注意。其中三大纪律的内容是：第一，行动听指挥；第二，不拿工人农民一点东西；第三，打土豪要归公。六项注意的内容是：上门板，捆铺草，说话和气，买卖公平，借东西要还，损坏东西要赔。后来，在实际斗争中，毛泽东根据现实需要，又在六项注意里增添了两项新的内容，也就是：洗澡避女人和不搜俘虏腰包。这样，三大纪律六项注意由此转变为著名的三大纪律八项注意。三大纪律八项注意固然是井冈山革命时期军队建设的重要举措，从党内监督的角度看，它其实也是中国共产党通过纪律手段加强对一些党员干部在工作和生活中的细节方面的不良作风的监督的成功探索。众所周知，革命时期，中国共产党党员主要分布于军队（土地革命战争时期的红军，抗日战争时期的八路军和新四军，解放战争时期的解放军）之中，分布在根据地和属于国统区的城市的党员较少。这也就意味着，在一定意义上讲，毛泽东同志提出的三大纪律八项注意事实上也就是对党员的纪律要求。仔细分析三大纪律八项注意的具体内容，联系人民军队初建时期少数红军官兵存在的从旧式军队因袭而来的损害群众利益等不良作风的时代背景，可知这其实是以毛泽东同志为核心的党的第一代中央领导集体通过纪律手段，以加强对包括党员在内的红军官兵的作风监督的有效探索和成功实践。此后，以严明的纪律手段监督党员干部、约束官兵，一直成为我党我军的优良传统和成功经验。

二、建立中央监察委员会

1927年召开的中国共产党第五次全国代表大会一项极具历史意义的议程就是通过参照联共（布）中央监察机构的组织形式，建立起中国共产党第一个自己的专门党内监察机构，即中央监察委员会。这是中国共产党党内监督探索的一个重要里程碑。

《中国共产党第三次修正章程决案》第六十一条明确了设立监察委员会的主要目的，也就是“为巩固党的一致及威权起见，在全国代表大会及省代表大会选举中央及省监察委员会”①。第六十二条规定：“中央

① 《中国共产党重要文献汇编》第11卷（一九二七年六月——一九二七年九月），人民出版社2022年版，第9页。

及省监察委员，不得以中央委员及省委员兼任。”① 这两条规定的历史意义，就是提出了监察委员选举的“选举而不委任、专任而不兼职”原则，这样做的目的是保障监察委员会的相对独立性以及相当权威性。

《中国共产党第三次修正章程决案》第六十三条和第六十四条是规定监察委员会职权的。第六十三条规定，监察委员没有表决权，但是有列席会议权。监察委员虽然没有表决权，但能列席会议且发言，事实上也就意味着监察委员和监察委员会，一个作为个体，一个作为组织，都对中央及省委员会拥有监督权。第六十四条进一步规定监察委员会享有保留意见权，而这其实是这一党内专职监督机构中央及省委员会的监督权的具体体现；当然，这一规定也提出中央及省监察委员会的决议只能在中央及省委员会同意之后才能生效，表明同级党委对监察委员会反向的权力制约。总之，这一规定体现了监察委员会的相对独立性及其与同级省委相互的权力制衡。

三、建立巡视制度

中国共产党的巡视制度始建于 1927 年，其时正值大革命失败、全国处于白色恐怖之中。中共中央于当年 11 月召开了临时政治局扩大会议，明确提出建立对各级党部的巡视指导制度②。这标志着中国共产党巡视制度的建立。到了 12 月 1 日，中共中央又在另一份文件《中央通告第十七号——关于党的组织工作》中进一步要求各级党委必须经常性地派人巡视下级党部直至支部小组的工作。1928 年 7 月 10 日，党的六大通过的党章第十四条再次确认了巡视工作。

---

① 《中国共产党重要文献汇编》第 11 卷（一九二七年六月——一九二七年九月），人民出版社 2022 年版，第 9 页。

② 中央档案馆：《中共中央文件选集》第 3 册，中共中央党校出版社 1983 年版，第 315 页。

虽然党章和党内发布的其他文件对于巡视制度有很多具体的规定，但自制度建立以来，党内一直都没有形成针对巡视制度的专门文件。这种局面一直持续到1928年10月8日《中央通告第五号——巡视条例》才完全改变。该巡视条例对巡视员的选拔要求、职责和任务、巡视的时间、手段（方式）等方面进行了比较系统的规定。后来，为了完善这项制度，中共中央于1931年5月1日通过了《中央巡视条例》，对中央巡视员的选拔、工作、纪律等作了更为具体且详细的规定。例如，其中规定中央巡视员的任务之一就是严格检查各地党部的领导成分与领导方式，同时要考察和掌握各地的政治经济状况和党领导的群众组织的工作等。1938年11月，《中共扩大的六届六中全会关于各级党部工作规则与纪律的决定》再次重申了巡视委员会的工作任务，也就是："各级党的委员会为了了解下面的情况、便利于工作上的指导起见，上级党委得向下级党委派遣巡视员，传达上级党委的意见，考察下面的情形报告上级党委。"①

总体来看，巡视制度固然有传达与贯彻党中央和上级党委重要意见、重要决策及重要部署的目的和功能，但其监督功能是主要的，所谓的指导工作显然意味着根据党中央和上级党委的有关会议和文件精神，对各地党组织的工作进行督促和纠正等。哪怕是了解下面的情况，其实不仅是为了上面正确决策，也是为了上面更好地监督下面。在当时党中央和各地党组织距离较远、联系不便、信息不对称，特别是外部面临着国民党反动派血腥镇压和疯狂屠杀的极端险恶条件下，由党中央和上级党组织通过巡视制度对各地的党组织的工作进行指导、提醒、督促和帮助是很有必要的，如此有助于党中央大政方针和重大决策部署的贯彻落

---

① 中共中央文献研究室、中央档案馆：《建党以来重要文献选编》（一九二一——一九四九）第15册，中央文献出版社2011年版，第773页。

实，有助于全党的政令统 ，有助于地方和基层党组织工作失误的纠正。这跟十八大后中央健全巡视制度，以强化党内政治监督，确保全党做到“两个维护”和中央令行禁止的精神和思路是基本一致的。虽然革命时期也曾发生过湖南省委派杜修经担任巡视员上井冈山搞瞎指挥、导致“八月失败”的严重错误，但就总体而言，其时党中央建立巡视制度的决策是正确的，其目的和作用是值得肯定的。李维汉在其回忆中就曾指出，他将自己作为中央巡视员赴两湖巡视的情况向党中央作了汇报，党中央对其工作基本满意①。

四、建立集体领导制度

集体领导制度是民主集中制在党的领导活动中的具体应用。其核心要义是重大事项决策等重大权力由领导集体中的所有成员根据一人一票原则和少数服从多数原则集体行使，因而这实际上构成了领导成员之间的相互制约，是党内的一种平行的监督。

从 1921 年党的一大到 1925 年党的四大，中国共产党中央层面的领导体制一直基本上采取“委员”制，赋予委员及委员长很大的权力，使得他们享有极高的权威，而始终没有建立集体领导制度。1927 年，在党的五大上，由于陈独秀的右倾投降主义错误及其专制作风、家长制工作方式给党的革命事业带来严重危害，当时的革命形势发生逆转，任弼时等代表对陈独秀等中央负责人的领导方式、中央领导体制和党中央的路线错误进行了严厉批评和深刻反省。正是在此背景下，大会投票通过了《组织问题议决案》。该议决案明确提出要坚持集体领导原则，强调从中央到省委以及各地方支部都应当坚毅地实行集体领导。《中国共产

---

① 李维汉：《回忆与研究》（上），中共党史出版社 2013 年版，第 165 页。

党第三次修正章程决案》第六十七条再次申明了少数服从多数的原则，“党的一切决议取决于多数，少数绝对服从多数”①。同时，又为了保障组织上贯彻落实集体领导制度，该决案将之前建立的中央执行委员会改组成为中央委员会，并一直沿用至今。该决案要求必须每三个月召集一次中央委员会全体会议，在必要时得召集临时中央委员会议或扩大中央委员会议。这次大会还取消了总书记一人总理全国党务的规定。由此可见，党的五大限制了个人专断，强化了中央委员会的集体领导。从中央委员会的职权多且大、开会频次高的规定看，中央委员会作为一个集体行使领导权是确定无疑的。

当然，由于中央委员会成员多（党的五大选出的中央委员共有 31 位，中央候补委员共有 14 位），在国民党反动派白色恐怖无时不在无处不在的时代背景下，这么多中央委员和候补委员高频率地聚在一起开会，讨论和决定党的重大事项和重要工作，显然风险极大，实践极难。也正是为了兼顾集体领导和决策高效、运行安全的需要，党的五大第一次决定设立中央政治局及其常务委员会。《中国共产党第三次修正章程决案》第二十七条规定中央委员会要选举正式中央委员一人担任总书记，选举中央正式委员若干人组织中央政治局，肩负起指导全国一切政治工作的职责，同时也要选举正式中央执行委员若干人作为中央政治局候补委员。如果正式政治局委员离职，候补政治局委员可以依次递补。候补政治局委员可以参加政治局会议，但是他们只能参与讨论，并没有表决权。全体中央委员会议得改组中央政治局，中央政治局互推若干人组织中央常务委员会处理党的日常事务。党的五大结束后，党的五届一中全会选举了 8 人作为中央政治局委员，包括陈独秀、瞿秋白、蔡和

① 《中国共产党重要文献汇编》第 11 卷（一九二七年六月——一九二七年九月），人民出版社 2022 年版，第 10 页。

森、谭平山、张国焘、李立三、李维汉、周恩来。很显然，中央政治局仍然是一个中央领导集体，同时因为人数比中央委员会委员少得多，这又使得它相对能高效决策和安全运行。党的五大后，中共中央的领导机构虽然偶有变动，但基本保持五大所确定的框架，与之相适应，党中央的集体领导制度也基本沿用至今。

五、开展整风运动

1942—1945 年开展的以反对主观主义、宗派主义和党八股为主要内容，以“惩前毖后，治病救人”为基本方针的整风运动，是加强党的自身建设、进行党的自我革命的成功实践，是中国共产党探索党内监督的成功实践和重要里程碑。整风运动整个过程可以细分为两个阶段和层次：一个是在党的高级干部内部进行的整风，这是整风运动的重点，主要内容是讨论党的政治路线；另一个是在全党范围内对一般干部和普通党员进行的整风，以整顿思想方法和思想作风为主。不管哪个阶段哪个层次，都有形式的共同点，即开展批评和自我批评。毛泽东同志后来把它概括为“团结——批评——团结”的公式。毛泽东同志指出：“以‘惩前毖后，治病救人’为宗旨的整风运动之所以发生了很大的效力，就是因为我们在这个运动中展开了正确的而不是歪曲的、认真的而不是敷衍的批评和自我批评。”① 很显然，党内同志之间的批评和自我批评正是一种典型的极具中国共产党特色的党内的平行的监督。由于抱着团结的愿望、为着团结的目标、抱着正确和认真的态度，且历时久、氛围好、程度深，这种党内监督对全体党员干部乃至整个中国共产党自我反省、自我纠错、自我革新、自我净化、自我完善的作用和效果

① 《毛泽东选集》第 3 卷，人民出版社 1991 年版，第 1096 页。

是十分显著的。曾任留守兵团司令员的开国大将萧劲光同志在回忆延安整风运动时提到，在 1942 年 10 月 19 日至 1943 年 1 月 14 日 88 天的西北局高级干部会议上，他自己因为干部输送方面的本位主义和个人主义、不尊重地方政府、未能正确处理军政关系和搞好军民团结做了深刻的自我批评，也受到了严厉的批评①。作为亲历者，他的体会是："运用批评和自我批评的方法，检查自己的思想、工作和学习，端正党风、学风、作风，对每一个人都是很实际、很深刻的教育。"②

虽然中国古代有"言者无罪，闻者足戒"之类的格言，联共（布）也有批评和自我批评的经验总结，但在延安整风运动之前，还没有一个政治组织如此大规模地实践过。正是因为整风运动的成功实践和深刻启示，此后，批评和自我批评成为中国共产党的优良传统和政治基因，成为新中国成立之初直至当今，每过一段时期特别是每逢党内出现严重作风问题时，我们党往往使出的加强党的自身建设的绝招和法宝，同时也成为极具中国共产党特色的党内监督的重要制度设计。

上述五方面的党内监督成功探索，虽非中国共产党在革命时期开展党内监督的探索的全部，但绝对是其中的重点和亮点。由这些重点和亮点可知，革命时期的中国共产党在党内监督方面是有深刻自觉的，是有持续努力的，当然也是有显著成效的。不过，客观而言，革命时期的枪林弹雨、过雪山草地、国民党反动派的屠杀和镇压等困难和危险，构成了广大共产党人的筛选机制、淘汰机制、检验机制，使得进入党的肌体的政治微生物较少，使得党的肌体的免疫力较强，进而使得党的主动的自我监督在很大程度上被客观的外在的淘汰和筛选所替代，换言之，因为革命时期的困难和危险，革命时期党内监督的动力生成和作用空间远不及执政背景下的党内监督那么强、那么广。

①② 萧劲光：《萧劲光回忆录》，当代出版社 2013 年版，第 145－146 页。

第二节　新中国成立后至改革开放前党内监督的探索和实践

中华人民共和国成立后，中国共产党成为全国范围内执政的党。由于党政机关和人民团体等设党组等制度的支撑和保障，中国共产党掌握了强大的公权力和大量的物质资源等执政资源，这自然使得执政的中国共产党客观上面临着权力的腐蚀的风险；此外，进入城市、身居高位等也使得党员干部容易面临脱离群众、官僚主义等风险。总之，执政背景下的中国共产党的肌体更容易沾染政治灰尘和各种政治微生物，更容易受到权力这把双刃剑和官僚主义、形式主义、命令主义等不良作风的腐蚀和影响，因而，也就更有必要主动地从主观上加强限制，更有必要加强党的自我监督。大致而言，从新中国成立后到改革开放前，党内监督的探索主要体现在以下几个方面。

一、成立中央及各级纪委

1949 年 11 月 9 日，《中共中央关于成立中央及各级党的纪律检查委员会的决定》颁布。该决定指出，党在新中国成立之后成为全国范围内执政的党，为能够有效地保障党的政治路线及各项具体政策的实施，保守国家的与党的机密，增强党的组织性与纪律性，更加密切与群众的联系，克服官僚主义等不良风气，决定成立中央及各级党的纪律检查委员会。这届中央纪委的组成人员有包括朱德、王从吾、安子文等同志在内的 11 人，由功勋卓著、在全党享有崇高威望、在党内具有很高地位的朱德同志担任书记，在中央政治局领导下工作。这也就使得 1927 年党的五大确立的和 1945 年党的七大再次确立的中央和地方监察委员会变为中央和各级纪律检查委员会。中央纪委是中华人民共和国成立后组建的第一个反腐败机构和第一个党内监督专责机关。中央的这一决定清楚地表达了中央之所以这么迅速地成立中央纪委和各级纪委，原因是针对党在全国范围内执政后所面临的官僚主义、脱离群众、组织松散等新的问题和风险加强监督和检查，以使全党同志做到“两个务必”，继续保持革命性和纪律性，保持与群众的血肉联系，而不犯李自成这样的错误。该决定不仅提出要建立纪委，而且进一步明确了纪委的主要任务，那就是负责检查全国各地区各级党的组织、党的干部及党员是否存在违犯党纪的行为，如有则进行受理和审查，并且还有权决定各级党组织与党员是否应该受到处分，如何加强党内纪律教育，等等。从事后的实践来看，中央纪委和各级纪委在发挥纪委监督职能，解决党内的强迫命令、纪律松弛、官僚主义、脱离群众、摆老资格乃至贪污腐化等问题方面成效显著。仅仅在中央纪委刚成立的两三个月时间里，其就受理了几十起关于处分、申诉和控告等案件。

应该承认，当时大多数党员干部经历长期艰苦的革命斗争的锻炼和考验，保持着革命热情和良好作风，充满着忧患意识乃至危机意识，坚持不忘初心，不断推进社会革命。但是，不可否认，新中国成立后的党员干部权力腐败和官僚主义作风问题明显增多，刘青山和张子善正是其中的典型代表。由于新中国成立之初的中央纪委和各级纪委面临着“人员和机构还不大充实，大家都是兼职的多，干部少，工作忙，加以有些领导机关对这个工作重视不够”[①] 等困难和问题，因此纪委难以开展太多的纪律检查工作，党内监督的成效和质量受到影响。在此背景下，以毛泽东同志为核心的党的第一代中央领导集体自然而然地循着以往以大规模的疾风骤雨式的运动推进工作的路径，尽快地解决党在全国范围内

---

① 《朱德选集》，人民出版社1983年版，第291页。

执政后所滋生的权力腐败和命令主义、官僚主义、脱离群众等问题。当然，毫无疑问，新中国成立之初设立的中央纪委和各级纪委，为中国共产党在以后的社会主义建设时期和改革开放新时期的党内监督确立了基本领导框架，奠定了制度基础。

二、开展“三反”运动

“三反”运动是执政的中国共产党在新中国成立之初针对当时党内暴露出的贪污、浪费和官僚主义等突出问题开展的第一次大规模的政治运动，从 1951 年 12 月到 1952 年 10 月，其内容是反对贪污、反对浪费、反对官僚主义。所谓贪污、浪费和官僚主义，归根到底都是党内的权力腐败和不良作风问题。毛泽东同志早在七届二中全会上就对党即将在全国范围内取得革命胜利后所可能引发的问题有过预见和提醒，他警告全体党员、干部，可能因为胜利，易在党内滋生骄傲情绪、居功自傲的情绪、停滞进步的情绪、骄奢淫逸的情绪等。但是，各中央局所揭露和报告的各级党政机关内部存在着的贪污、浪费和官僚主义现象还是让人触目惊心，由此引起党中央和毛泽东的高度重视。为了防微杜渐，为了遏制贪污、浪费、官僚主义、命令主义等腐败和作风问题日益严重的势头，党中央果断做出了开展“三反”运动的决定。

毫无疑问，“三反”运动是中国共产党自觉、主动地清除党内蛀虫和党的肌体的政治微生物的伟大自我革命。其中的自我坦白、检举贪污和浪费行为、自上而下的深入调查和严肃处理等，都是党内监督的具体方法和手段。因而，就总体而言，“三反”运动是党在新中国成立之初开展党内监督的探索。运动中的群众举报、法庭依法审判，则体现了党内监督与群众监督和司法监督的结合。总体看，“三反”运动作为新中国成立之初党内监督的重大实践是成功的，不仅体现在全国有 20.8%

的县以上党政机关贪污千元以上者受到行政处分，有3.64%的贪污万元以上的大贪污分子受到刑事处理，党和国家机关党员干部队伍中的贪污腐败分子基本得到清除，更重要地体现在教育了党员干部的大多数，挽救了一些犯错误的同志，并使得厉行节约、艰苦奋斗、爱护国家财产、深入群众等良好党风政风进一步形成。后来常有人说“杀了两个人，管了几十年”，正充分说明了中国共产党敢于直面自身腐败问题、敢于壮士断腕、坚决自我纠错、不断自我净化的伟大成效。当然，新中国成立之初的“三反”运动也存在着不足，除了过程中的过火斗争的偏差之外，更重要的是留下了两点教训：其一是从阶级斗争视角看待腐败和作风问题，将党员干部发生贪污行为视为资产阶级腐蚀的结果，而没有认识到这主要是权力的“双刃剑”性质与权力未受到有效约束和监督所导致的结果。其二是以运动方式来解决党员干部的贪腐、浪费、官僚主义等问题，而不注重通过制度建设以解决问题，由此也就使得党员干部的贪腐和官僚主义等问题虽然短时内在狂风暴雨般的运动中得到遏制甚至解决，但终究不像制度建设具有持续性、稳定性和根本性，不如制度治理那么有效，而且往往带来意料不到的消极后果。此后的“四清运动”和“文化大革命”等，都表明了运动手段和方式在推进党的自我革命、加强党内监督的路径依赖及其局限性。

三、建立中国共产党领导的多党合作和政治协商制度

从系统观点来看，中国共产党的党内监督自然也离不开中国共产党的党内监督与外部监督的结合。其中，来自各民主党派的监督正是一种至关重要的外部监督，而民主党派的监督又源于中国共产党领导的多党合作和政治协商制度这一中国特色社会主义政治建设领域中极具中国特色的基本政治制度的设计。

中国共产党与各民主党派在长期的反对日本侵略和国民党政府的专制统治以及社会主义建设过程中并肩作战、共同奋斗，互相支持、互相配合，结下了经历血与火考验的深厚友谊。特别是抗日战争胜利后重庆和谈期间，中国共产党和各民主党派共同为和平、民主和团结的目标而广泛接触、共同奋斗的经历，极大地深化了中国共产党和各民主党派之间的友谊。对于这一经过长期历史考验的宝贵的友党关系以及民主党派重要的不可替代的作用，中国共产党在执政之后，通过《中国人民政治协商会议共同纲领》和《中华人民共和国宪法》等多部权威和严肃的法律法规以及将民主党派纳入国家政权体系予以制度确认，逐步形成了中国共产党领导的多党合作和政治协商制度，这一项制度现在已经成为我国的基本政治制度。受到长期历史经验的启迪，党的领导人历来重视发挥民主党派对共产党的监督作用。在《论十大关系》重要讲话中，毛泽东同志明确提出几个党要比一个党好，且要长期坚持，他还将共产党和非党关系概括为“长期共存，互相监督”的八字方针。在 1957 年 2 月《关于正确处理人民内部矛盾的问题》重要讲话中，毛泽东同志以中国古代的兼听则明的治国理政经验为鉴，对中国共产党与民主党派之间的互相监督做了进一步的深刻阐释：“各党派互相监督的事实，也早已存在，就是各党派互相提意见，作批评。”“为什么要让民主党派监督共产党呢？这是因为一个党同一个人一样，耳边很需要听到不同的声音。大家知道，主要监督共产党的是劳动人民和党员群众。但是有了民主党派，对我们更为有益。”[①] 毛泽东同志的上述思想和观点，都是对中国共产党在新中国成立后确立中国共产党领导的多党合作和政治协商制度的深刻阐释和生动注解，而这一中国特色政党制度又为中国共产党的党内监督和民主党派监督的结合提供了坚实的制度保障。

---

① 《毛泽东文集》第 7 卷，人民出版社 1999 年版，第 235 页。

总体看，中国共产党虽然从中华人民共和国成立到改革开放前，基本上做到了一直不停地自觉和主动地探索党的自我监督和党的自我革命，在党内监督方面不乏以上述三方面为代表的重要理论成果、制度成果和实践成果，但是，由于革命党的思维惯性和路径依赖，仍然主要依靠大规模的政治运动以推进党的自我监督和自我革命，而不是主要依靠更具根本性、稳定性、长期性的制度。例如在“文化大革命”时期，主要借助外部的群众力量而不是依靠党自身，其结果是不仅没有加强党的自我监督、自我净化、自我完善、自我提升，反而导致一段时期党的领导被削弱，经济发展和社会稳定受到严重破坏，代价不可谓不大，教训不可谓不深刻。当然，基于辩证思维和历史思维，我们必须认识到，新中国成立后至改革开放前的中国共产党党内监督的探索是以成绩和成就为主流的，为改革开放新时期党内监督的进一步探索和继续完善提供了基本的体制框架和制度基础，哪怕是其中的错误甚至像“文化大革命”这样全局性的长时间的错误，也以反面教训的方式，为改革开放新时期党内监督的完善提供了宝贵经验和深刻启迪。

第三节　改革开放后至十八大前党内监督的探索和实践

党的十一届三中全会后，中国进入了伟大的改革开放新时期。由于此前特别是“文化大革命”期间频繁且激烈的乃至脱轨和无序的政治运动对党和国家各项事业造成了严重危害的深刻教训，作为中国共产党第二代中央领导集体的核心的邓小平同志特别注重通过制度建设以牵引和保障包括党的建设在内的中国特色社会主义建设。在这样重视和强调中国特色和制度建设的背景下，从改革开放后到十八大之前这段历史时期的党内监督的探索特别重视做好制度建设的文章，且注重立足党情和国情，使党内监督的许多探索和做法显示中国特色和中国共产党的特色。择要而言，这一时期党内监督的探索主要有以下几个重点和亮点。

一、建立纪委双重领导体制

在党的十一届三中全会上，为了顺应加强党的自身建设和整顿党风的形势需要，也为了更好地保障党的政治路线和组织路线的拨乱反正与改革开放的顺利进行，大会选举产生了中央纪委，选举陈云、邓颖超、黄克诚等组成中央纪委的领导班子。随着形势的发展和纪检工作的深入推进，单一同级党委领导体制的不足和缺陷也越来越引起党中央的高度重视，而这些不足和缺陷哪怕由陈云、邓颖超、黄克诚等德高望重的老革命家担任纪委主要领导也无法从根本上弥补。就算是一时借重这些中央纪委领导的威信、魄力和智慧，弥补了这些不足和缺陷，推动了党的作风建设，那仍然属于人治的范畴，而无法从根本上和长远地保障党的作风建设。也正因为此，党中央开始了纪委双重领导体制的探索。1980 年 2 月，经党中央批转同意，各级党的纪律检查委员会的领导关系，由受同级党委领导调整为受同级党委和上级纪委双重领导，并以同级党委领导为主。1982 年党的十二大报告规定，同级党的代表大会选举各级纪律检查委员会，各级纪律检查委员会在党章规定范围内对中央以下的同级党委及其成员进行监督。党的十二大通过的党章规定，中央纪委第一书记由中央政治局常委担任。同时，之前制度中“同级党委领导为主”的说法，在党的十二大通过的党章中不再保留，这就意味着党的纪委双重领导体制得到正式确立，且表达了强化上级纪委对下级纪委的领导的鲜明态度。为了贯彻党的十二大的会议精神和新党章的有关规定，1983 年 3 月 2 日中央纪委制定了《关于健全党的纪律检查系统加强纪检队伍建设的暂行规定》。这份文件对中央和各级纪委的设立、任务和职责做出了具体规定。不过，纪委双重领导体制的优势的充分发挥需要诸多微观层面的机制和制度的支撑和保障。改革开放后到十八大之前的多年实践也表明，纪委领导体制下的具体运行机制和工作制度并未完善，由此制约了纪委双重领导体制的作用发挥和优势显现。即便如此，我们也不能不充分认识到改革开放后中央恢复纪委，并建立纪委双重领导体制的重大意义，毕竟，此后这一党内监督专责机关及其主要职责一直没变，而不像“文化大革命”时期纪委都不存在，由此也就为改革开放后直至当今党内监督的开展提供了基本的制度前提和制度保障。

二、建立巡视工作专门机构

如前所言，早在 1927 年中国共产党就开始建立巡视制度，这种体现党内自上而下的党内监督的制度在上下级党组织相距较远、信息不对称、工作经常处于秘密状态的革命时期，为加强上级党组织对下级党组织的指导、帮助和督促发挥了重要作用。不过，这一制度远未达到制度化和规范化的目标，其重要表现就是这一制度在新中国成立前以及新中国成立后的一段时期内并未持续存在。改革开放以后，为了加强党中央的领导和权威以及党同人民群众的联系，党中央再次重视发挥巡视制度的作用。十三届六中全会提出，中央和各省、自治区、直辖市党委，可根据需要向各地、各部门派出巡视工作小组，对有关问题进行督促检查。据此，中央纪委于 1996 年首次派出巡视组。2003 年，由中央纪委和中组部联合派出巡视组。在已有实践的基础上，十六大强调建立和完善巡视制度。此后，中央建立了中央巡视办公室，地方层面同样建立了地方巡视小组。十七大通过的党章再次明确，党的中央和省、自治区、直辖市委员会实行巡视制度。党中央于 2009 年印发了《中国共产党巡视工作条例（试行）》，将中央纪委、中组部组成的联合巡视组整合成为中央巡视组，并设立中央巡视工作领导小组办公室作为巡视组日常办事机构。由此也就表明，巡视监督的主体乃党中央和各省、自治区、直辖市的党委，而不再是中央纪委和中组部，通俗地说，就是中央巡视组升格了；同时，日常办事机构的设立也表明巡视工作开始正式实体化和常态化了。作为党内宪法的党章有规定、专门制定党内法规、设立巡视工作专门机构都表明，巡视制度的制度化和权威性显著提升。特别是建立巡视工作专门机构，不仅有助于巡视工作质量的提高，而且能有效地推进巡视工作的持续性、稳定性、规范性和实践性，是巡视监督制度建设的重要里程碑，为巡视监督未来的进一步完善及其作用的进一步发挥奠定了工作基础。

三、制定《中国共产党党内监督条例（试行）》

2003年，党中央在总结长期以来党的自身建设的实践经验和历史教训、探索党的执政规律的基础上，印发《中国共产党党内监督条例（试行）》。条例共有五个部分——总则、监督职责、监督制度、监督保障和附则，47条具体规定，约6 700字。细看内容可知，这一条例是以党内监督的制度为主线，有关各项党内监督具体制度的详细规定达到3 700字，涉及的内容主要是党内监督具体制度的建设，例如集体领导和个人分工负责、谈话和诫勉、舆论监督、重要情况通报和报告、述职述廉、民主生活会、信访处理、询问和质询、巡视、罢免或撤换要求及处理等。其中，除了信访处理和舆论监督这两节属于党内监督与外部监督的结合部分，其他的均属于党内监督的具体制度。很显然，这一条例可谓党内监督制度的集大成，突出地体现了制度治党、以制度建设推进党内监督的思路和特征。作为中国共产党的第一部党内监督法规，其重要意义是毋庸置疑的，主要体现在其有力地促进了党内监督的制度化、规范化和常态化。

四、建立派驻监督制度

派驻监督是党内监督的重要路径，是纪委监督的逻辑延伸。十二大通过的党章的第八章第四十三条对此做了明确规定。这是党章首次正式明确建立派驻监督制度。不过，党章并未规定中央纪委派驻各部门的纪律检查组或纪律检查员的任务和职责是什么，因而，这一制度的可操作性必然受到很大制约。这一问题直到 1983 年才基本解决，这一年中央纪委印发了《关于健全党的纪律检查系统加强纪检队伍建设的暂行规定》，明确提出中央纪委派驻各部门的纪律检查组或纪律检查员，在中央纪委直接领导和驻在部门党组指导下进行工作，纪律检查组组长（副组长）或纪律检查员可以列席该机关党的领导组织的有关会议①，并且明确派驻纪检组在驻在部门执行中央纪委的任务。不过，中央纪委虽然以暂行规定的方式明确了中央纪委派驻纪检组或纪检员的主要任务和职责，但对于派驻纪检组的管理和考核以及其与驻在单位的纪检部门的关系没有做出具体的科学规定，加之上述任务和职责的规定同样过于宏观和简单，所有这些必然使得派驻监督制度的可操作性和有效性受到严重影响，而这些问题都是直到十八大后才解决的。更重要的是，派驻监督制度在这一时期也经历了一个反复和中断的过程。1987 年十三大召开后，党政分开成为当时中央重点推进的政治体制改革的主线。在这一背景下，中央和地方纪委派驻有关部门的纪律检查组或纪律检查员也逐渐被撤销。21 世纪之初召开的十五届六中全会再次对派驻监督予以重视，提出纪委对派出机构实行统一管理。2002 年，中央纪委监察部开始部

---

① 《中国共产党党内法规选编》（1978——1996），法律出版社 1996 年版，第 572 页。

署派驻机构统 管理的试点工作。2004 年 4 月 1 日，在经过试点并总结试点经验的基础上，中央纪委监察部全面实行对派驻机构的统一管理，制定和下发了《中央纪委、中央组织部、中央编办、监察部关于对中央纪委监察部派驻机构实行统一管理的实施意见》。这份文件出台之后，中央纪委监察部开始直接领导派驻机构的监督和查办案件工作，派驻纪检组组长人员由中央纪委商中央组织部提名并考察，由中央纪委呈报中央任免。这些重要改革举措强化了中央纪委监察部对派驻机构的领导，进而在一定程度上提高了派驻监督的独立性，有助于派驻机构更好地实施其对驻在机构的监督。

总体而言，从改革开放后到十八大前，以邓小平同志为核心的党的第二代中央领导集体、以江泽民同志为核心的党的第三代中央领导集体和以胡锦涛同志为总书记的党中央，始终秉持以制度建设为主线和切入口，不断进行加强党内监督的探索，其主要成果就是恢复了纪委，建立了巡视工作专门机构，制定了《中国共产党党内监督条例（试行）》《中国共产党巡视工作条例（试行）》《中国共产党党员权利保障条例》等重要文件。当然，由于面临的“四大危险”“四大考验”形势日趋严峻，由于党内少数既得利益集团的掣肘，加之已有的制度建设在系统集成、严格执行、责任落实、细化可行等方面存在不同程度的问题，这一时期的党内监督也并未达到党中央的期待，仍然存在一定的应然和实然的差距，而这些正是党的十八大后所面对的问题和难点。

第四节 建党后至十八大前党内监督的经验启示

在 1921 年中国共产党成立后至 2012 年十八大前这 91 年的时间里，中国共产党的党内监督有着不平凡的历程，且在不同的时期有着不同的重点，实践有同有异，成效有高有低，从正反两方面为我们提供了经验启示。

一、必须从保持党的先进性和纯洁性、决定党的事业成败的高度深刻认识党内监督的极端重要意义

中国共产党诞生以来，就因其指导思想的科学性、最终理想的崇高性、组织纪律的严密性、群众立场的鲜明性、与群众联系的紧密性等，而具有先进性和纯洁性的品质，并迥异于同时代的中国其他政党，最终在各政党的角逐和广大民众的选择中，成为中国人民群众的希望所在，赢得了广大民众的认同、支持和拥护。然而，中国共产党的这种先进性和纯洁性以及因为这种先进性和纯洁性而获得的广大群众支持和长期执政地位并非永远具有的，而是需要自身的不懈努力，具体说，就是需要党的不断自我革命，需要党的始终不懈的自我监督。否则，各种非无产阶级思想和非马克思主义思想必会在党内产生，各种政治灰尘和政治微生物必会影响党员干部，党的肌体和党的政治生态的健康必会受到损害，党的政治统一、思想统一和行动统一也必然无法实现。在这样一种情形下，我们党自然无法前进，党所领导的革命事业和建设事业自然无法成功，党所肩负的实现中华民族伟大复兴和国家现代化的神圣使命自然无法完成。也正因为深刻认识到党内监督事关党的先进性和纯洁性的保持、事关党的事业的成功，我们党自诞生以来就始终有着高度的加强自我监督的自觉，无论是在革命时期还是在执政时期，无论是在顺境还是在逆境，都一直主动地推进党内监督，而不会因为党内监督影响某些党员干部和局部的利益，不会因为党内监督所遇到的麻烦和挑战放弃党内监督。

二、必须加强党内监督机构和队伍建设的正规化和专业化

党内监督既然事关党的先进性和纯洁性的保持、事关党的事业的成功，是党之大计，自然必须有专人来做、有专门的机构负责，以提高监督的效能、确保监督的效果。也正因为此，我们党在大革命时期就建立了中央监察委员会这样的党内监督专职机构，建立了巡视制度、集体领导等党内监督重要制度，并且越是党内违纪行为增多和腐败风险增大，越是党的任务繁重和挑战增多，党也就越加重视党内监督机构和队伍的正规化和专业化建设。这从新中国成立后我们党迅速建立各级纪委，改革开放后恢复纪委，以及不断充实纪检人员队伍，经常开展业务培训，及至纪委和监察部门的分设和合并、设立中国纪检监察学院等诸多实践中可得到验证。尽管在革命时期特别是在“文化大革命”时期，因为“左”的错误、战争环境等因素，党内监督的机构和队伍建设也曾削弱过，甚至停摆过，但就总体趋势而言，党内监督的机构和队伍建设是一直坚持正规化和专业化这个大方向而未变的。也正因为此，改革开放以来，我们党的各级纪委一直经由各级党代会选举产生，各级纪委在历次机构改革中始终存在并得到不断加强，各级纪检和监察部门的领导干部和工作人员的业务素质整体上不断提升。因为特殊的国情、特殊的政党制度、特殊的体制背景，党的各级纪检部门作为党内监督的专职机构在很大程度上承担了对行使国家权力的公职人员的监督的职责。因为长期的正规化和专业化建设，我们党的党内监督机构和队伍取得了很好的工作成效，这也正是改革开放后我国社会主义建设能够取得伟大成就、党的执政基础始终牢固的重要原因。

三、必须加强党内监督的制度化

制度之治是国家治理的不二法门。作为执政党的中国共产党的党内监督属于我国国家治理体系的一部分，同样必须遵循这一基本规律，必须坚持制度化的基本方针。之所以如此，用邓小平同志的话来说，那就是因为“领导制度、组织制度问题更带有根本性、全局性、稳定性和长期性”[①]。党内监督的制度化，一方面指制定和完善与党内监督相关的各项制度，防止出现制度漏洞和制度建设滞后，防止出现“牛栏关猫”现象；另一方面指严格执行各项科学制度，防止出现对制度的选择性执行（如合意的就执行，不合意的就不执行）以及制度前面有特殊党员和特殊干部等诸多制度执行不严现象。早在革命时期，我们党就建立了巡视制度、党的集体领导制度、民主集中制等涉及党内监督的重要制度，这在一定程度上显示和表明了我们党通过制度化推进党内监督的自觉和努力。当然，毋庸讳言，在革命时期和党执政之后，我们党都有以群众运动推进党内监督以及解决党内的腐败、违纪等问题的实践，其成效固然有值得肯定的一面，但也有必须否定、引以为鉴的一面。这主要是因为以群众运动推进党内监督、解决党内问题，往往给党和国家带来不同程度的无序、混乱乃至严重的破坏和损害，带来不少运动“后遗症”。如果说，在革命时期，因为缺乏稳定的环境，通过制度建设推进党内监督、解决党内问题难以实行，转而以群众运动推进党内监督、解决党内问题尚有一定的合理性，那么，在中国共产党全面领导国家和社会的执政背景下，以群众运动推进党内监督、解决党内问题，是弊远大于利的，是缺乏合理性的，因而是不可取的。这在“文化大革命”中已经充

① 《邓小平文选》第 2 卷，人民出版社 1994 年版，第 333 页。

分得到证明。总之，总结建党后正反两方面的经验教训，我们可以得出的一条重要结论就是：中国共产党的自我监督以及由此牵引的国家治理，必须主要走制度建设之路，始终不渝地坚持制度化的基本方针。

四、必须从严加强党内监督

党内监督作为党的自我革命的重要内容，其目的是始终保持党的先进性和纯洁性，确保党的长期执政，最终实现党的伟大使命和崇高理想。无疑，党内监督应坚持从严导向，做到党内监督各环节各领域都从严要求和严格执行。否则，党内的有令不行、腐败及诸多不正之风等各种问题势必大量出现，且愈演愈烈。如此，必然使得我们党背离党的性质和宗旨，更遑论担负伟大使命、推进伟大社会革命、引领伟大事业、实现伟大梦想。就此而言，严格的党内监督是管党治党的内在要求，是全面从严治党的应有之义。应该说，总体而言，历届党中央对党的严格自我监督是有着深刻认识并付诸行动的。无论是大革命时期的三大纪律六项注意（其中六项注意后改为八项注意），还是1942—1945年的延安整风运动，以及建立新中国后的多次整党，都体现了这一点。当然，我们也不可否认，由于制度建设滞后、制度执行不力、主要领导认识不足甚至主要领导自身有着严重的违纪违法问题和纪检部门存在“灯下黑”问题等因素，在某些时期、某些地区、某些部门，的确存在党内监督不严格不认真不规范的问题，存在党内监督宽松软的现象，并由此导致了党员领导干部腐败严重、地区和部门的政治生态恶化、党组织的凝聚力和战斗力弱化、地方和部门的党群关系与干群关系恶化等严重消极后果，进而影响了党的先进性和纯洁性、削弱了党的执政能力。这些阶段性、局部性的问题及其严重后果，也恰恰表明党内监督必须始终坚持从严导向，无论何时何地何种情况，都不能松劲、放纵、疏忽和懈怠，都不应存在态度软化、尺度放宽、要求松绑、行动打折扣问题。

五、必须以“钉钉子”精神持续加强党内监督

习近平总书记早在 1983 年 12 月任河北省正定县委书记时就曾提出发扬“钉子”精神[①]。十八大后，习近平总书记在多个场合提出和强调“钉钉子”精神，其意主要是指持续用劲、坚持不懈、一张蓝图绘到底、一任接着一任干，而不能出于私心和错误政绩观，总是标新立异、另起炉灶，老是翻烧饼、瞎折腾。中国共产党的党内监督，同样必须坚持“钉钉子”精神，必须持续加强、坚持不懈，唯此才能达到党的自我净化、自我完善、自我提升，始终保持先进性和纯洁性的目标。须知，党内监督所针对的问题涉及利益问题、观念问题、作风问题、腐败问题，所针对的对象不仅有党员，还有领导干部甚至高级领导干部，不仅有个体，还有群体甚至一个单位的多数干部和多数党员，而要使得这么多监督对象改变既有观念和放弃诱人利益，显然不是容易的事情，换言之，这必然是一个需要较长时间、持续用力、长期博弈、坚持不懈的过程，唯此才能最终改变这些监督对象的预期、行为模式和观念。从建党后到十八大前这 91 年的党内监督历程来看，除了在随时面临重大战争的背景下、在经常需要转移的环境中，有关党内监督各项制度都应坚持执行，各项工作都应持续开展。也就是说，在新中国成立后的和平时期，党内监督应该常态化进行和经常化开展。历史表明，在新中国成立后的某些时期，党内监督的一些制度存在时而执行时而不执行的问题，党内监督的一些工作存在有时力度大有时力度小的问题。例如，在很长一段时期内，各级纪委抓作风整治很少有超过持续三年的，从而导致习近平

① 习近平：《知之深 爱之切》，河北人民出版社 2015 年版，第 107 页。

总书记所说的“一些不良作风像割韭菜一样，割了一茬长一茬”的问题。又如，20 世纪 90 年代到十八大之前，除了因为党中央部署开展“三讲”“保持党的先进性”等党内主题教育而带来的强大政治压力，因为党中央的督导，领导班子的民主生活会和基层党组织的组织生活会能正常开展，其他时候，这两项属于同级相互的党内监督的重要制度总体执行得不太好，上面不要求不部署不施压、下面不开是一些地方和单位的真实状态。所有这些也正是十八大之前一段时期内党内政治生态不健康、作风和腐败问题突出的重要原因。这也从反面告诫我们，党内监督必须持续不懈，各项制度和各项工作必须常态执行和经常开展，不能因为工作忙、领导更换等非极端特殊因素而中断和停摆。

六、必须以系统观念全面推进党内监督

党内监督无疑是一个系统工程，是党的建设伟大工程中的重要子系统工程。党内监督不仅包含党内监督的主体、对象、途径、制度等内容，而且每一方面内容又包含着诸多环节和要素。例如：党内监督的主体除了众人所熟知的纪委，还包括党委（党组）、党的工作部门、党的基层组织以及党员等；党内监督的制度有党代会制度、党的委员会制度、巡视制度、集体领导制度、重大事项请示报告制度、党员领导干部民主生活会制度、民主评议党员制度等；制度的环节包括制度的制定、修订、执行和督查等。要做到加强党内监督，确保党内监督真正取得实效，必须坚持系统观念，考虑到主体、对象、途径和制度以及各方面的环节和要素等，并纳入党内监督这一系统工程，使得党内监督这一系统各方面内容皆备、各环节皆重、各要素皆具，且彼此衔接、彼此支持、彼此镶嵌。从党内监督的历史实践看，显然，很长一段时期存在重视纪委的监督轻视党委的监督的问题，存在重视自上而下的党内监督轻视同

级相互的党内监督的问题，存在想加强党内监督但党内监督制度建设滞后、党内监督制度缺乏的问题，存在党内监督重制度制定轻制度执行的问题，等等。所有这些自然会影响到党内监督的成效。因而，回顾和总结建党后至十八大前 91 年的党内监督实践，必须深刻地认识到，没有系统观念的指导，也就没有党内监督的进展和成效，换言之，党内监督必须坚持系统观念，全面谋划、全面建设、全面推进。

第五节　毛泽东、邓小平、江泽民和胡锦涛的党内监督思想

与上述党内监督探索和实践过程相伴的是毛泽东、邓小平、江泽民和胡锦涛等历任中央主要领导人不断深化的党内监督的理论思考过程，与上述制度成果和实践成果相伴而生的是毛泽东、邓小平、江泽民和胡锦涛等历任中央主要领导人关于党内监督的理论成果。这些理论成果与制度成果和实践成果互相影响、互相促进，成了中国共产党探索党内监督的珍贵遗产，也为新时代党内监督体系建设提供了思想指导。

一、毛泽东的党内监督思想

以毛泽东同志为核心的党的第一代中央领导集体带领全党和广大人民群众，经过多年艰苦卓绝的革命斗争，最终取得了新民主主义革命的胜利，建立了新中国，因而他们特别注意保持党的清正廉洁、保持党同人民群众的血肉联系、保持党的团结统一，以避免重犯李自成的错误、斯大林的错误以及党的历史上曾经出现过的严重错误。他们深知，唯此才能实现党长期执政和红色江山永固的目标，才能实现共产主义伟大理

想。为此，毛泽东同志不仅重视和强调人民监督，也重视和强调党内监督。在党内监督方面，他又特别重视和强调通过开展批评和自我批评以加强党员干部之间的相互监督，通过加强民主集中制以规范党内权力运行，建立健全中国共产党领导的多党合作和政治协商制度以加强民主党派对中国共产党的监督。

（一）强调纪律监督

党的纪律对所有党员都起着强有力的监督作用，成为我们党进行自我监督的主要手段和有力武器。毛泽东同志非常重视党的纪律监督。早在红军创建初期，毛泽东同志就创造性地总结出红军部队应坚持的原则，也就是三大纪律六项注意。后来，三大纪律六项注意发展为三大纪律八项注意。以严明的纪律手段监督党员干部、约束官兵，一直是我党我军的优良传统和成功经验。鉴于张国焘、王明因严重破坏党的纪律给党和军队造成了惨重的损失，毛泽东在1938年召开的党的扩大的六届六中全会上严肃批评了他们的错误行为，提出，“必须对党员进行有关党的纪律的教育，既使一般党员能遵守纪律，又使一般党员能监督党的领袖人物也一起遵守纪律，避免再发生张国焘事件”①。在会上，毛泽东提出了“纪律是执行路线的保证”的科学论断，并完整提出了“四个服从”的党的纪律规范。他强调：“谁破坏了这些纪律，谁就破坏了党的统一。”② 抗日战争时期曾发生抗日军政大学第六队队长黄克功因逼婚未遂而开枪杀人的事件。法院依法判他死刑。当时有人提出国难当头，黄克功人才难得，请求让他戴罪立功。毛泽东于是亲自给边区法院院长雷经天写信，提出要“根据他的罪恶行为，根据党与红军的纪律，处他以极刑。……共产党与红军，对于自己的党员与红军成员不能不执行比较一般平民更加严格的纪律”。可

---

①② 《毛泽东选集》第2卷，人民出版社1991年版，第528页。

见，毛泽东同志历来主张以严格的党纪约束和监督全体党员，包括资历老、级别高的领导干部，这其实就是党纪监督没有例外、没有特殊党员的思想。到了解放战争时期，毛泽东进一步提出“加强纪律性，革命无不胜”的口号，其内在逻辑就是中国共产党以严格的党纪约束和监督全体党员，既增强党内和军队的团结统一、维护群众的利益，又反衬出国民党及其军队的腐败，进而保障革命的胜利。1949 年 6 月，毛泽东在《论人民民主专政》一文中，把“有纪律”总结概括为我们党 28 年革命斗争中战胜敌人的三件主要武器之一，并且放在首位，由此足见其对纪律建设和纪律监督的重视。新中国成立以后，纪律监督的任务更加重大。为此，党中央成立了党内监督的专门机构，即中央和地方各级纪律检查委员会，以加强党纪监督。高岗、饶漱石事件发生以后，毛泽东提议成立监察委员会，代替纪律检查委员会，并扩大监督的权力，担负对党的工作全面监督的职能。

（二）开展批评和自我批评

1942 年开始的延安整风运动是以毛泽东同志为核心的党的第一代中央领导集体加强党的自身建设的伟大创造和成功举措。全党特别是高级干部队伍中普遍开展的严肃与认真的批评和自我批评有力地促进了主观主义、宗派主义和党八股三大不良作风的整改，使得全党在政治上和思想上达到了高度统一，在组织上达到了空前团结。从党内监督的视角来看，这其实就是通过批评和自我批评的方式以加强党内的同级相互的监督。毛泽东同志认为：“有无认真的自我批评，也是我们和其他政党互相区别的显著的标志之一。”① “对于我们，经常地检讨工作，在检讨中推广民主作风，不惧怕批评和自我批评，实行‘知无不言，言无不尽’，‘言者无罪，闻者足戒’，‘有则改之，无则加勉’这些中国人民的

① 《毛泽东选集》第 3 卷，人民出版社 1991 年版，第 1096 页。

有益的格言，正是抵抗各种政治灰尘和政治微生物侵蚀我们同志的思想和我们党的肌体的唯一有效的方法。”① 批评和自我批评之所以是中国共产党区别其他政党的重要显著标志，归根到底是因为我们党是马克思主义政党，代表最广大人民的根本利益，没有自己特殊的利益，从来不惧怕批评和自我批评，敢于公开承认、修正自己的缺点和错误，也能够依靠自身力量解决自身存在的不足，这也就是毛泽东同志所讲的：“因为我们是为人民服务的，所以，我们如果有缺点，就不怕别人批评指出。不管是什么人，谁向我们指出都行。只要你说得对，我们就改正。”② 故而，毛泽东一再强调党内的批评和自我批评要尖锐。例如他在 1955 年 3 月召开的中国共产党全国代表会议上讲话指出：“批评要尖锐。这次有些批评，我觉得不那么尖锐，总是怕得罪人的样子。你不那样尖锐，不切实刺一下，他就不痛，他就不注意。要有名有姓，哪一个部门，要指出来。你没有搞好，我是不满意的，得罪了你就得罪了你。”③ 此外，在总结过去经验教训的基础上，毛泽东还提出在开展批评和自我批评时要坚持“惩前毖后，治病救人”的方针。1957 年他在《关于正确处理人民内部矛盾的问题》一文中将这个方针具体化为一个公式，即“团结——批评——团结”④。多年来的事实证明，批评和自我批评是实现党内监督的最有力的武器，它可以使党员以及领导干部时刻注意遵守党的纪律，使他们在党内同志的批评和帮助下，找到、检视并克服自身的缺点和错误，进而避免小问题变成大错误，因而可谓一种颇具中国共产党特色的且成本低、效果好的党内监督制度。

（三）坚持民主集中制

虽然早在党的五大，民主集中制就被写入党章，但是，随着革命

---

① 《毛泽东选集》第 3 卷，人民出版社 1991 年版，第 1096 页。

② 同①，第 1004 页。

③ 《毛泽东文集》第 6 卷，人民出版社 1999 年版，第 406 页。

④ 《毛泽东文集》第 7 卷，人民出版社 1999 年版，第 210 页。

的胜利，特别是随着官僚主义、命令主义、形式主义等不良作风的滋生以及社会主义建设过程中“左”倾严重错误的发展，各级党委及领导干部中的不遵守民主集中制的现象明显增多。这是 20 世纪 50 年代中后期到 60 年代初我国社会主义建设出现严重错误和挫折的重要原因。正是为了纠正社会主义建设过程中的“左”倾严重错误，毛泽东同志在 1962 年初召开的七千人大会上深刻地阐释了民主集中制思想。虽然他在其他场合也曾谈及民主集中制，但阐释和论述最深刻的仍然是其在七千人大会上的讲话。

毛泽东同志这次重要讲话的主题是民主集中制，但其讲话重点落到了党内民主上。他认为：“没有民主，不可能有正确的集中，因为大家意见分歧，没有统一的认识，集中制就建立不起来。”[①] “没有民主，就不可能正确地总结经验。”[②] “没有民主，意见不是从群众中来，就不可能制定出好的路线、方针、政策和办法。”[③] 可见，上述三个“没有民主”的论断，表明其是把党内民主作为民主集中制的基础和前提的。民主集中制之所以具有党内监督功能，主要还是因为其中的民主。在民主集中制中，民主的监督功能主要体现在党员对领导干部的监督，以及领导干部互相之间的监督。毛泽东同志之所以专门讲民主集中制并重点强调党内民主，正是因为当时及之前一段时期，党内民主生活缺乏，群众不敢讲话、不敢批评和监督领导；同时，领导班子成员之间，也出现了第一书记权力过大，其他班子成员不敢批评和监督，集体领导得不到保障和实现的现象。他指出：“现在有些同志，很怕群众开展讨论，怕他们提出同领导机关、领导者意见不同的意见。一讨论问题，就压抑群众的积极性，不许人家讲话。这种态度非常恶劣。”[④] 他还指出：“听说现

---

① 《毛泽东文集》第 8 卷，人民出版社 1999 年版，第 293－294 页。

②③ 同①，第 294 页。

④ 同①，第 292 页。

在有一些省委、地委、县委，有这样的情况：一切事情，第一书记一个人说了就算数。这是很错误的。”① “我们现在有些第一书记，连封建时代的刘邦都不如，倒有点像项羽。”② “我们有些同志，听不得相反的意见，批评不得。这是很不对的。”③ 上述讲话深刻地揭示了实行民主集中制对于加强党员群众对党员领导干部这种自下而上的党内监督以及党员领导干部之间同级相互的监督的重要意义。

（四）强调党内监督和民主党派监督的结合

毛泽东同志非常重视发挥民主党派对共产党的监督作用。早在1941年11月，在陕甘宁边区参议会上，毛泽东同志就发表演说，指出：“我们不怕说出自己的毛病，我们一定要改正自己的毛病。我们要加强党内教育来清除这些毛病，我们还要经过和党外人士（包括民主党派人士，也包括无党派人士——笔者注）实行民主合作来清除这些毛病。这样的内外夹攻，才能把我们的毛病治好，才能把国事真正办好起来。”④ 在1956年4月的《论十大关系》重要讲话中，毛泽东明确提出几个党要比一个党好，且要长期坚持，他还将共产党和非党关系概括为“长期共存，互相监督”的八字方针。在1957年2月《关于正确处理人民内部矛盾的问题》重要讲话中，毛泽东同志以中国古代的兼听则明的治国理政经验为鉴，对中国共产党与民主党派之间的互相监督做了进一步的深刻阐释：“各党派互相监督的事实，也早已存在，就是各党派互相提意见，作批评。所谓互相监督，当然不是单方面的，共产党可以监督民主党派，民主党派也可以监督共产党。为什么要让民主党派监督共产党呢？这是因为一个党同一个人一样，耳边很需要听到不同的声音。

---

① 《毛泽东文集》第8卷，人民出版社1999年版，第294－295页。
② 同①，第295页。
③ 同①，第296页。
④ 《毛泽东选集》第3卷，人民出版社1991年版，第810页。

大家知道，主要监督共产党的是劳动人民和党员群众。但是有了民主党派，对我们更为有益。”[①] 毛泽东同志的上述思想和观点深刻而又精彩，将民主党派和无党派人士要对中国共产党进行监督进一步明确，是对中国共产党在新中国成立后确立中国共产党领导的多党合作和政治协商制度的深刻阐释和生动注解，而中国共产党领导的多党合作和政治协商制度又为中国共产党的党内监督和民主党派监督的结合提供了坚实的制度保障。

二、邓小平的党内监督思想

邓小平同志作为党的第一代中央领导集体重要成员和第二代中央领导集体核心，他亲身经历了许多重大历史事件，也亲自见证了不同时期党内监督的探索和实践、成功和挫折，而这些深刻地影响了他的党内监督思想。择要而言，他的党内监督思想体现在以下三方面。

（一）建立党员领导干部双重组织生活制度

党员领导干部以普通党员身份编入党的一个基层组织（党支部或党小组），并参加党的组织生活，是我们党早在革命时期就有的传统和制度。后来，加上领导干部在党委常委层面的组织生活，形成了党员领导干部双重组织生活制度。邓小平同志是这一制度的始创者。在 1962 年初召开的七千人大会上，时任中央政治局常委、中共中央总书记的邓小平同志提出了党员领导干部民主生活会的制度设想，并得到了刘少奇同志和毛泽东同志的赞同和支持。邓小平同志建议，“把领导人的主要的小组生活，放到党委会去，或者放到书记处去，或者放到常委会去。在党委会里面，应该有那么一段时间交交心，真正造成一个好的批评和自

① 《毛泽东文集》第 7 卷，人民出版社 1999 年版，第 235 页。

我批评的空气”[①]。邓小平同志认为：“同等水平、共同工作的同志在一起交心，这个监督作用可能更好一些。”“我们要重视党委内部的互相监督作用这个问题。上级不是能天天看到的，下级也不是能天天看到的，同级的领导成员之间彼此是最熟悉的。”[②] 刘少奇同志和毛泽东同志对此予以热烈响应。刘少奇同志说：“可以有这么个建议，各级党的委员会一个月之内要有一次党内生活会。委员会开会，进行批评和自我批评。”[③] 在邓小平同志“不一定一个月，三个月有一次也很好了”的接话后，他又一次补充说：“一季有一次，一年四次也好，开党内生活会。这么一个建议，行不行？每一个委员会，省委也好，地委也好，县委也好，一季开一次会，搞批评和自我批评，过党的生活。”[④] 毛泽东同志做了总结性的补充：“检查工作，总结经验，交换意见。”[⑤] 正如邓小平同志所说，同级党员领导干部之间经常见面且处于同等水平，他们之间的互相监督、批评和自我批评具有其他监督所没有的优势，这正是各级党委民主生活会的主要目的和主要意义所在。有了领导干部双重组织生活，不仅可以发挥党员群众对领导干部自下而上的党内监督作用，而且可以更好地发挥领导干部之间同级相互的监督作用，进而促进党内监督体系的完善。令人遗憾的是，由于“左”倾错误的不断发展，特别是由于“文化大革命”的爆发，不仅邓小平同志的党员领导干部民主生活会制度的设想没有形成专门的党内制度规范、化为具体行动，而且党内生活愈加不正常，距离毛泽东同志曾经设想的“造成又有集中又有民主，又有纪律又有自由，又有统一意志、又有个人心情舒畅、生动活泼，那样一种政治局面”的目标越来越远。不过，邓小平同志在七千人大会上的发言，为中国共产党将党内民主生活由党支部和党小组层面提升到党委领导班子层面进而确立党员领导干部双重组织生活制度指明了方向。1981

---

①②③④⑤ 《邓小平文选》第1卷，人民出版社1994年版，第310页。

年8月，在以邓小平同志为核心的党的第二代中央领导集体领导下，《中共中央组织部关于进一步健全县以上领导干部生活会制度的通知》下发，要求："县级以上党委常委除了必须编入党的一个组织参加组织生活外，同时要坚持每半年开一次党委常委（党组）生活会，并要及时地向上级党委或组织部门报告生活会情况，开一次报一次。"党员领导干部双重组织生活制度由此正式确立并坚持至今，成为我们党实行同级相互的监督的重要制度安排。

（二）注重党内监督的制度建设

改革开放后，鉴于新中国成立以来一段历史时期尤其是"文化大革命"时期的党内民主生活的惨痛教训，中国共产党开始更多地从建立科学的权力体制机制的角度着力，以有序和有效地监督权力、遏制腐败、纠正不良作风，保持党员干部队伍的纯洁性，提高党的领导的效率，其突出标志是1980年8月18日邓小平同志在中央政治局扩大会议上所作的《党和国家领导制度的改革》这一重要讲话。在这次讲话中，邓小平同志着重从制度视角分析了官僚主义、权力过分集中、家长制、特权等诸多权力运行不科学、不合理现象以及严重作风问题的原因及其表现和后果。邓小平同志在这次讲话中提出了著名的论断："我们过去发生的各种错误，固然与某些领导人的思想、作风有关，但是组织制度、工作制度方面的问题更重要。这些方面的制度好可以使坏人无法任意横行，制度不好可以使好人无法充分做好事，甚至会走向反面。"① 他认为，"领导制度、组织制度问题更带有根本性、全局性、稳定性和长期性"②。党内权力监督和党内作风监督都是党内监督的重要内容。邓小平同志从制度层面对权力运行不科学、不合理和党内各种严重作风问题的深刻分析及对制度问题极端重要意义的强调，为改革开放至今我们党

①② 《邓小平文选》第2卷，人民出版社1994年版，第333页。

探索和加强党内监督指明了正确方向，提供了科学的方法论指导。注重党内监督的制度建设，也成了邓小平党内监督思想的最突出亮点和最鲜明特征。

（三）重视发挥民主党派对中国共产党的监督作用

邓小平同志历来高度重视民主党派对作为执政党的中国共产党的监督作用。1957 年 4 月 8 日，时任中央政治局常委、中共中央总书记的邓小平同志在西安干部会上作报告时鲜明指出，“党要受监督，党员要受监督”。为什么党要受监督？他深刻地分析指出：“我们党是执政的党，威信很高。我们大量的干部居于领导地位。在中国来说，谁有资格犯大错误？就是中国共产党。犯了错误影响也最大。因此，我们党应该特别警惕。宪法上规定了党的领导，党要领导得好，就要不断地克服主观主义、官僚主义、宗派主义，就要受监督，就要扩大党和国家的民主生活。如果我们不受监督，不注意扩大党和国家的民主生活，就一定要脱离群众，犯大错误。”① 在邓小平同志成为党的第二代中央领导集体核心并担任全国政协主席时，他更加重视和支持民主党派对作为执政党的中国共产党的监督。他指出：“在当前新的长征中，在四项基本原则的指引下，实行互相监督，充分发扬社会主义民主，加强社会主义法制，对于增强和维护安定团结，共同搞好国家大事，是十分重要的。在国家政治生活和各项事业中，由于中国共产党居于领导的地位，党的路线、方针、政策正确与否，工作做得好坏，关系着国家的前途和社会主义事业的成败；同时，由于我们党的执政党的地位，我们的一些同志很容易沾染上主观主义、官僚主义和宗派主义的习气。因此，对于我们党来说，更加需要听取来自各个方面包括各民主党派的不同意见，需要接

① 《邓小平文选》第 1 卷，人民出版社 1994 年版，第 270 页。

受各个方面的批评和监督，以利于集思广益，取长补短，克服缺点，减少错误。”① 对照他的这两次讲话，可见其内在逻辑是一致的，就是基于执政党地位和社会主义事业领导核心的地位，中国共产党必须接受来自民主党派的监督，以减少权力腐败和各种作风问题，少犯错误。

三、江泽民的党内监督思想

党的十三届四中全会以来，特别是党的十四大以来，以江泽民同志为核心的党的第三代中央领导集体鉴于改革开放深化过程中腐败现象增多、反腐形势更加严峻的现实，高度重视党内监督，强调“越是改革开放，越要加强和健全党内监督”②。择要而言，江泽民同志的党内监督思想突出地体现在以下几个方面。

（一）强调重点加强对领导干部的监督

自20世纪90年代以来，因为外部环境的影响、制度建设滞后等多方面因素，一些领导干部甚至高级领导干部（如陈希同和成克杰等）严重违纪违法。在这一背景下，江泽民同志特别强调要重点加强对领导干部的监督。他指出：“我们党执政以后，特别是在新的历史条件下，能不能成功地解决党内监督问题，尤其是对高中级干部的监督问题，是加强党的建设需要解决的一个重要问题。”③ “越是领导机关、领导干部，越要有严格的党内监督。”④ 他还严肃指出：“各级党组织对领导干部要严格要求、严格管理、严格监督。现在，有的干部职务升了，权力大了，对自己的要求却放松了；权力一大，直接监督他的人少了，利用

① 《邓小平文选》第2卷，人民出版社1994年版，第205页。
② 《论党的建设》，中央文献出版社2001年版，第204-205页。
③ 《江泽民论加强和改进执政党建设（专题摘编）》，中央文献出版社2004年版，第257页。
④ 同②，第205页。

他、为他抬轿子的人多了。如果自己不警惕，组织上又不及时教育和监督，就很容易出问题，甚至出大问题。”① 江泽民同志强调重点加强对大权在握的领导干部的监督的思想，表明了他对领导干部腐败问题和党内权力监督的不足有着深刻的认识，这也为新时期科学确定党内监督的重点对象指明了方向。很显然，新时代习近平总书记强调对领导干部这一关键少数的监督，正是对此思想的坚持和发展。

（二）完善党委内部的相互监督

民主集中制作为党的根本组织原则，涉及上级党组织与下级党组织、党员个体与党组织、党组织内部之间三种关系的规范。江泽民同志一如既往地坚持民主集中制，强调："全党各级组织首先是党中央必须严格实行民主集中制。各级领导机构必须坚持集体领导和个人分工负责相结合的制度，健全党内民主生活，加强民主监督，防止少数人说了算，更不允许个人专断。”② “今后，务必要切实健全、严格执行党内的监督制度。不管是什么人，只要违反民主集中制，就应受到批评；破坏民主集中制，就应给予必要的制裁。”③ 他还把党委内部的民主集中制原则具体化为集体领导、民主集中、个别酝酿、会议决定这一更具体并更具操作性的十六字党委会工作规则。此后，这十六字工作规则成为各级党委和党组贯彻民主集中制的具体遵循。很显然，这十六字工作规则的提出和践行，完善了党委或党组内部班子成员之间的互相监督。此外，江泽民同志也注重开展批评和自我批评以加强领导班子内部的相互监督的方法。在此之前的一段时期内，的确存在班子成员之间开展批评和自我批评较少的现象。他在任期间开展的“三讲”教育活动特别重视

---

① 《江泽民文选》第1卷，人民出版社2006年版，第456－457页。

② 江泽民：《在庆祝中华人民共和国成立四十周年大会上的讲话》，人民出版社1989年版，第24页。

③ 《论党的建设》，中央文献出版社2001年版，第13页。

班子成员之间的批评和自我批评，并提出了较高要求，所针对的正是“党内批评和自我批评的空气薄弱，有一部分领导班子缺少正常的相互监督和帮助，成员之间很少有坦诚的思想交流，该提醒的不提醒，该批评的不批评，该制止的不制止”① 的现象。

（三）注重教育、法制和监督三者结合

20 世纪 90 年代以后，走上各级领导岗位的领导干部总体上不像此前 50 年代到 80 年代的领导干部或者在革命时期就已入党并担任领导职务，或者经历了较长时期的思想淬炼，有着很强的党性。在来自市场经济和外部环境的考验明显增加且制度建设比较滞后、制度漏洞不少的情况下，一些党性淡薄、法纪意识不强的党员干部容易经受不起权力、金钱、美色等的诱惑，从而走上违纪违法的歧途。这也正是 20 世纪 90 年代后党员干部腐败现象增多的重要原因。正是有鉴于此，江泽民同志指出：“内因是事物变化的决定性因素。建立在我们党的党性基础上的严格自律，对每位党员干部的进步和提高起着决定性作用。”② 他还提出了“教育是基础，法制是保证，监督是关键”的重要思想，即坚持教育、法制和监督三管齐下，在思想上建立“不愿腐败”的自律机制，在法制上建立“不敢腐败”的惩戒机制，在监督上建立“不能腐败”的防范机制。很显然，坚持教育、法制和监督三管齐下的思路，为习近平总书记所提出的一体推进不敢腐、不能腐、不想腐提供了启示。

四、胡锦涛的党内监督思想

党的十六大以后，以胡锦涛同志为总书记的党中央着眼党情新变

---

① 《十四大以来重要文献选编》（中），人民出版社 1997 年版，第 1692 页。
② 《江泽民文选》第 2 卷，人民出版社 2006 年版，第 499－500 页。

化、党建新情况，继续推进党内监督。择要而言，胡锦涛同志的党内监督思想体现在以下三个方面。

（一）重视党内民主的同级监督

胡锦涛同志重视党内民主，强调党内民主是党的生命。基于这一理念，他很重视党内民主的同级监督，特别是党代会对党委全会、党委全会对党委的监督。他在任期间，开中央政治局向中央委员会述职之先河，使其成为惯例。所谓述职，其实就是接受中央委员会的监督。中央委员会对中央政治局的监督，正是一种基于党内民主的同级监督。此外，他在任期间还提出扩大浙江椒江等地的党代会常任制试点，实际上表明他对党代会监督党委全会的重视。

（二）强调对权力的监督

权力不受监督是绝大多数党员干部腐败的根源。基于对此的认识以及党员干部腐败增多的严峻现实，胡锦涛同志特别强调要加强对党员干部行使权力的监督。在 2003 年召开的十六届中央纪委二次全会上，他指出，要进一步发展党内民主，加强对领导干部行使权力的制约和监督。在 2006 年召开的十六届中央纪委六次全会上，他进一步具体指出，“要进一步强化制约监督，不断完善党内监督制度，发挥各方面监督的积极作用，着力加强对领导干部行使权力的全方位、全过程监督，加强对腐败多发易发部位和领域的监督，确保权力正确行使”①。也正是在此背景下，党中央提出了要建立结构合理、配置科学、程序严密、制约有效的权力运行机制的反腐治本目标。

（三）加大党内监督的制度建设力度

在 2006 年召开的十六届中央纪委六次全会上，胡锦涛同志还提出，

---

① 《学习党章 遵守党章 贯彻党章 维护党章 深入开展党风廉政建设和反腐败工作》，《人民日报》2006 年 1 月 7 日。

“要进一步加强制度建设，加强以党章为核心的党内法规制度体系建设，着力提高制度的科学性、系统性、权威性，做到用制度管权、用制度管事、用制度管人”①。正是在这样的思想指导下，党的十六大后，《中国共产党党内监督条例（试行）》《中国共产党党员权利保障条例》等党内法规陆续制定。这些党内法规虽然存在不同程度的不够完善之处，但毕竟确立了建立党内法规体系的目标，迈出了党内法规制度建设的重要步伐，为推进党内监督提供了较好的制度保障。

① 《学习党章 遵守党章 贯彻党章 维护党章 深入开展党风廉政建设和反腐败工作》，《人民日报》2006年1月7日。

第三章　十八大后党内监督的实践进展和思想创新

十八大以来，以习近平同志为核心的党中央高度重视党内监督，优化纪检领导体制，制定《中国共产党党内监督条例》《中国共产党巡视工作条例》等重要党内法规，持续开展全覆盖、高频率的巡视和巡察监督，强化纪委的专职监督，普遍实行全覆盖、近距离的派驻监督，经常性开展批评和自我批评与党内谈话，等等。所有这些都充分表明，以习近平同志为核心的党中央探索出了一条以强化党内监督引领全面从严治党的党建战略进路，并取得了显著成效，解决了党内监督许多难题，使得党的自身建设显著加强、党内政治生态明显改善，赢得了国内外和党内外的普遍赞誉。

第一节　十八大后的党内监督的实践进展

十八大后，党内监督在多方面取得了显著实践进展，从主体角度而言主要有以下三个方面。

一、党委（党组）全面监督的实践进展

党的十八届六中全会通过的《中国共产党党内监督条例》明确指出，党委（党组）的监督是全面监督。党委（党组）的监督的这一功能定性主要源于党委（党组）在党内监督体系中的角色定位。此条例明确规定，在党内监督工作中，党委（党组）是需要担负主体责任的。党委委员以及党组成员，需要在自身的职责范围内切实做好监督工作，履行监督职责，在这项工作中书记是第一责任人。换句话说，对于党委（党组）的监督工作来说，由于在党内监督工作中的相关主体责任制度的规定，明确了党委（党组）必须实施全面性的监督。一般而言，党委（党组）的全面监督具有三方面基本特征和优势：其一是监督的范围很广泛。这是党委（党组）监督被定性为全面监督的主要原因。《中国共产党党内监督条例》第十五条确定了党委（党组）四方面的监督职责。可以发现，党委（党组）的监督是全方位的，既有对上的，也有对下的（本地区、本部门、本单位）和对同级的（纪委）；党委（党组）的监督既是对人的，也是对事的；既可以监督党的纪检工作，也可以监督组织工作和选人用人工作，还可以监督党的宣传和意识形态工作及党的政法工作和统战工作。相比纪委的纪检监督或党委组织部门的职能监督，党委（党组）的监督内容显然要范围广泛得多。其二是监督主体和监督对象的距离近。通观党委（党组）的四方面监督职责规定，可知党委（党组）与其监督对象的距离基本都不远，有的甚至近在身旁。其中，党委（党组）对党委常委会委员（党组成员）、党委委员，对同级纪委、党的工作部门、直接领导的党组织领导班子及其成员的监督，以及对本部门、本单位的监督，皆属近距离的监督。对本地区的监督，监督主体和监督对象的距离则因地区的行政级别和行政区域的不同而有所差异。例

如省级党委对本省的监督、市级党委对本市的监督、县级党委对本县的监督，各自距离不同，但不可否认，这种地方党委对本地区的监督，相比党中央对地方的监督，总是要更近些。一般而言，监督主体和监督对象的距离较近，有助于作为监督主体的党委（党组）更及时和准确地了解监督对象的相关情况，有助于监督行为的快速实施，有助于提高党委（党组）监督的效率。比较而言，许多地方党组织和基层党组织更在乎经常看得到的上级党委的监督，对级别更高但不总是能看到的党委的监督则可能不如前者那么重视。其三是监督的力度大。这是由党委（党组）的权力和职责所决定的。2015 年 6 月施行的《中国共产党党组工作条例（试行）》和 2015 年 12 月施行的《中国共产党地方委员会工作条例》明确了地方党委和党组的领导核心地位。在中国共产党长期执政的背景下，在中国的政治话语体系中，领导核心地位也就意味着全面领导，意味着各方面重要工作皆由党委（党组）领导。上述两个条例也确实对党委（党组）所领导的各项重要工作做了全面和详细的规定。党委（党组）的领导全面且强大，由党委（党组）实施的监督力度也往往很大，很显然，一旦党委（党组）亲自肩负起党内监督的主体责任，党委（党组）书记作为第一责任人，党内监督的力度往往超过其他主体。十八大后，以习近平同志为核心的党中央强化各级党委（党组）在全面从严治党中的主体责任，大力推进党委（党组）的全面监督，取得了多方面的进展和成就，突出地表现在以下三个方面。

（一）实现巡视和巡察全覆盖

根据《中国共产党巡视工作条例》规定，中国共产党形成了上有巡视（中央和省部级）、下有巡察（地市级和县级）、上下衔接、上下联动的工作格局。虽然巡视或巡察工作领导小组组长由纪委书记担任，领导小组办公室也设在纪委，但必须注意的是，巡视和巡察工作的主体是党委（党组），而非纪委。2017 年《中国共产党巡视工作条例》第二条明确规定：党中央和省（自治区、直辖市）委实行巡视制度，建立专职巡视机构；中央有关部委、中央国家机关部门党组（党委）可以实行巡视制度，设立巡视机构；市委（地委、州委、盟委）和县委（市委、区委、旗委）建立巡察制度，设立巡察机构；开展巡视巡察工作的党组织承担巡视巡察工作的主体责任。随着一轮又一轮巡视或巡察工作的开展，随着巡视巡察制度的改进和完善（具体如实现一届任期全覆盖、实行巡视组组长一次一授权和一次一任命、开展巡视“回头看”、进行机动式巡视、抽查核实领导干部档案和个人事项报告、向社会公开巡视反馈意见及其整改情况、实行提级巡视或巡察、同步指导下级党委巡视或巡察等），原先的巡视存在的中央授权不足、权威不够、工作动力不足、工作责任感不强、工作力量不足、巡视覆盖面不广、巡视频次不高、巡视组收集线索渠道不多、巡视对外公开信息不够等问题得到了有效解决，党中央和各级党委（党组）的巡视和巡察监督得到了显著加强。中央纪委向十九大的工作报告指出，巡视组提供了超过60%涉及中管干部的违纪违法问题线索，并针对在巡视过程中所发现的问题和漏洞形成整改建议。巡视组或巡察组已成为广大人民群众眼中的“钦差大臣”和“包青天”。巡视和巡察制度成为各级党委（党组）发现问题的“显微镜”和“探照灯”，也成为令许多腐败分子胆战心惊的反腐利剑。

（二）强化党委（党组）主体责任追究

党委（党组）主体责任制度，是十八大以来党的建设的重要制度创新。在党风廉政建设工作中，各级党委（党组）需要担负主体责任，这项要求在后来被纳入全面从严治党工作，规定在全面从严治党工作中党委（党组）必须担负主体责任，再到后来，此项要求被具体地用于组织工作、意识形态工作、统一战线工作以及巡视工作等党建重要工作中。党内监督作为全面从严治党的重要工作内容，由党委（党组）承担党内监督的主体责任乃应有之义和逻辑必然。正因此，《中国共产党党内监督条例》第十五条明确规定党委（党组）在党内监督中负主体责任，书记是第一责任人，党委常委会委员（党组成员）和党委委员在职责范围内履行监督职责。党委（党组）主体责任制度的确立，也就意味着各级党委（党组）必须领导本地区、本部门、本单位包括巡视或巡察等在内的各项党内监督工作，组织实施好集体领导和个人分工负责、民主生活会、组织生活会、谈心谈话、述责述廉等党内监督制度，加强对党委常委或党组成员、党委委员，同级纪委、党的工作部门和直接领导的党组织领导班子及其成员的监督，等等。若未落实或执行不力，则党委（党组）必须承担主体责任，党委（党组）书记作为第一责任人必须承担主要领导责任，其他党委常委或党组成员或党委委员必须承担相应的重要领导责任。这些责任追究的具体方式包括做出检查、诫勉谈话、给予警告、撤销党内职务乃至开除党籍等轻重程度不一的党纪处分。可以说，明确党委（党组）的主体责任可谓抓住了党内监督的“牛鼻子”。不可否认，在党委（党组）主体责任制度提出之前，一些地方和部门的党委（党组）对包括巡视、个人事项报告等各项党内监督和党风廉政建设工作并没有很好落实，实际上，党组织对党委（党组）书记的考核评价以及这些党委（党组）书记的晋升与其在党内监督和党风廉政建设工作方面的表现无直接关联。在这样的制度环境下，他们很少研究和参与党内监督各项工作，更遑论直接领导党内监督和党风廉政建设工作，以至于他们并不清楚党风廉政建设情况，也不清楚党内监督开展情况。由此也就导致有些人对党风廉政建设抱无所谓态度，为了图省事、图便捷而浮于表面、简单应付，每年仅仅只是开个会、讲个话、签个责任书就想当然地认为已经万事大吉了，或是根本不管监督，一出事就让纪委来担责。这也是部分地区、部门和单位出现系统性和塌方式腐败、窝案串案、政治生态严重恶化的重要原因。自从党委（党组）主体责任制度确立后，各级党委（党组）便感受到强大的主体责任压力，并在这种强大压力的驱使下，认真履职，真正把担子挑起来。各级党委（党组）书记既在后方做统筹、协调、部署任务的统帅，又亲自出征、奋战前线，亲自研究重要工作、重大问题、重要环节和重要案件。例如，过去每年度的党风廉政建设考核往往是由纪委书记和副书记带队进行的，如今地方党委书记和其他常委都会带队进行考核，这种变化就是党委（党组）主体责任制度所带来的。2015 年 9 月，河南省新乡市委原书记李庆贵，由于在其工作任期内，党政领导班子里共计有三位省管干部（两位党委常委和一位政府副市长）被查，而受到了党内严重警告处分，并且被免除职务。这些摆在眼前的党委主体法定责任贯彻落实不准确、党委书记作为第一法定责任人被依法追责的经典案例，自然使得各级党委（党组）受到极大震慑和深刻警示，使得其抓党内监督的主动性更强。

（三）普遍开展谈心谈话

我们党一直有着谈心谈话这一优良传统。党组织经常与领导干部和党员进行谈心谈话，不仅有助于加强对党内人员的教育管理监督，还能在一定程度上预防重大错误的发生，使错误在萌芽状态时就被察觉并纠正。这种纠错于萌芽状态的党内监督制度设计，对于中国共产党的自我净化、自我完善、自我革新、自我提高具有十分重要的意义。然而，在十八大之前的很长一段时期内，在管党治党宽松软的背景下，这一党的优良传统未能得到坚持和弘扬，这一制度甚至异化和简化为一到提拔才谈话、不到提拔不谈话的极少进行且偏重于表扬和激励功能的谈话制度。党的十八届六中全会通过的《关于新形势下党内政治生活的若干准则》明确规定：“坚持谈心谈话制度。党组织领导班子成员之间、班子成员和党员之间、党员和党员之间要开展经常性的谈心谈话，坦诚相见，交流思想，交换意见。领导干部要带头谈，也要接受党员、干部约谈。”党的十八届六中全会通过的《中国共产党党内监督条例》第二十一条要求坚持党内谈话制度，认真开展提醒谈话、诫勉谈话。根据主体的不同，作为党内监督重要制度安排的党内谈话分为党委（党组）的谈话、纪委的谈话、组织部门的谈话和党支部的谈话。为了确保党委（党组）的党内监督主体责任更好地得到落实，国内许多地区党委和部门党组制定了有关党内谈话的具体办法。例如，杭州市出台了《关于进一步落实全面从严治党主体责任的意见》。如今，在杭州市每个单位主要领导或分管领导每年必须对中层干部进行至少一次的谈话，内容包括廉政风险、党风廉政建设和意识形态等工作落实情况、党员和群众反映的问题等。所有这些探索和举措，都是党委（党组）通过谈心谈话制度加强党内监督的具体表现，都有助于对党员干部身上的问题早发现、早提醒、早处置，进而有助于防止党员干部因小节不守逐步滑向违纪违法的泥潭。杭州市某区某街道纪工委书记 L 某在接受笔者访谈时也充分肯定谈话对于提醒和监督党员、干部的作用，说：“整个谈话过一遍，基本可以给每个人画个清晰的轮廓。”①

二、纪委专责监督的实践进展

1927 年，五大借鉴苏俄经验，决定设立中央及省监察委员会（纪委的前身）以“巩固党的一致及权威”。从那时起，纪委即被赋予了党内监督的职责。十八大后，习近平总书记将纪委的职责凝练为“监督执纪问责”。中国共产党全面领导、长期执政，面临的重大挑战是权力不被滥用，这就体现了监督的至关重要性。监督是纪委监委的基本职责、第一职责，没有强有力的监督，审查调查和问责处置就没有基础。十八

---

① 笔者调研笔录，2020 年 6 月 16 日。

届六中全会通过的《中国共产党党内监督条例》第四章总共用了 9 条对纪委的监督进行了明确规定。监督始终是纪委的核心职责和主要权力。也正因为此，《中国共产党党内监督条例》将纪委承担的党内监督职责明确定位为专责监督。纪委的专责监督与党委（党组）的全面监督相比，两者之间的主要区别在于监督是纪委的核心职责，而监督并非党委（党组）的核心职责，党委（党组）的核心职责是领导，特别是对重大事项的领导。纪委的专责监督与党的工作部门的职能监督相比，两者之间的主要区别在于纪委的监督在内容方面具有全面性，而党委组织部等党的工作部门的监督在内容方面不具有全面性，主要是跟本部门的职责有关。

由于环境和时局的变化，以及不同时期纪委领导体制的利弊等因素，纪委的具体监督权责和实际监督效果之间存在差异，甚至是较大的差异。十八大之后，为了适应全面从严治党这一新的形势需要，以习近平同志为核心的党中央对纪委的领导体制、机构设置、工作机制等进行了一系列改革和优化，从而使得纪委的监督效能大大增强，纪委也因此成为人们交口称赞的反腐主力军和全面从严治党忠诚卫士。大致说来，十八大后，加强纪委的专责监督所取得的成就和进展主要体现在以下五个方面。

（一）健全纪律检查工作领导体制

如前所言，1982 年十二大做出党的各级纪律检查委员会由同级党的代表大会选举产生且对中央以下的同级党委及其成员实行党章规定范围内的监督的重大制度调整，同时规定要求建立双重领导体制，以增强上级纪委对下级纪委的直接领导。中国共产党的纪律检查体制从此变为双重领导体制。必须清醒地认识到，虽然十二大通过的党章取消了“同级党委领导为主”的规定，但事实上同级党委对纪委的影响力远远超过上级纪委，这主要由于纪委办案首先要向同级党委报告并得到其批准，纪检干部的提拔任用要由同级党委决定，纪检部门的工作经费及工作人员的办公场所和住房等要由同级政府决定（事实上最终主要由党委决定）。因而，这种双重领导体制实际上可以称作同级党委领导强上级纪委领导弱的双重领导体制。这种领导体制固然相比以往有进步，但亦有很大缺陷，其主要缺陷就是无法有效监督同级党委，特别是党委、政府一把手，甚至连对下级的一把手进行监督也不易进行。在我们党多年的反腐实践中，在我国各地发生的党委、政府主要领导的违纪违法案件中，很少是同级纪委主动报告、揭发或者检举的。鉴于原先的双重领导体制的制度缺陷，十八大后，以习近平同志为核心的党中央对此进行了重大改革，2013 年十八届三中全会审议通过的《中共中央关于全面深化改革若干重大问题的决定》明确规定："查办腐败案件以上级纪委领导为主，线索处置和案件查办在向同级党委报告的同时必须向上级纪委报告。各级纪委书记、副书记的提名和考察以上级纪委会同组织部门为主。"这"两个为主"的新规定，使得纪检领导体制由同级党委领导强上级纪委领导弱的纪检领导体制变为同级党委领导与上级纪委领导都强的纪检领导体制。这一纪检领导体制的重大变革使得纪委的监督更加高效、有力，使得以往纪委监督经常遇到的因同级党委主要负责人的不表态和反对而高高举鞭、轻轻放下的现象大大减少。毕竟，在如今的纪检领导体制背景下，党委主要负责人知道自己哪怕反对也无法改变上级纪委的决定，反而担心会给上级纪委留下自己与腐败分子有牵连或是腐败分子保护伞的印象。

（二）清理议事协调机构

改革开放后，随着纪委的恢复建立及其权威的进一步增强，许多地方和部门为了推动中心工作或重点工作开展，为了破解一些工作中的棘手难题，往往借重纪委的权威，将纪委纳入诸多议事协调机构或列为工作领导小组的成员单位甚或牵头单位，由此导致纪委职责不清、职能发散、业务生疏等。一方面，纪委参加各类议事协调机构多达数百个、时常陷于文山会海的现象比比皆是；另一方面，像吕梁市纪委 5 年只办 4 个案子、纪委干部都不会办案[①]的现象也并非鲜见，正是其时纪委因为没有聚焦主业而处境颇显尴尬的具体表现。十八大后，在党中央领导下，十八届中央纪委大力实施“三转”，也就是“转职能、转方式、转作风”。其中的“转职能”，指的是全面关注中心工作业务，加强监督执纪问责，解决越位、错位、缺位问题。清理之后，2015 年，省级纪委平均参与的议事协调机构在 14 个，总体数量在 460 个，达到了 90%以上的精简比例。此后，各级纪委才得以有更多的时间和精力投身于纪检工作，更好地履行其监督职责。

（三）实现派驻监督全覆盖

纪委的派驻监督在十六大后有重要变革和显著改进，由此在一定程度上提高了纪委监督的独立性，有助于派驻机构更好地履行其对驻在机构的监督。但这一改革也存在不彻底之处，即主要有覆盖不全面问题和独立性不够问题。其中的覆盖不全面问题，体现在纵向维度上，那就是改革没有覆盖到省级以下层面，省级以下派驻机构在经费预算、办公条件等方面仍然依赖于驻在部门；体现在横向维度上，那就是改革没有全覆盖，十八大前，中央纪委在 52 家中央和国家机关设置了派驻机构，相对于全部中央一级党和国家机关，覆盖率仅有三分之一多一点[②]，对于党委、人大、政府、政协所谓的四套班子以及党委组织部、党委宣传部、党委统战部等重要权力部门的派驻监督则全为空白。至于独立性不够问题，主要是指纪委派驻机构干部的考核和薪酬福利大多由驻在部门负责，从而使得其与驻在部门“打成一片”“混成一锅粥”“一个锅里吃

---

① 褚朝新、李昊阳、贾宸琰：《吕梁：官场“重灾区”艰难重建》，《南方周末》2015 年 4 月 30 日。

② 祝灵君：《祝灵君讲稿》，中共中央党校出版社 2019 年版，第 36 页。

饭”，进而容易出现利益一体化、监督办案受到人情干扰等问题，存在本质上的异体监督变异为实际上的同体监督的危险。十八大后，以习近平同志为核心的党中央将纪检体制改革列为全面深化改革的重要内容，由最高决策层进行战略部署。2013 年十八届三中全会审议通过的《中共中央关于全面深化改革若干重大问题的决定》明确提出，全面落实中央纪委对中央一级党和国家机关派驻纪检机构的全覆盖，并且实行名称和管理双统一。2015 年 1 月，经过中央审核批准，中央纪委在中央办公厅、全国人大机关、国务院办公厅、全国政协机关、中央组织部、中央宣传部、中央统战部等中央和国家机关新设置了 7 家派驻纪检组，从而迈出了派驻监督全覆盖的关键步骤。2015 年 11 月，中央办公厅颁布了《关于全面落实中央纪委向中央一级党和国家机关派驻纪检机构的方案》。根据这一方案，中央层面一共设立了 47 家派驻纪检组。其中，20 家是单独派驻，27 家是综合派驻，综合派驻负责监督 119 家单位。到 2016 年末，从中央层面到县（区、市）层面，实现了对包括党委、人大、政府、政协四大机构以及党委组织部、党委宣传部、党委统战部等党委重要工作部门的派驻监督全覆盖。这就解决了纪委派驻监督覆盖不全面问题。此外，在此番最高层亲自部署和统一纳入全面深化改革框架的纪检体制改革中，纪委的垂直领导和统一管理（包括编制、人事关系、考核、奖惩、任免等）得到了进一步加强。这就解决了长期存在的纪检派驻机构独立性不够问题。改革后的纪检派驻机构的工作职能也发生了重大变化，由协助抓党风廉政建设为主转向专司监督执纪问责。总之，随着派驻监督的全覆盖，随着纪委对派驻机构真正实现统一管理，随着派驻机构工作职能向监督执纪问责的转向，纪委的专责监督得到了进一步扩展和显著增强。

（四）运用好监督执纪“四种形态”

在十八大之前的很长一段时期内，党员领导干部触犯刑法、被追究刑事责任的情形并非少见。之所以有此尴尬情形，主要原因在于党内监督缺位于萌芽时，缺位于细微处，缺乏及时性和针对性，从而使得小问题变成大错误，使得小贪变为带来危害甚大、惩治成本很高的巨贪。习近平总书记曾就此指出："无数案例证明，党员'破法'，无不始于'破纪'。"① 为了使纪委监督更好地达到防微杜渐的目的，十八大后，以习近平同志为核心的党中央创新理念，提出要运用好监督执纪"四种形态"。所谓监督执纪"四种形态"，其主要内容是经常开展批评和自我批评，及时进行谈话提醒、批评教育、责令检查等或者予以诫勉，让"红红脸、出出汗"成为常态；党纪轻处分、组织调整，成为违纪处理的大多数；党纪重处分、重大职务调整的成为少数；严重违纪涉嫌犯罪追究刑事责任的成为极少数。2015 年 9 月，时任中央纪委书记王岐山在福建调研工作开展期间首次提出了监督执纪"四种形态"。王岐山同志所提出的监督执纪"四种形态"，得到了以习近平同志为核心的党中央的大力赞同。在 2016 年十八届六中全会上，监督执纪"四种形态"被写入《中国共产党党内监督条例》。从 2016 年开始，习近平总书记在多种场合提出要运用好监督执纪"四种形态"。监督执纪"四种形态"是以习近平同志为核心的党中央对我国长期的党风廉政建设和反腐败斗争实践的经验和教训的深刻总结。可以说，运用好监督执纪"四种形态"，就是强调把党纪挺在前面，把纪委监督放在问题轻微时，规范严格处理措施，把全面从严治党的要求落到实处，一层一层地设置防线，一级一级地进行阻挡和处理，对党内一些思想上松懈且有原则性错误想法的党员干部进行重点关注，在其犯严重错误前就予以及时劝诫、提醒和批评。实践表明，运用好监督执纪"四种形态"低成本且高效地实施了党内监督，既维护了党纪的尊严，充分地发挥了纪委监督作用，又保护了党员、干部，避免了更大损失和严重损害。2017 年，中央纪委的工作

① 《习近平关于全面从严治党论述摘编》，中央文献出版社 2016 年版，第 114 页。

报告指出，全国纪检监察机关自2015年以来实践“四种形态”，共处理204.8万人次，成功地通过纪律来管全党、治全党。在这些被处理的人员里面，约有46.7%、95.5万人次按照第一种形态，通过谈话函询以及批评教育的方式进行处理；约有39.9%、81.8万人次按照第二种形态，通过组织调整、纪律轻处分的方式进行处理；约有7.6%、15.6万人次按照第三种形态，通过重大职务调整以及纪律重处分的方式进行处理；约有5.8%、11.9万人次按照第四种形态进行处理。

（五）强力“打虎拍蝇”

“老虎”“苍蝇”一起打是习近平总书记在第十八届中央纪律检查委员会第二次全体会议上的鲜明表态和生动比喻。“老虎”“苍蝇”分别代指领导干部违纪违法案件和群众身边的不正之风与腐败问题。此后，“打虎拍蝇”这一形象说法成为反腐的代名词。“打虎拍蝇”意味着纪委对党员、干部的严厉查处和“零容忍”，其惩戒效应和震慑效应是纪委监督的具体效果体现。十八大之前很长一段时期的反腐实践表明，领导干部虽有腐败和违纪行为，但事实上被查处和受惩罚的概率很低，从而使得他们普遍心怀侥幸、我行我素、毫无收敛，进而导致不正之风和腐败越来越严重。习近平总书记提出的“老虎”“苍蝇”一起打的方针，正是对前些年我国反腐和作风建设困境的破解。坚持“老虎”“苍蝇”一起打，使得一个个严重违纪违法的领导干部被查处、被点名道姓通报批评，党员、干部违纪违法行为被查处的概率由此大大提升。十八届中央纪律检查委员会在向中国共产党第十九次全国代表大会的工作报告中指出，十八大以来，经党中央批准立案审查的省军级以上党员干部及其他中管干部440人。对比改革开放至2012年十八大召开这30多年期间，平均每年查处涉腐的省军级以上党员干部及其他中管干部从未超过10人，而十八大至十九大这五年期间，平均每年查处省军级以上党员干部及其他中管干部88人。数量如此之多的“老虎”和“苍蝇”被打/

拍，打“老虎”和拍“苍蝇”行动如此密集和频繁，且这些被打的“老虎”和被拍的“苍蝇”不少就是广大党员、干部的所在地方党委、政府领导或系统领导或校友或老乡或同学等，由此也就形成了党风廉政建设的高压态势，大大地提高了违纪违法被查处的概率，极大地增加了违纪违法的风险，有效地重塑了过去治党失之于宽失之于软的政治生态，有力地打破了一些党员干部顶风违纪不收敛、大肆贪腐不收手的行为模式。

三、党的组织部门职能监督的实践进展

虽然“党的工作部门职能监督”作为一个新提法首次出现于《中国共产党党内监督条例》（其中第九条），但党的工作部门职能监督作为一种事实和一项传统早已存在。我们经常关注和熟知的组织部门对干部选拔任用的监督即属党的工作部门职能监督。虽然党的工作部门职能监督包括党委宣传部门对意识形态工作的管理监督、统战部门对党的统一战线法规政策贯彻落实情况的监督，但无疑，党委组织部门的监督是最重要且影响最广泛的党的工作部门职能监督。毕竟，党委组织部门既监督事，又监督人，既监督党员、干部，又监督组织。相比较而言，党委宣传部门和统战部门的监督主要涉及事。以下主要讨论分析党委组织部门的职能监督。

十八大后，为了落实全面从严治党的要求，改变管党治党宽松软的状况，特别是为了贯彻落实十八届六中全会通过的《中国共产党党内监督条例》第十六条中提出的“党的工作部门应当严格执行各项监督制度，加强职责范围内党内监督工作”的要求，各级党委组织部门认真履行自身职责，积极探索，主动作为，显著地加强了职能监督，其突出表现有以下三个方面。

（一）实行领导干部个人事项报告抽查和凡提必核制度

我国对领导干部个人事项报告制度的探索及完善经历了一个过程。1997 年 1 月，中共中央办公厅和国务院办公厅印发了《关于领导干部报告个人重大事项的规定》；2006 年 9 月，中共中央办公厅印发《关于党员领导干部报告个人有关事项的规定》；2010 年 5 月，中共中央办公厅和国务院办公厅联合发文，正式印发了《关于领导干部报告个人有关事项的规定》。2010 年的规定与 2006 年的规定比较，内容大同小异，其中一个重要差别是 2010 年《关于领导干部报告个人有关事项的规定》将非党员的县处级副职以上的干部纳入了报告对象范围，从而扩大了 2006 年《关于党员领导干部报告个人有关事项的规定》所确定的报告对象范围。综观这三个文件存在共同的制度漏洞，那就是对如何确保领导干部所报告事项的真实性没有做出具体可行的制度安排。无论是纪检机关还是组织部门，其查阅或调查核实领导干部个人事项报告都有领导批准或已有举报等诸多前提条件限制。可以想见，在十八大之前管党治党宽松软的时期，在一些纪委书记、组织部部长乃至党政一把手自身严重违纪违法的背景下，这些文件的可操作性很差，文件所宣称的“为加强对领导干部的管理和监督，促进领导干部廉洁从政”的目的也根本无法达到。毕竟，没有一位已有违纪违法行为的领导干部愿意自己的个人事项报告被调查核实和公开，相反，他们总是想方设法去掩盖和阻挠。也正因领导干部个人事项报告的制度漏洞，十八大前有很多的领导干部存在漏填谎报现象。十八大后，对领导干部个人事项报告制度漏洞有着深刻洞察的习近平总书记在 2013 年 9 月 26 日中央政治局常委会审议《关于二〇一三年上半年中央巡视组巡视情况的综合报告》时就此严肃指出：“以前报告了，核查不够；核查了，处理不够，发现问题也不纠正。对这个事情要有紧迫感，群众对此有期望、有要求，不抓紧研究，就与群众要求不适应。”① 也就

① 《习近平关于党风廉政建设和反腐败斗争论述摘编》，中国方正出版社 2015 年版，第 111 页。

是从2013年开始，各级组织部门开始对领导干部个人事项报告进行抽查核实，其比例为3%～5%，对领导干部个人事项报告进行逐一认真仔细核实是巡视组在巡视过程中必须做的事情。2014年1月，中央组织部印发《领导干部个人有关事项报告抽查核实办法（试行）》，在全国各地正式展开抽查核实工作。从2015年起，对领导干部个人事项申报的抽查比例从3%～5%提高到10%，并开始对拟提拔为副处级以上干部人选等实行“凡提必核”，且对抽查和“凡提必核”过程中发现的问题给予相应的处理。至2017年2月新修订的《领导干部报告个人有关事项规定》发布之前，全国党员干部中随机抽查和“凡提必核”两项合计年查核率达到25%。全国因查核发现不如实报告等问题被暂缓任用或者取消提拔重用资格、后备干部人选资格9 100多人，因不如实报告等问题受到处理的共12.48万人①。另据笔者对中央纪委网站的公开信息统计，2016年中央纪委审查的27名中管干部中有14名不如实报告个人事项，占比为51.85%，超过一半。所有这些数据一方面说明，十八大之前领导干部不如实报告个人事项具有一定的普遍性；另一方面说明，经过抽查核实和“凡提必核”的制度完善，领导干部个人事项报告制度对领导干部的监督效果显著增强，充分地发挥了其“政治体检”的作用。经过三年多的实践，通过对过去实践经验的总结，党中央对过去的《关于领导干部报告个人有关事项的规定》做了许多调整，并且将《领导干部个人有关事项报告查核结果处理办法》作为其配套内容。前面这个文件主要是针对领导干部如何抽查核实以及报告什么内容给出明确的规定；后面这个文件主要针对领导干部在不具备正当理由的情况下隐瞒不报、漏报少报、不按时报告或者是在查核工作开展过程中了解到

---

①《从严治党 凡提必核——中央组织部负责人就领导干部报告个人有关事项两项党内法规答记者问》，《经济日报》2017年4月20日。

其他违规违纪问题，应该怎样来处理给出较为详细具体的规定。这些制度改进，基本堵住了领导干部个人事项报告制度过去所存在的漏洞，极大地增强了制度的执行力，进而使得领导干部的行为预期因为该制度的惩戒效应和倒逼作用得到根本改变，当然，也使得党委组织部门对领导干部的监督极大地加强。

（二）开展基层党建七项重点工作任务集中排查

2016年，中央组织部决定对基层党建的七项重点工作（党员组织关系、党代表和党员违纪违法未予处理、基层党组织按期换届、党费收缴专项检查、加快推进非公有制企业和社会组织党的组织与工作覆盖、抓党建促脱贫攻坚、抓严抓实领导机关党员干部学习教育等）开展全党范围内普遍性的集中排查，这是对全面从严治党过程中发现的基层党建工作突出问题的补救措施，是其时已开展的“两学一做”学习教育的重要内容。基层党建七项重点工作主要涉及组织部门，且由组织部门主抓，因而，也是各级党委组织部门加强党内监督的重要举措。拿组织关系排查来说，由于人口流动加剧、党员组织关系接转不及时等因素，城市中的“口袋”党员和农村中的“失联党员”皆非少数。长期的“党员不找支部”和“支部不找党员”必然使得这些“口袋”党员和“失联党员”党性弱化、党员身份的荣誉感和责任感淡化，必然导致不参加组织生活、不履行党员义务、不符合党员条件等后果，必然影响到基层党组织的组织力和整个党员队伍的先进性。因而，组织部门通过排查方式对工作职能范围内的突出问题进行监督进而纠正是十分必要的。例如，有媒体公开报道，甘肃省陇西县在当年的党员组织关系集中排查中，共排查出失联党员250名、经查找取得联系党员225名、尚未取得联系党员25名、“口袋”党员26名，健全了党员查找联系记录等“四册一簿”，整理完善党员档案2万余份。又如，在前些年管党治党宽松软的环境下，基层党组织未能按期换届的现象时有发生。这不仅违反了党章，损害了党章和党内选举制度的权威，而且直接侵害了党员的民主权利，影响了基层党组织的凝聚力和组织力，是基层党建亟待纠正的突出问题。各级组织部门对此进行集中排查，同样达到了以监督促整改的效果。其中，仅安徽省就在 2016 年共排查出未按期换届基层党组织 4 178 个[①]。

（三）加强领导干部选拔任用工作考核和基层党建工作考核

考核既是管理手段，也是监督举措。由各级组织部门牵头负责的考核主要有领导干部选拔任用工作考核和基层党建工作考核，其中前者存在已久，后者乃十八大后全国普遍实行的党建工作新考核项目。为了避免重复考核和重复准备材料、提高考核效率、降低考核成本，包括笔者所在的杭州市在内，许多地方和部门将纪委牵头负责的党风廉政建设工作考核、组织部门牵头负责的领导干部选拔任用工作考核和基层党建工作考核以及始于 2014 年由宣传部门牵头负责的意识形态工作考核，整合成同时开展、一次进行的大党建考核。不过，即便如此，领导干部选拔任用工作考核和基层党建工作考核的牵头负责部门仍然是组织部门。十八大后，根据全面从严治党的要求和修订的《党政领导干部选拔任用工作条例》等制度规定，组织部门牵头负责的领导干部选拔任用工作考核和基层党建工作考核都得到了加强和改进。这不仅体现在将整治“四风”、严明政治纪律和政治规矩、严格落实“三会一课”制度、严格组织生活会制度、清退不合格党员等体现全面从严治党要求的具体内容纳入领导干部选拔任用工作考核和基层党建工作考核范围，更体现在考核方法和程序的优化。很长一段时期，各级组织部门的领导干部选拔任用工作考核，主要使用的是民主测评和谈话的方式，其中民主测评是重要依据，事实上是主要依据。如今，为了贯彻反“四唯”（唯 GDP、唯分

---

① 《安徽：排查出未按期换届基层党组织 4178 个 年底前完成换届》，http://www.xinhuanet.com/politics/2016-10/14/c_129321826.htm。

数、唯票数、唯年龄）要求，一方面，将民主测评作为重要参考，降低其在考核中的比重；另一方面，更加重视通过增加谈话对象、细化谈话内容、要求提供例证等具体细节改进，以提高考核质量。在基层党建工作考核中，同样更加注重通过扩大谈话范围、多种信息相互印证等办法，以克服考核工作中的走过场、严重失真问题，进一步提高考核质量。考核力度的加强，考核机制的完善，考核质量的提高，自然也就意味着组织部门对基层党组织及党员、干部的监督力度的增强，意味着对领导干部选拔任用和基层党建等党建重要工作监督力度的增强。

第二节　十八大后党内监督的思想创新

十八大后，以习近平同志为核心的党中央在继承马克思主义经典作家党内监督思想，立足建党以来多年党内监督实践，广泛吸收人类政治文明优秀成果的基础上，特别是基于十八大后卓有成效的实践探索，解放思想，实事求是，与时俱进，直面问题，敢于担当，勇于创新，形成了诸多新的主要思想成果。

一、关于党内监督的地位：党内监督第一位论

作为中国唯一的执政党，中国共产党掌握着源于广大人民群众基于深切信任而授权委托的公权力。这种执政权不仅为民所赋、为民所有，而且还要为民所用、为民所监督，此乃政治文明的基本准则。也就是说，中国共产党必须接受最终源于且属于人民群众的监督。从现实来看，我国的监督形式有群众的直接监督，有反映群众呼声和利益但有其自身特点和独特优势的舆论监督，有经由各级人民代表大会选举产生的

检察院、监察委员会等国家机关的监督，有代表不同社会阶层和部分人民群众利益的民主党派的监督，还有中国共产党的自我监督即党内监督。党内监督是党的建设的重要内容，也是全面从严治党的重要保障。关于党内监督的地位，习近平总书记指出："党的执政地位，决定了党内监督在党和国家各种监督形式中是最基本的、第一位的。"① 此可谓习近平总书记关于党内监督的地位的党内监督第一位论。这一论断是有科学依据的。首先，中国共产党作为中国工人阶级、中国人民和中华民族的先锋队，代表了中国最广大人民的根本利益。因此，由其实施的自我监督同样是一种源于广大人民群众信任和委托对国家权力行使主体的监督。其次，中国共产党作为历来强调自我革命、注重自我监督的政党，在长期的革命和社会主义建设实践中创造了诸多的可以对包括领导干部在内的所有成员进行有效监督的制度和做法，形成了诸多的进行有效自我监督的成功经验。这样的制度、做法、经验包括民主集中制、集体领导制度、党员代表大会制度、党的委员会制度、民主生活会制度、组织生活会制度、批评和自我批评、设立纪委这一党内监督的专职机构、对党员干部进行作风监督、重视纪律监督等。过去的实践证明，这些制度、做法和经验在实现党的自我监督、确保权为民所有和权为民所用方面总体是成功的。甚至可以说，不仅是有效的，而且还是低成本的、有特色的。如进行纪律监督且强调纪在法前就是一种较低成本的监督，又如党员领导干部民主生活会和基层党组织的组织生活会也是一种有特色的、低成本的监督。因而，坚持党内监督的这些制度、做法和经验，并与时俱进地改进和创新，国家权力受到有效监督的目标就可以实现。总之，习近平总书记的党内监督第一位论，为中国共产党探索既符合中国国情又符合政治文明、既有特色又有效果的国家权力监督的模式

① 《习近平关于全面从严治党论述摘编》，中央文献出版社 2016 年版，第 213 页。

和道路提供了根本性的方向指导。

二、关于党内监督的政治意义：国家治理的哥德巴赫猜想论

在一定意义上讲，国家治理的核心就是利用公权力为民众服务，最终达致善治的目标。然而，由于权力的“双刃剑”性质和内在的扩张性特征，权力很容易被掌权者所滥用，这已为人类数千年的政治实践所证明。也正因为此，古今中外众多的政治学者和政治家孜孜不倦地致力于探索对国家权力的制约和监督的学理论证、制度设计和具体实践，德治、法治、以权力制约权力、以权利制约权力、定期选举、多党制、舆论监督等是这些探索的理论概括、经验总结、实践模式、制度设计。然而，我们可以发现，不管是哪种理论、制度、经验和实践，异体对权力的监督才有效以及权力主体的自我监督不可靠，几乎已成约定俗成、普遍认同的政治铁律。习近平总书记在十九届中央纪委二次全会上指出：“自我监督是世界性难题，是国家治理的哥德巴赫猜想。”① 毫无疑问，习近平总书记所说的自我监督包括中国共产党的自我监督，即中国共产党的党内监督。特别是考虑到中国共产党作为唯一执政党的长期执政目标和全面领导地位以及掌握强大执政权力和众多执政资源的事实，中国共产党的自我监督无疑难度更大；同时，又考虑到中国共产党是国家治理体系的核心、中国共产党的自我监督和自我治理对国家治理体系和治理能力现代化的牵引作用，显而易见，中国共产党的党内监督是中国国家治理的哥德巴赫猜想。反过来，习近平总书记的这一重要论述，实际上也指出了中国共产党党内监督的政治意义，即如果成功探索出了中国

---

① 《习近平关于全面从严治党论述摘编：2021年版》，中央文献出版社2021年版，第412页。

共产党的党内监督之路，也就相当于攻克了国家治理的哥德巴赫猜想这一世界性难题。因而，习近平总书记关于党内监督的政治意义的重要论述，可简单概括为党内监督的国家治理哥德巴赫猜想论。改革开放后，从我国学界引入和介绍治理概念和理论，到 2013 年召开的十八届三中全会将国家治理体系和治理能力现代化确定为全面深化改革之目标，再到十九届四中全会研究部署国家的制度建设和国家治理问题，所有这些都反映了我们国家和我们党对世界优秀政治文明的借鉴；将来，我们国家和我们党还应更多地向世界其他国家提供关于国家治理的中国道路、中国经验、中国方案、中国智慧，而作为唯一执政党的中国共产党的自我监督正是其中相当重要的方面。习近平总书记关于党内监督的政治意义的国家治理的哥德巴赫猜想论，正赋予了我们探索中国共产党党内监督的国际层面的重大政治意义。

三、关于党内监督的领域、地区和部门：党内监督全覆盖论

以习近平同志为核心的党中央将全面从严治党作为管党治党的战略方针。习近平总书记在 2016 年 1 月召开的十八届中央纪委六次全会上指出，全面从严治党中的全面就是要面向全体党员和所有党组织，使管党治党覆盖到党的建设各领域、各方面、各部门。作为全面从严治党的重要组成部分的党内监督，无疑同样要实现领域、地区和部门的全覆盖，这可简单概括为党内监督全覆盖论。其中，党内监督的领域全覆盖主要指党内监督要覆盖到党的政治、思想、组织、纪律、制度、干部队伍等各领域建设的方方面面，党内监督的地区全覆盖指的是党内监督要覆盖全国各地，党内监督的部门全覆盖指的是党内监督要覆盖到党政军各部门。习近平总书记在十八届中央纪委六次全会上明确指出：“任何

地方、部门、单位，发生了党的领导作用不发挥、贯彻党的路线方针政策走样、管党治党不严不实、选人用人失察、发生严重‘四风’和腐败现象、巡视整改不力等问题，就要抓住典型严肃追责。”[①] 这段话也充分表明了习近平总书记关于党内监督各领域各地方各部门全覆盖的思想观点。此外，习近平总书记还提出中央一级党和国家机关派驻纪检机构全覆盖的要求，同样充分地体现了其党内监督全覆盖论的观点和主张。也正是因为习近平总书记党内监督部门全覆盖的观点和要求，不仅党委、政府系统许多省部级干部被查，而且还有相当数量的纪委系统以及军队系统的“大老虎”被查，从而改变了以往一段时期内党内监督和反腐败存在的“灯下黑”或某些领域和系统事实上存在的“禁区”“特区”现象。习近平总书记在 2014 年 6 月 26 日中央政治局常委会听取中央巡视工作领导小组 2014 年中央巡视组首轮巡视情况汇报时还态度鲜明地指出，不能看人看地方下“菜碟”，对领导同志工作过的地方，要全部扫描[②]。也正因为习近平总书记的关于党内监督（主要是巡视）地区全覆盖的要求，所以哪怕他本人工作过的福建和浙江也照样不能游离于巡视监督之外，照样有很多领导干部被查。所有这些习近平总书记的言论和党内监督的具体行动，都充分体现了习近平总书记的党内监督全覆盖的观点。这也是十八大后，以习近平同志为核心的党中央在党风廉政建设和反腐败方面取得历史性成就的重要原因。

四、关于党内监督和其他各种监督形式的关系：党内监督合力论

在我国，对国家公权力以及长期处于执政地位、掌握国家公权力的

① 《习近平关于全面从严治党论述摘编》，中央文献出版社 2016 年版，第 233 页。

② 《习近平关于党风廉政建设和反腐败斗争论述摘编》，中国方正出版社 2015 年版，第 114 页。

执政党即中国共产党的监督有着多种具体形式，除了专门针对执政党的党内监督外，还有国家机关的监督（主要是检察院和监察委员会、审计部门等的监督）、民主党派监督、群众监督、舆论监督等。习近平总书记在 2016 年 1 月召开的十八届中央纪委六次全会上指出，“要把党内监督同国家监察、群众监督结合起来，同法律监督、民主监督、审计监督、司法监督、舆论监督等协调起来，形成监督合力”①；在同年召开的十八届六中全会第二次全体会议上，他又一次强调指出，党内监督是最根本的、第一位的，但是如果忽略了有关国家机关、民主党派、人民群众、社会舆论等外部监督的力量，就不能够形成监督合力去发挥出监督之于党的建设的最大作用。这可谓习近平总书记关于党内监督和其他各种监督形式的关系的党内监督合力论。的确，这些监督形式由不同主体实施，各有其特点和优势，它们都能监督国家公权力和作为执政党的中国共产党，都有被实践所证明了的监督效能。只有这些监督形式结合起来，形成合力，才能构成对国家公权力和执政党的全方位监督，避免监督真空、防止监督“黑洞”，才能构成对国家公权力和执政党的有效监督，避免监督乏力、防止监督失效。十八大后，我国之所以形成反腐败的高压态势，政治生态大为好转，党员、干部的违纪违法行为显著减少，重要原因就在于多种监督形式的结合和协同。例如，因为党内监督执纪“四种形态”的科学理念的指导，因为党内监督和外部监督的结合，因为警告、严重警告等比较轻微的党内纪律监督手段的运用，许多党员、干部避免了小问题变成大错误、由好同志变为“阶下囚”的结局；又如，因为互联网技术的发展和应用，许多群众更容易更方便地收集到了有关党员、干部的违纪违法信息线索，更安全更方便地举报，从而使得群众监督和舆论监督成为纪委监督和司法监督的重要推手，使得许多

① 《习近平关于全面从严治党论述摘编：2021 年版》，中央文献出版社 2021 年版，第 402 页。

贪腐官员因为网络举报和实名举报而最终被查处；再如，正是因为有了国家监察委员会的监督和党内监督的结合，我国对农村、城市社区、国有企业、公办学校、公办卫生院等基层单位的监督才实现全覆盖，才避免了不是党员和公务员的干部纪委没法查、监察部门也没法查的尴尬局面。总之，习近平总书记关于党内监督和其他各种监督形式的关系的党内监督合力论，既总结出了十八大后我国党内监督和反腐败取得显著成效的重要原因，也为未来我国的党内监督体系建设提供了指导。

五、关于党内监督的核心：坚持民主集中制论

众所周知，由马克思、恩格斯、列宁、毛泽东阐发和创造的，以个人服从组织、下级服从上级、少数服从多数、全党服从中央作为主要内容的民主集中制，是我们党的根本组织原则。同时，我们也必须深刻认识到，民主作为民主集中制基础，自然也就意味着要尊重党员的主体地位，保障党员的民主权利，而这些党员民主权利的行使的过程也恰恰是党员以及由党员组成的组织对包括领导干部在内的党内其他党员和党组织进行监督的过程，比如对党的工作提出建议和倡议，参加党的有关会议和行使选举权、表决权，或者在党的会议上有根据地对党的任何党员和任何组织进行批评，检举和揭发党员或者组织所存在的各方面的违法乱纪事实，要求对违法乱纪的党员进行处理，等等，实际都属党内监督的内容。反过来说，以维护党中央权威和集中统一领导，保证全党的政治统一、思想统一、行动统一为目标的集中，必然也意味着党中央、上级党组织以及由党代会选举产生、专门行使监督执纪问责职责的纪委借助请示报告、巡视、诫勉谈话、罢免等制度和手段，对下级党组织、同级党组织进而全体党员、干部进行监督。正是因为民主集中制与党内监督的深刻内在关联，习近平总书记在十八届中央纪委六次全会上明确指

出："坚持民主集中制是强化党内监督的核心。"[①] 这可谓习近平总书记关于党内监督的核心的坚持民主集中制论。无疑，习近平总书记关于党内监督的核心的坚持民主集中制论为我们剖析党内监督问题的原因、探索破解党内监督问题的对策，特别是加强对一把手的监督以及领导班子成员之间的相互监督提供了方法论指导。

六、关于党内监督的责任：党委、纪委、党的工作部门以及书记、常委、委员各有其责论

权力与责任相适应和相匹配乃政治学基本原理，责任制乃人类组织建设实践的经验总结和成功法门。无疑，这些原理、经验和法门同样适用于中国共产党在自身系统内的自我监督，换言之，中国共产党的党内监督同样必须重视明确各有关主体的责任，必须把明确和落实责任作为激活党内监督制度、加强党内监督的"牛鼻子"。很遗憾的是，在很长一段时期内，我们党的党内监督存在不同程度的责任缺失、不够明晰问题，没有明确党的组织系统内部的党委、纪委、基层党组织、党的工作部门以及领导干部和普通党员等各种主体在党内监督方面的责任，没有科学且具体地规定这些党内监督主体在党内监督方面应该做什么、没有做或没做好又应该受到什么惩戒。2003 年《中国共产党党内监督条例（试行）》虽然是第一部专门的党内监督法规，是党内监督法规建设的里程碑，但它是以制度为主线、为本位的，而非以主体为主线、以责任为本位的，从而使得其操作性和实效性不强，使得多种主体在党内监督方面比较困惑甚至消极和懈怠。正是鉴于此，习近平总书记特别重视和强调要明确党内监督主体的责任。他在十八届六中全会第二次全体会议上

---

① 《习近平关于全面从严治党论述摘编》，中央文献出版社 2016 年版，第 207 页。

明确指出，“党内监督是全党的任务，党委（党组）负主体责任，书记是第一责任人，党委常委会委员（党组成员）和党委委员在职责范围内履行监督职责”①，“各级纪委是党内监督专责机关，履行监督执纪问责职责”②，“党的工作部门是党委（党组）主体责任在不同领域的载体和抓手”③。这可谓习近平总书记关于党内监督的责任的党委、纪委、党的工作部门以及书记、常委、委员各有其责论。在这一思想的指导下，2016 年《中国共产党党内监督条例》就是以主体为主线、以责任为本位而制定的，这一条例分别明确了党中央、党委（党组）、党的工作部门、纪委、基层党组织以及书记、常委会委员、党员等各种主体在党内监督方面的责任。为了落实党内监督责任，为了使《中国共产党党内监督条例》与其他党内法规相衔接相一致，党中央在《中国共产党党组工作条例》《中国共产党地方委员会工作条例》《中国共产党纪律处分条例》《中国共产党支部工作条例（试行）》《中国共产党党和国家机关基层组织工作条例》《中国共产党国有企业基层组织工作条例（试行）》《中国共产党问责条例》中对有关党内监督主体在党内监督方面的责任作了进一步的细化。正是因为习近平总书记走了一条以明确党内监督主体及其责任进而激活党内监督制度、推动党内监督之路，我们可以发现，十八大后各级党委、纪委以及书记、常委等在党内监督方面的积极性和主动性显著增强，积极作为，敢于担当，而这正是十八大后党内监督、党风廉政建设、全面从严治党有很强力度、有显著成效的重要原因。

七、关于党内监督的重中之重：一把手“关键少数”论

从理论上讲，党内监督面向的对象是所有党组织和全体党员。但是

---

① 《习近平关于全面从严治党论述摘编》，中央文献出版社 2016 年版，第 215 页。

②③ 同①，第 216 页。

在党内监督的实践中，对于党内监督对象的确定，必须坚持全面性和差异性的统一，既做到党内监督对党员的全覆盖，又做到党内监督对手握大权的一把手的重点关注。所谓一把手，其实是一个通俗称谓，确切地讲是指在机关事业单位、国企等的领导班子和领导成员中居于首位的领导者、负责人。在各级党组织中，一把手指的是党委（总支部委员会和支部委员会）书记；在各级政府中，指的是总理、省长、市长、县长、乡镇长（街道办事处主任）等行政首脑和行政负责人；在党委、政府所属职能部门中，指的是部长、厅长、处长、局长、主任、科长等行政主管及这些部门的党组书记（有些是一身两职，同时担任党组书记和部门主要负责人；有些是分设）。由于这些一把手在党员领导干部队伍中，相比而言是岗位最重要、责任最重大、权力最大、榜样示范效应最显著，若违纪违法也最易产生催化、连锁反应甚至导致区域性、系统性、塌方式腐败的特殊干部群体，因而必须重点关注、重点管理和重点监督。习近平总书记就此指出："各级领导班子一把手是'关键少数'中的'关键少数'。"① "特别是要把对一把手的监督、管理作为重中之重。""抓住'关键少数'，破解一把手监督难题。"② 这可谓习近平总书记关于党内监督的重中之重的一把手"关键少数"论。纵观我国多年的反腐实践，分析近年中央纪委、国家监察委员会以及地方各级纪委和监察委员会官方网站所公布的领导干部被审查情况，以及法院对这些落马领导干部最终审判结果中所列举的犯罪事实，我们可以发现一个基本规律，那就是这些领导干部违纪违法绝大多数发生在其担任一把手期间，或者其主要的违纪违法行为发生在担任一把手期间。这些事实也正为习近平总书记关于党内监督的重中之重的一把手"关键少数"论提供了依

---

① 《习近平关于全面从严治党论述摘编：2021 年版》，中央文献出版社 2021 年版，第 403 页。

② 《习近平关于全面从严治党论述摘编》，中央文献出版社 2016 年版，第 211 页。

据和注脚。当然，习近平总书记关于党内监督的重中之重的一把手“关键少数”论，也正反映了我们党敢于自我革命、壮士断腕、敢于监督最有权的一把手的巨大勇气，反映了我们党党内监督无例外、反腐败没禁区、对党员干部违纪违法零容忍、没有不受约束的特殊党员、没有不受监督的特殊干部、没有党内的“铁帽子王”的鲜明态度，从而为深入推进全面从严治党、进一步健全党内监督体系，提供了动力，指明了方向。

八、关于党内监督的制度利器：巡视制度是党内监督战略性制度安排论

政党治理离不开制度建设，党内监督同样需要制度保障。我们党早在建党初期就建立了巡视制度、集体领导制度，在后来长期的革命和建设实践中，我们党又建立了民主生活会、组织生活会、信访、派驻监督等多项党内监督制度。2003 年《中国共产党党内监督条例（试行）》是以制度为主线、为本位的。十八大后，以习近平同志为核心的党中央一方面坚持通过明确主体和责任以推进党内监督，另一方面一如既往地重视党内监督的制度建设。其中，既有对民主生活会、谈心谈话等一些行之有效的制度的强调和坚持，又有对过去的巡视、重要情况报告等党内监督制度的修订和完善。此外，还新建了一些党内监督制度，其典型是党委（党组）的主体责任制度、纪委的监督责任制度及相应的问责制度等。比较而言，在这些与党内监督相关的制度中，习近平总书记最看重的是巡视制度。我们党的巡视制度虽然早已有之，并成为 2003 年《中国共产党党内监督条例（试行）》所确定的十项党内监督制度之一，但事实上这一制度在设计及运行中存在工作动力不足、工作力量不足、工作责任感不强、巡视频率不高、巡视覆盖面不广、巡视组了解线索渠道

不多等问题，从而制约了这一制度效能的充分发挥，使得这一制度未达到党中央和民众对这一制度的预期。十八大后，习近平总书记对巡视制度在党内监督和全面从严治党中的作用及其完善高度重视，从2014年开始，他在每年的中央纪委全会的讲话中都要提到巡视制度。在2014年1月的十八届中央纪委三次全会上，习近平总书记指出，“巡视是很重要的监督制度”[①]；在2016年1月的十八届中央纪委六次全会上，他进一步明确指出：“巡视是党内监督的战略性制度安排。”[②] 这可谓习近平总书记关于党内监督的制度利器的巡视制度是党内监督战略性制度安排论，意指巡视制度关系到整个党内监督的全局，是最重要也是需要长期坚持的党内监督制度。从重要制度到战略性制度安排，这一表述和定位的重要变化反映的正是这些无可辩驳的事实，即这一制度因为巡视全覆盖、巡视组组长一次一授权和一次一任命、巡视组“三个不固定”、巡视“回头看”、机动式巡视等多方面的制度改进，以及通过连续多年的中央巡视组多轮巡视的具体实践，其在全面从严治党的实践中发挥的作用越来越大，所取得的成效越来越显著，以至于超过60%的涉及中管干部的违纪违法问题线索都是中央巡视组发现的。正因为习近平总书记对巡视的高度重视，我们党先后在2015年和2017年、2024年对《中国共产党巡视工作条例（试行）》这部专门针对巡视工作的重要党内法规进行了修订和完善。

九、关于党内监督的重点内容：强化政治监督论

政治监督是近年来习近平总书记所使用的高频词。在十九届中央纪

---

① 《习近平关于全面从严治党论述摘编》，中央文献出版社2016年版，第200页。

② 《习近平关于全面从严治党论述摘编：2021年版》，中央文献出版社2021年版，第402页。

委四次全会上，习近平总书记强调，要强化政治监督保障制度执行，增强“两个维护”的政治自觉；在十九届中央纪委五次全会上，习近平总书记指出，“我们抓党的政治建设、强化政治监督，根本是要防范化解思想涣散、纪律松弛风险，使全党自觉而紧密地团结在党中央周围，时时刻刻向党中央看齐，把党的理论和路线方针政策落到实处”①；在十九届中央纪委六次全会上，习近平总书记又强调，要强化政治监督，扎扎实实贯彻党中央决策部署。综合习近平总书记在中央纪委全会上的多次论述，可以看出，习近平总书记所强调的政治监督，主要是指为了确保全党政治统一和思想统一，为了推进党的政治建设，对党组织和党员领导干部在对待“国之大者”等方面情况的监督，尤其在增强“四个意识”、坚定“四个自信”、做到“两个维护”、对党忠诚等方面情况的监督。很显然，这种政治监督是面向党内的，属于党内的政治监督。大致而言，党内监督，从内容维度可以分为党内权力监督、党内日常工作监督、党内作风监督、党内政治监督等方面，而政治监督正是党内监督的重点内容。习近平总书记一再强调要强化政治监督，把它作为党内监督的重点内容，这是符合中国共产党自身实际和历史传统的。中国共产党是一个根据马克思列宁主义的建党原则建立起来的政党，是一个肩负神圣政治使命、具有远大政治抱负、历来强调政治统一和思想统一、强调政治建设作为统领和首位，有着坚持四项基本原则、对党忠诚、信仰马克思主义、个人服从组织、下级服从上级、少数服从多数、全党服从中央、重大事项请示报告等诸多政治纪律和政治规矩并强调严格遵守这些政治纪律和政治规矩的执政党，这自然也就意味着中国共产党必须加强党内政治监督。否则，不仅党的使命和目标难以实现，党的政治统一难以实现，而且党的独特优势和独特基因也会丧

① 《习近平关于全面从严治党论述摘编：2021 年版》，中央文献出版社 2021 年版，第 153 页。

失。此外，在我们党面临建成社会主义现代化强国、实现中华民族伟大复兴艰巨历史重任且这一过程充满各种风险挑战的时代背景下，强化党内政治监督也有十分重要的现实意义。只有通过强化党内政治监督，才能确保全党心往一处想、劲往一处使，才能增强全党的凝聚力和执行力，才能克服各种可以想象得到或难以想象得到的风险挑战，最终实现各项宏观目标。

总体而言，习近平总书记关于党内监督的系列重要论述，既有对马克思、恩格斯、列宁等马克思主义经典作家党内监督思想的坚持和继承，更有对后者的丰富和发展。在坚持和继承方面，例如，列宁重视组织的作用，提出无产阶级的组织“唯一武器论”，重视组织对党员的监督；习近平总书记高度重视组织及组织体系的作用，提出了关于党的组织体系的“强大优势论”，同时重视党组织的监督，也正因为此，2016年《中国共产党党内监督条例》在第四条中明确指出“强化自上而下的组织监督”，并分章对加强党中央、党委（党组）、基层党组织等不同层面和各有侧重的组织监督提出了具体和明确的要求。又如，列宁反对党内不同政治派别的存在及基于政治派别的监督；习近平总书记坚决反对和严厉批评党内搞拉帮结派、团团伙伙，反对任何形式的派别活动，自然，反对党内的派别监督也是不言而喻的。再如，列宁重视监察委员会的监督作用，并主张保持相对的独立性；习近平总书记高度重视纪委的监督，特别强调纪委部门要聚焦监督执纪问责的主业，增强纪委监督的独立性，并为此推动健全纪检领导体制，即“查办腐败案件以上级纪委领导为主，线索处置和案件查办在向同级党委报告的同时必须向上级纪委报告”。还如，列宁重视党内的批评和自我批评，并自身做好示范；习近平总书记高度重视批评和自我批评这个党的优良传统、党的建设的重要法宝、党内监督的重要武器，并针对现实生活中存在的对上级放“礼炮”、对同级放“哑炮”、对自己放“空炮”等缺乏力度和缺乏辣味的现象进行了严厉批评，对如何用好批评和自我批评这个武器提出了具体、明确的要求，同时通过坚持中央政治局民主生活会制度、认真开展批评和自我批评，为全党发扬批评和自我批评的优良作风树立了良好榜样。另外，列宁深刻阐发了民主集中制，并围绕民主集中制这一核心思想探索俄国社会民主工党及俄共（布）的党内监督实践，构建俄共（布）的党内监督体系；习近平总书记高度重视民主集中制，把它视为党内监督的核心，并自身做好示范。

习近平总书记关于党内监督的论述在对马克思主义经典作家党内监督思想的发展和创新方面则有更多。总体而言，由于处于全面执政地位，由于党的组织规模很大、党的组织层级很多、党掌握的执政权力很大，党内监督面临的难题和挑战更多，习近平总书记关于党内监督的思考更多，新论述更丰富。例如，正是因为党已成为执政党，才会引申出党内监督和其他监督形式谁更重要以及相互配合问题；也正因为党成为执政党，且要实现长期执政的目标，才使得党内监督与国家治理体系关联起来，使得党内监督在国家治理体系中具有非同一般的重要地位和特殊意义，使得对一把手的监督成为习近平总书记屡屡提及的重点难题。又如，虽然俄共（布）也有巡视监督，但习近平总书记对其之重视、思考之深、制度设计之精细以及这一党内监督制度效用之大，是此前从未有过的。再如，习近平总书记通过明确和落实各党内监督主体的责任，特别是强化党委（党组）的主体责任以及党委（党组）书记的第一责任人职责，把它作为“牛鼻子”，从而强力推动党内监督的开展，充分体现了习近平总书记的政治智慧，同时也是对此前马克思主义经典作家这方面思想及俄共（布）等马克思主义政党党内监督实践的有效拓展和超越。

总之，习近平总书记关于党内监督的系列重要论述不乏创新性的观点和论断，上述所概括的九个方面即为其中的代表。这九个方面的观点涵盖了党内监督的地位、政治意义、重点对象、重点内容、核心、责任主体、战略性制度安排以及与其他各种监督形式的关系等方面，内容丰富，既有科学性，又有可操作性，既是对马克思主义经典作家党内监督思想的继承和发展，又是对十八大以来我国党内监督卓有成效的探索和实践的总结，当然，其对我国新时代党内监督体系建设具有重要的指导意义。

第四章　新时代党内监督体系的构成要素、基本特征和主要目标

2019年党的十九届四中全会通过的《中共中央关于坚持和完善中国特色社会主义制度 推进国家治理体系和治理能力现代化若干重大问题的决定》，将“坚持和完善党和国家监督体系，强化对权力运行的制约和监督”专列一章做出重大制度安排，且在这一章中将完善党内监督体系作为重点。面对新时代党内监督体系建设这一更为复杂也更为艰巨的历史重任，如何着手？如何破局？笔者认为，这要求我们首先根据马克思主义政党特别是中国共产党党内监督的历史经验、马克思主义党内监督思想特别是习近平总书记关于党内监督的重要论述以及政治学和管理学的基本原理，从应然角度、从规范层面对新时代党内监督体系的构成要素、基本特征和主要目标进行明确，从而使得我们所要努力构建的新时代党内监督体系有参照有标准。

第一节　新时代党内监督体系的构成要素

笔者认为，新时代党内监督体系是宏大系统工程。这一系统包括基本要素与连接要素。

一、基本要素

新时代党内监督体系的基本要素主要包括党内监督主体、党内监督内容、党内监督对象三大方面。

（一）党内监督主体

从大的方面来说，党内监督主体可以分为以个体形式呈现的党员，以及以组织形态呈现的各级党组织及党内的专门机构。根据地位和职责的不同，后者又可进一步细分为党中央、各级党委和党组［具体包括省、自治区、直辖市一级的地方党委，设区的市、自治州一级的地方党委，县（旗）、自治县、不设区的市和市辖区一级的地方党委，以及各级党政机关和人民团体等设立的部门党组］、基层党组织（具体包括分布于乡镇、街道社区、村庄等地域性的基层单位，以及企业、社会组织、机关等职缘性的基层单位的党委、党总支部委员会和党支部委员会，其中党支部委员会数量最多，是基层党组织的主要形式）、各级纪委、党的工作部门（主要是党委组织部和党委宣传部）。其中，党员是最具基本性和普遍性的党内监督主体，他们可以依照党章和有关党内法规对党内的各级党组织及党内的专门机构进行监督，这种监督可谓党员的民主监督，是党内民主的重要体现；当然，他们也必须接受各级党组织及党内的专门机构的监督，前者与后者存在监督和被监督的关系。至于各级党组织及党内的专门机构的定位和彼此关系，则如图 4-1 所示。

具体而言，党中央（包括中央政治局及其常委会）在各党内监督主体中居于全面领导的地位，当然，其也要接受党的全国代表大会和中央纪委及普通党员的监督；省（自治区和直辖市）、市、县（区、市）三级党委及中央、省、市、县四级党政机关和人民团体内设党组履行着全面监督的职能，当然，它们也要接受中央和上级党委、同级党代会、同

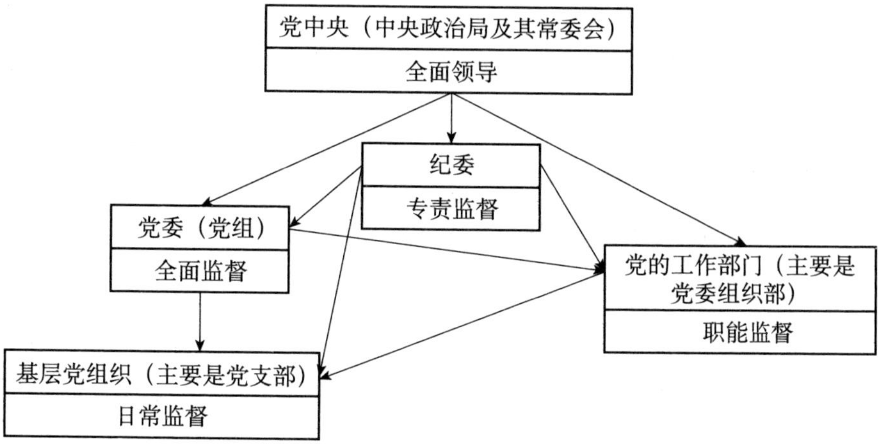

图 4-1 组织形态的党内监督主体的性质和关系

级纪委以及普通党员的监督；各级纪委在各党内监督主体中履行着专责监督的职能，当然，它们也要接受同级党委、上级纪委、同级党代会以及普通党员的监督；党的工作部门（党委组织部和党委宣传部等）属于履行职能监督的党内监督主体，当然，它们也要接受党委、同级纪委、同级党代会以及普通党员的监督；基层党组织（包括基层党委、党总支部委员会和党支部委员会，其中最多的是党支部委员会）是履行日常监督的党内监督主体，当然，它们也要接受上级党委、普通党员以及同级党代会和同级纪委（与基层党委相对应的党代会和纪委）的监督。

（二）党内监督内容

党内监督内容也是党内监督的重要因素，是健全党内监督体系的重要考量，是指围绕什么内容、针对什么内容而进行监督。1980 年党的十一届五中全会通过的《关于党内政治生活的若干准则》提出："为了保持党和广大人民群众的密切联系，防止党的领导干部和党员由人民的公仆变成骑在人民头上的老爷，必须采取自下而上和自上而下相结合、党内和党外相结合的方法，加强党组织和群众对党的领导干部和党员的监督。要监督他们是不是认真学习和贯彻执行党的路线、方针、政策，是不是遵守党纪国法，是不是坚持党的优良传统和作风，是不是搞特权，是不是在生产、工作、学习和对敌斗争中起模范作用，是不是密切联系群众和为人民谋利益。要表扬那些觉悟高、党性强、表现好的同志，批评教育表现差的同志。”林尚立教授据此将党内监督主要概括为四大方面的监督，即政治监督、纪律监督、权力监督和作风监督①。笔者认为，从内容角度看，党内监督主要包括日常工作监督、权力监督、作风监督、政治监督四方面。其中，党内日常工作监督，主要是指针对党组织处理日常事务方面的监督；党内权力监督，主要是指针对党组织及党员干部在依法依规行使党组织本身所具有以及执政党地位所派生出来的重大事项决策、选人用人等方面权力的监督；党内作风监督，主要是指针对党组织及党员干部在履行职责、行使权力、联系群众等方面克服不良作风、保持党的优良作风情况的监督；党内政治监督，主要是指对于党组织和党员领导干部以及普通党员在政治方向、政治立场、政治言论、政治行为等方面的表现，尤其在坚持四项基本原则和党的基本理论、基本路线、基本纲领、基本经验，贯彻执行中央的各项方针政策，与党中央保持高度一致，对党忠诚等方面的监督②。

（三）党内监督对象

由于中国共产党是一个始终强调自我革命的马克思主义政党，是一个坚持通过自我监督进而实现自我净化、自我完善、自我提高的马克思主义政党，因而，具有党内监督主体和对象的同一性，即党内监督主体同时也是党内监督对象。具体而言，所有党员、党员领导干部以及党的

---

① 林尚立：《党内民主：中国共产党的理论与实践》，上海社会科学院出版社 2002 年版，第 172 - 173 页。

② 肖剑忠：《十八大以来党内监督的新进展》，《井冈山大学学报》（社会科学版）2017 年第 5 期。

各级组织和各个部门都是党内监督的对象，不存在不受监督的特殊党员、特殊干部、特殊组织、特殊部门，党内监督对象在党内是全覆盖和无空白的。就连党的中央委员会以及由它选出的中央政治局委员会及其常务委员会，也要接受中央纪委、党的全国代表大会及普通党员的监督。

二、连接要素

将新时代党内监督体系中的主体、内容和对象连接与组合起来的要素就是新时代党内监督体系的连接要素。这种连接要素主要包括制度、技术和指向三种，其中制度和技术事实上也是党内监督的手段和方式。

（一）制度

制度是人类各种组织必有的要素，并且越是复杂组织，相应地，其制度要素也越多。新时代党内监督体系同样内在地包括许多要素，这些制度要素是新时代党内监督体系中的主体、内容和对象连接与组合起来的载体，是新时代党内监督体系建设的重要支撑和重要保障。经过建党百年的长期探索、不断积累、持续完善、实践检验，属于党内监督的制度有很多。2003 年《中国共产党党内监督条例（试行）》在第三章中就专列了十项重要党内监督制度。不管是什么制度，它们都是监督主体和监督对象及监督内容的连接与组合的手段和结果。

（二）技术

技术是人类认识和改造外部世界的重要依靠，是人类社会不断进步和持续发展的重要动因，也是国家治理和社会治理的重要手段。越是在科学技术飞速发展、日新月异的信息时代，以网络技术为代表的各种现代信息技术在国家治理和社会治理中越有用武之地，越扮演着重要的角色，诸如支付宝、网上申报、网上审批、城市数据大脑等在我们的工作和生活中的应用及其取得的显著成效即是典型例证。在新时代党内监督体系建设中，技术和制度一样，扮演着重要的角色、发挥着重要的作用，是其中的重要要素。并且，技术也是将党内监督主体和对象及内容连接与组合起来的要素。例如，纪委、党委组织部等有关部门在通过领导干部个人事项报告制度对党员领导干部进行监督的过程中，就离不开网络技术和大数据技术的支持等；又如，巡视和巡察如今成为党内监督的重要利器，其中同样需要运用网络技术和大数据技术；等等。总之，随着未来先进技术的层出不穷，以及人人都生活在网络时代和智能环境的发展趋势，技术成为新时代党内监督体系的重要连接因素和重要组成部分是确定无疑的。

（三）指向

所谓“指向”，即指在党内组织体系和党内权力系统中的空间关系下，在党内监督主体和党内监督对象之间，大致可分为自上而下、平行（也叫同级相互）和自下而上三种形式。其中，自上而下的党内监督，是指上级党委（包括其职能部门）和纪委对下级党组织的监督，其具体途径有巡视巡察、询问和质询、谈话和诫勉、信访处理、领导干部个人事项报告等。值得说明的是，作为上级党组织代表的上级党组织负责人所实施的对下级党组织（包括下级党组织主要负责人）的监督，本质上仍属于自上而下的党内监督形式。平行的党内监督，是指党内同级党组织以及同志之间的相互监督形式，例如党代会对地方党委全会的监督、党委对同级纪委的监督、纪委对同级党委的监督，以及地方党委全会、常委会对自身成员的监督等，其具体途径有列席会议、听取工作报告、统一派驻监督、召开民主生活会或组织生活会开展批评与自我批评、集体领导和个人分工负责等。自下而上的党内监督，是指下级党组织、干部和党员对上级党组织及其领导干部的监督，其具体途径有述职（述责）述廉、举报、信息公开、选举、领导干部任前公示、民主评议等。

第二节　新时代党内监督体系的基本特征

新时代党内监督体系的基本特征是这一党内监督体系质的规定性的重要体现。笔者认为，基于上述构成要素，依据《中国共产党党内监督条例》等党内法规以及习近平总书记有关重要论述精神，遵循政治学和管理学的基本原理，新时代党内监督体系的基本特征主要包括以下五方面。

一、党内监督主体方面的各尽其责和各显其能

2016 年《中国共产党党内监督条例》第九条明确提出建立健全党中央统一领导，党委（党组）全面监督，纪律检查机关专责监督，党的工作部门职能监督，党的基层组织日常监督，党员民主监督的党内监督体系。这不仅直接点明了上述六种主体在党内监督体系中的职能定位，事实上也意味着新时代党内监督体系应该是上述六方面党内监督主体各尽其责和各显其能的党内监督体系。所谓各尽其责和各显其能，就是指这六种党内监督主体依据党章和其他党内法规的规定，认真履行党章和其他党内法规所赋予的职责，充分行使各自所被赋予的党内监督权力和党内监督权利（对党员而言），发挥各自的优势，从而形成党内监督广泛参与、各个尽力的局面，增强党内监督的合力，编织出没有漏洞和死

角、没有特殊和例外的党内监督之网，进而真正达到全面从严治党的目标。反过来讲，如果上述六大党内监督主体中存在由参与监督缺位、履行职责不到位而引起的党内监督出现空白、党内监督力量不足等问题，那这种党内监督体系必然不是健全的党内监督体系。

二、党内监督内容方面的权力、日常工作、政治和作风全覆盖

任何组织因为其成员的权利委托、经过组织章程的制度确认，都拥有决策权、组织所掌管资金资源的处置权甚至对成员的纪律处分权等普遍性组织权力，中国共产党作为政治组织的一种也不例外。更重要的是，如今的中国共产党是一个拥有九千多万党员且手中掌握强大的执政权，同时还是一再强调立党为公、执政为民、权为民所赋、权为民所用的执政党。这两方面的结合自然意味着由中国共产党对自身行使权力进行监督是十分必要的。另外，由于中国共产党是一个始终高度重视自身建设的马克思主义政党，与一般的政党相比，其在发展党员和开展组织生活方面的要求更高、标准更严、任务更多，因而党内监督也应包括党内日常工作监督。再就是，我们必须认识到，中国共产党必须加强党内政治监督。相比之下，国外大多数政党在政治方面要求不多也不高，从而使得它们的党内政治监督要么不存在，要么不重要。最后，我们还必须看到，中国共产党在长期的革命、建设的过程中形成了以理论联系实际、密切联系人民群众、开展批评与自我批评为代表的党的诸多优良作风。这些优良作风是党的根本宗旨和党性的体现，是中国共产党区别于一般的政治组织的重要标志，是中国共产党保持先进性和纯洁性以及具有强大凝聚力、战斗力和创造力的重要原因，是中国共产党独有的政治

基因。同时，中国共产党又一直强调反对主观主义、自由主义、个人主义、宗派主义、分散主义、形式主义、官僚主义、享乐主义等不良作风，而这恰恰是许多国家和地区的政党所不具有的。由此也就意味着中国共产党还必须对各级党组织和党员特别是党员领导干部进行作风方面的监督，简言之，就是加强党内作风监督。总之，因为中国共产党不是一般的政党，而是一个既有掌握强大执政权这一事实又有强调政治统一和严守政治纪律与政治规矩、保持优良作风这些要求的执政党，因为中国共产党是一个集多种角色于一身、具有多种特质和基因的政党，中国共产党的自我监督就不能只限于权力和日常工作方面，而必须在党内监督的内容方面做到权力、日常工作、政治、作风四方面全覆盖。至于有些专家学者所论及的纪律监督，笔者认为，他们所指的纪律监督，跟巡视监督、派驻监督等一样，是从主体角度而言的，实际上就是纪委的专责监督。纪律作为一种特殊的制度规范，就本质而言，纪律监督实为党内监督的手段，而不是与权力监督、作风监督、政治监督等并列的内容范畴。《中国共产党纪律处分条例》在分则中具体规定了政治纪律、组织纪律、廉洁纪律、群众纪律、工作纪律、生活纪律等六方面纪律，可见纪律是规范范畴，而政治、组织、廉洁等才是内容范畴，前者和后者不能并列，党内纪律监督不是党内监督的内容，当然这不妨碍党内纪律监督成为单独的研究领域。

三、党内监督对象方面的普遍性前提下的差异性

如前所言，党内监督的对象是明确的，即全部党组织和全体党员。这就是 2016 年《中国共产党党内监督条例》第三条所鲜明阐述的，“党内监督没有禁区、没有例外”，亦即遍及全党、覆盖全党。党内监督是

中国共产党全面从严治党的重要组成部分、重要实践渠道和重要制度保障。全面从严治党中“全面”的应有之义是“管全党、治全党”，即对象必须是全部党组织和全体党员。因而，党内监督对象的确定首先必须坚持“全面性”这一基本原则，即覆盖和面向全部党组织和党员，包括党员领导干部这些“关键少数”。无论一个人在党内地位有多高、权力有多大，都不能因此成为党内监督的特殊例外，对其网开一面。但与此同时，在党内监督的具体实践中，党内监督对象的选择和聚焦还必须坚持“差异性”这一基本原则。众所周知，全部党组织中有基层、地方（包括省、市、县三级）和中央三类党组织的纵向划分，全部党员中有党员干部和党员群众两种不同身份的区分，党员干部又有领导干部和普通干部的区分，其中党员领导干部在纵向维度有低级领导干部、中级领导干部和高级领导干部（包括副省部级、正省部级、副国家级、正国家级）的区分，在横向维度有一把手和其他领导干部的区分。党组织和党员干部所属级别和所任职务的差异，实际也意味着所处地位、所掌握权力和所支配资源的差异。越是高级干部和一把手，其地位越高、手中权力越大、履职施政的影响越大，相应地，对其监督就越有必要，且难度越大。因而，必须基于党内监督对象中的各类具体群体的特殊性和差异性，主要是所处职位和所掌权力的特殊性和差异性，有针对性地开展监督，而不能一视同仁地开展监督。总之，只有在党内监督对象方面既坚持全面性又注重差异性的党内监督体系，才是科学、健全的新时代党内监督体系。反过来，如果存在对党员领导干部或者普通党员网开一面、降格以求的党内监督体系，以及不考虑各级党组织、各部门和不同党员领导干部职位和权力的差异性而搞平均用力、一视同仁，则必然意味着党内监督体系的不科学不健全。

四、党内监督指向方面的自上而下、自下而上和同级相互的均衡

正如论者所指出的："党内监督体系呈现网络状分布的状态，从纵向上表现为自上而下的组织监督以及自下而上的民主监督，从横向上表现为同级监督。"① 笔者则用前述的"指向"这一概念，将党内监督的指向区分为自上而下的党内监督、自下而上的党内监督以及同级相互的党内监督（平行的党内监督）。一般而言，政党作为具有多个管理层级、承担诸多任务且组织权力依职能和职位而进行分工和分层的科层制组织，普遍具有自上而下的监督功能，所不同的只是自上而下的监督的力度和内容各有差异而已。不管如何，所有政党内部自上而下的监督，都体现了集中的价值导向。在这方面，中国共产党也不例外。而且，由于中国共产党特别强调全党的政治统一和党中央的集中统一领导，加之中国共产党将民主集中制作为其根本组织原则，因而，中国共产党的党内监督的集中的价值导向体现得更加突出。此外，还必须看到，由于中国共产党是基于党员主体地位和党员权利，遵循民主集中制的原则，高效组织起来的统一的政治整体，其各级领导机关（其派出的代表机关机构以及在非党组织中的党组除外）都由选举产生，因而，中国共产党的自上而下的党内监督事实上还蕴藏了民主的价值导向。至于自下而上的党内监督，显而易见，其所体现的正是民主的价值导向。特别值得关注的是同级相互的党内监督。由于这种同级相互的党内监督，既有源于党员权利、基于党内权利委托关系而形成的组织之间的监督，如党代会对其

---

① 蒋来用、王阳：《健全和完善党内监督体系的系统性、协调性和有效性》，《重庆社会科学》2020 年第 4 期。

地方党委全会的监督、其地方党委全会对常委会的监督，又有基于党内地位平等的同志间关系而形成的党内监督。两者皆以团结为出发点和落脚点，因而，同级相互的党内监督体现了民主、平等和团结等多种价值导向（三种党内监督指向比较见表 4－1）。新时代党内监督体系，必须是一个自上而下、同级相互和自下而上三种指向的处于相对均衡状态的党内监督体系。唯有如此，才能同时在党内实现与之对应的集中、平等、团结和民主等多种重要价值追求；更重要的是，只有这样的党内监督体系才能使得各级党组织、所有的一般党员同志及各级别的领导干部，既成为党内监督的主体，又成为党内监督的对象。如此，才能在真正实现党内监督主体与对象全覆盖的同时，进而构筑整体闭环的党内监督环形链，最终形成科学、健全和长效的党内监督体系，助力和推进党内监督的科学化、系统化和可持续化。反过来说，这三种指向的党内监督缺乏任何一种或两种，都必然会给党内监督体系留下缺口和漏洞，必然会造成党内监督力量的畸轻畸重、党内监督对象的受力不均，将导致党内监督体系的失衡和缺口，因而，这样的党内监督体系也必然不是一个科学和健全的党内监督体系。

表 4－1　三种党内监督指向比较

指向	自上而下的党内监督	平行的党内监督	自下而上的党内监督
对应关系	上级党委（包括其职能部门）和纪委对下级党组织	党内同级党组织以及同志之间	下级党组织、干部和党员对上级党组织及其领导干部
价值导向	集中、民主	民主、平等、团结	民主
具体途径	巡视巡察、询问和质询、谈话和诫勉、信访处理、领导干部个人事项报告、罢免和撤换、重要情况请示和报告等	列席会议、听取工作报告、召开民主生活会或组织生活会、统一派驻监督以及集体领导和个人分工负责等	述职（述责）述廉、举报、信息公开、领导干部任前公示、民主评议等

五、党内监督手段方面的制度和技术的组合

随着制度主义的兴起及其向其他学科领域的扩展和渗透，一段时期以来，政治学和党建研究都主要着眼于制度建设，都注重从制度视角来总结经验、分析问题和解决问题。应该指出，这一趋势和导向相比以往只是从人的视角甚至是天命的视角来分析和研究政治学与党建学是巨大进步，也具有很强的解释力。同时，我们也要认识到，随着现代科技的快速发展，特别是随着网络信息技术的发展和运用，政治学和党建研究还必须引入技术视角，即还必须注重从技术维度分析问题和解决问题。具体到新时代党内监督体系建设，那就是必须注重制度和技术手段的组合，实现两者同向发力、有效结合、互相支撑。就像十八大后，巡视制度大展其能、大显其效，不仅与五年内实现全覆盖、加大巡视频率、延长进驻时间、进行机动式巡视，实行巡视组组长“一一”原则（一次一授权和一次一任命）、“三个不固定”原则（巡视组组长人选不固定、具体巡视对象不固定、巡视组与巡视对象间的关系不固定）等制度方面的变革和改进有关，还与网络举报等技术手段的应用有关；又如，由于领导干部不仅在工作时要与普通党员和群众打交道，且生活在群众之中，一旦有违反党纪国法以及社会公德的言行，往往会被党员和群众记录到手机上，无论这些视频、录音资料是交给纪委等有关部门，还是直接晒在网上，其结局往往是涉事党员干部言行曝光、风光不再[①]。近年来，因为这一技术路径而被曝光违纪行为，进而受处分的党员干部不在少数，包括2023年引爆网络的北京某国企领导胡某与有着小三嫌疑的年轻女同事董某因为在成都被街拍进而被曝光，并迅即被停职、接受单位

---

① 肖剑忠：《拓宽党内监督的技术空间》，《学习时报》2016年10月13日。

纪委调查之案例。此外，“在防控党员领导干部个人廉洁风险方面，纪委可以利用各类数据之间的关联性进行管理，通过提炼关联规律对不同级别风险进行预警并形成相对应的响应机制”①。这些例子和事实深刻地启示我们，技术手段在党内监督中大有用武之地。构建新时代党内监督体系，必须做到监督手段方面的制度和技术的组合。否则，只有制度视角而无技术视角、只有制度的支撑而无技术的支撑，这样的党内监督体系必然是不健全也无法达到目标的党内监督体系，这样的党内监督体系的效能和威力也是有限的。

第三节　新时代党内监督体系建设的主要目标

根据中央有关会议和文件精神、习近平总书记关于党内监督重要论述精神以及政治学基本原理，笔者认为，新时代党内监督体系建设的主要目标应包括以下五方面。

一、坚持党的领导

这一目标包括过程层面和结果层面。前者是指在推进新时代党内监督体系建设的过程中，始终坚持党的领导，即新时代党内监督体系建设是始终在党的正确坚强领导下有序进行的，其中主要的是党中央领导进行的，这就需要全党有自我革命的勇气，需要各级党组织在新时代党内监督体系建设中尽责履职，需要各级党组织和全体党员树立“四个意

① 蒋来用、王阳：《健全和完善党内监督体系的系统性、协调性和有效性》，《重庆社会科学》2020年第4期。

识”，做到上令下行、思想统一、行动统一。后者是指新时代党内监督体系无论怎么构建，无论如何推进，都必须确保达到坚持和巩固、加强和改进党的领导的最终结果，而不能削弱更不能否定和取消党的领导。否则，这样的党内监督体系是不科学的，这样的党内监督体系建设就是失败的，是得不到广大人民的支持的，而无论这样的党内监督体系如何时髦、如何精致。具体而言，就是必须达到党的威信更高、党的凝聚力和战斗力更强、党的全面领导更加有力有效。不能达到坚持和巩固党的领导这一目标，必将导致我国的制度优势的丧失，导致中国特色社会主义道路改弦易辙，导致我国最广大人民群众的利益受到损害，导致实现中华民族伟大复兴的中国梦这个全体国人最大心愿成为泡影。总之，党的领导既是新时代党内监督体系建设的最基本前提，也是新时代党内监督体系建设的最主要目标追求。

二、基本解决党内的党风和腐败问题

党风廉政建设和反腐败是国家治理体系建设的重要内容，是党中央提出和部署新时代党内监督体系建设这一任务的直接诱因，换言之，新时代党内监督体系建设的直接目标就是基本解决党内的党风和腐败问题。十八大以来，以习近平同志为核心的党中央以零容忍和壮士断腕的态度，以抓铁有痕、踏石留印的韧劲，持续推进党风廉政建设，大力反腐败，并取得了显著成效。我国的反腐败斗争取得压倒性胜利并全面巩固，已得到国内外的公认。十九大报告用生动的文学语言“海晏河清、朗朗乾坤”描述了我国党风廉政建设和反腐败的目标。因而，这也意味着新时代党内监督体系建设必须达到基本解决党内的党风和腐败问题的目标。这一目标不仅指党员、干部不敢腐，也指党员、干部不能腐不想腐，即意味着从制度和思想这些属于“本”的层面解决党风和腐败问题。这一目标不仅直指更加严重、已属违法的腐败问题（当然，腐败问题往往也是作风问题，是作风问题发展的必然结果），而且直指比较轻微、属于违纪的党风问题，即意味着要在更高的标准上解决党风和腐败问题。这一目标的实现不仅要有党委、政府的权威说法，而且要有广泛的调查数据支持和广大的民众认同，即在更具权威性和公信力的标准上解决党风和腐败问题。

三、降低党内监督的成本

党内监督的功能和目标是多样且重要的，但也是有成本的。在新时代，构建党内监督体系还必须考虑到成本问题，有成本视角，只有能显著降低党内监督的成本的党内监督体系才是科学和健全的党内监督体系。否则，这样的党内监督体系虽然最终也能达到党内监督的目标，也能解决党风和腐败问题，也能确保全党的政治统一、思想统一和行动统一，但毕竟成本太高，从而导致效率不高、持续性不强，并加重了国家和人民的负担，因而是不可取、不科学、不健全的。从表现形态看，党内监督的成本既表现为办公场地、办公设备（如公车等）、办公经费、人头经费（主要是工资、奖金和福利等）等成本投入，也表现为人员配备数量和人员精力投入等成本投入。在新时代，建设一个科学和健全的党内监督体系，就必须能显著降低以上成本，使得国家和人民可以承担，同时取得显著监督成效。专责党内监督机构队伍庞大、办公经费和人头经费过高的党内监督体系显然不是低成本的科学的党内监督体系；“杀鸡用牛刀”式的党内监督体系不是低成本的科学的党内监督体系；党组织和党员领导干部特别是党内监督专责机关的党员干部总是工作连轴转、“白加黑”、没日没夜的党内监督体系也不是低成本的科学的党内监督体系。

四、形成党内监督的闭环

一般而言，涉及权力制约和权力监督的制度体系的构建，都应该能形成闭环，都应该使得其中每一权力主体都在监督和被监督的链条之中。唯此，才符合权力和责任相匹配的原则，才符合监督者也要受监督的政治学基本原理，才是科学和健全的权力监督体系。这一原理和原则同样适用于党内监督。这就是说，新时代党内监督体系的构建，必须能形成党内监督的闭环，具体而言，就是必须确保所有的党组织和党员都能直接或间接地行使监督权，同时所有的党内权力行使主体又都能被监督，从而确保党内监督不出现党内监督的空白、缺口和断裂，确保党内不出现享有特权、游离于党内监督之外的党组织和党员、干部。进一步推而论之，那就是：上级党组织既要能对下级党组织进行监督，也要受到其上级党组织和下级党组织、同级党代会和纪委的监督；党组织既要能对党员个体进行监督，也要受到党员个体、党员大会或党员代表大会以及纪委的监督；作为党内监督专责机关，纪委既要能对所有党组织和党员尤其是党员领导干部进行监督，也要受到同级党代会、党委以及上级纪委的监督；哪怕是党中央，作为党内监督的全面领导者，享有监督地方和基层党组织以及各级纪委的权力，同样必须受到党的全国代表大会、中央纪委、下级党委以及党员的监督。

五、确保党内监督体系的持续运行

新时代党内监督体系建设还应该达到确保党内监督体系的持续运行的目标。一个启动时轰轰烈烈、一切良好但很快因为各种因素而变得无效乃至停止的党内监督体系，显然不是一个科学的、健全的党内监督体系。这也就要求，党内监督体系必须通过制度的互嵌、权利的广泛赋予等方法，拥有自我“加油”、自我维持的动力机制，进而能避免因为某些地区党组织和某一层级党组织的不作为、因为某些领导人的反对和抵制、因为某一制度的失灵和无效等因素而陷于停顿和被废弃的境地，而仍然因为其他制度的带动和补救、因为多数党组织和党员的意志、因为其他监督权力的补位和支撑，继续顺利运行。

第五章　新时代党内监督体系建设的主要问题和挑战

完善新时代党内监督体系必须弄清以往和如今的党内监督的主要问题和挑战何在。对照前面所描述的新时代党内监督体系的基本特征和建设的主要目标，并通过座谈和访谈所进行的实际调查，笔者认为，从宏观角度而言，新时代党内监督体系建设的主要问题和挑战包含四大方面。

第一节　主体方面的党支部监督缺位

党的十九大报告、党的十九大通过的新修订的《中国共产党章程》、2018 年 10 月 28 日中共中央正式印发的《中国共产党支部工作条例（试行）》都明确规定：党支部担负着直接教育党员、管理党员、监督党员和组织群众、宣传群众、凝聚群众、服务群众的职责。毫无疑问，党支部的这种监督职责属于党内监督的范畴。这也就意味着，党支部是党内监督的重要主体。党的十八届六中全会通过的《中国共产党党内监督条例》明确指出，党的基层组织日常监督是党的监督体系的重要组成部分，并具体规定其履行下列监督职责：严格党的组织生活，开展批评和自我批评，监督党员切实履行义务，保障党员权利不受侵犯；了解党员、群众对党的工作和党的领导干部的批评和意见，定期向上级党组织反映情况，提出意见和建议；维护和执行党的纪律，发现党员、干部违反纪律问题及时教育或者处理，问题严重的应当向上级党组织报告。考虑到党的基层组织中党支部占绝大多数、党委和党总支占少数，且党委和党总支的监督最终主要落实到党支部层面，因而，《中国共产党党内监督条例》对党的基层组织在党内监督中的作用的强调，实际上是对党支部在党内监督中的作用的强调。习近平总书记2016年2月4日在中央政治局常委会会议审议“两学一做”学习教育方案时指出，要把全面从严治党落实到每个支部、落实到每名党员①。从严监督是全面从严治党的重要内容和重要保障；加强党支部监督，是全面从严治党的应有之义。只有加强和完善党支部监督，才能推动全面从严治党的贯彻落实，才能健全党内监督体系，才能做好各项支部工作，也才能防止出现全面从严治党中“杀鸡用牛刀”的尴尬，才能走出只有依靠强力的巡视巡察才能解决党组织管党治党宽松软问题这种效率并非最优、效果并非最佳的管党治党困局。

一、党支部监督的特征和优势

相比党委（党组）的监督、纪委的监督、党的工作部门（主要是党委组织部门）的监督等其他组织性党内监督，党支部实施和开展的党内监督（以下简称“党支部监督”）自有其特征和优势。党支部监督是健全的党内监督体系中不可或缺的重要组成部分，党支部在党内监督中发

---

① 习近平：《在中央政治局常委会会议审议“两学一做”学习教育方案时的讲话》（节选），《党建研究》2016年第5期。

挥着不可替代的重要作用。

（一）党支部监督是一种日常性的党内监督，具有知情早、行动快的优势

所谓党支部监督是一种日常性的党内监督，指的是党支部对党员的监督是能经常进行的，乃至每日都能进行的监督，这不同于上级甚至上上级党组织、纪委及党的工作部门只能通过巡视巡察制度或因为党员举报等因素，对党员进行周期性或随机性或回应性的监督。之所以如此，主要是因为党支部是党员参加组织生活、履行党员义务的主要平台，是党组织开展工作的基本单元，其与党员之间空间距离很短、互动频率很高，彼此关系很紧密。在一定意义上说，党支部好比作为政治人的党员几乎日日在其中、很少长期离开的政治性“家庭”。也正因为此，一般而言，党支部对党员的基本情况和动态很了解，对党员的政治生活介入很深，使得党支部和党员之间几乎不存在信息不对称和弱连接问题，从而为党支部对党员进行监督提供了条件和可能。在实践中，我们可以看到，许多党支部借助党员大会、主题党日、谈心谈话、微信交流、打电话、上门面谈等制度、形式和平台，对党员进行日常性监督；并且，这种监督是范围很广、所涉很细的，包括党员是否交纳党费、参加组织活动等党员基本义务方面的情况，党员是否发表错误言论、参加封建迷信活动、违背社会公德、侵害群众利益等党员遵守纪律方面的情况，等等。很显然，党支部的这种日常性监督所具有的知情早、行动快的优势，是上级甚至上上级党组织、纪委及党的工作部门的监督所无法比的。

（二）党支部监督是一种直接性的党内监督，具有开展方便、成本较低的优势

正如党的十九大报告、党的十九大通过的新修订的《中国共产党章程》和2018年10月28日中共中央正式印发的《中国共产党支部工作

条例（试行）》所规定的那样，党支部担负着直接监督的职责，换言之，党支部监督是一种直接性的党内监督，是一种没有越级或不需要层层传导的党内监督。党支部之所以能对党员进行直接性的监督，主要是因为党支部是直接面对党员个体的。彼此之间的面对面关系自然使得党支部对党员进行直接监督成为可能。在现实生活中，我们可以发现，许多党支部书记把党员找来谈话进行提醒、教育和批评，这就是一种直接性的党内监督。类似地，党支部通过点名、刷卡等方式对党员参加主题党日等组织活动、履行党员义务情况进行监督，党支部通过召开党员大会对某些违反党纪的党员进行处分，等等，所有这些其实都是直接性的党内监督。实践表明，党支部监督的这种直接性特征，使得党支部对党员的监督开展起来很方便，不必牵涉太多的组织和人员，不会带来太多的组织成本和时间成本，进而使得党支部对党员的监督可以经常进行。

（三）党支部监督是一种基础性的党内监督，具有抓早抓小、防微杜渐的优势

《中国共产党支部工作条例（试行）》明确指出：党支部是党的基础组织。相应地，党支部对党员的监督在党内监督体系中也具有基础性的特征。首先，党支部监督的基础性体现在党支部是多项面对党员的党内监督的基础性工作（如监督发展党员时严格遵守程序、突出政治标准，监督党员按时交纳党费，监督党员参加组织生活，监督党员遵守政治纪律，等等）的主要承担者。实践表明，党支部对党员的这些基本情况不仅能够掌握，而且其监督是有效的。其次，党支部监督的基础性体现在党支部的监督手段和监督举措基本属于一般性的手段和举措，如提醒、谈话、当面批评等，而不需要借助留置、专业审计、网络监督等更具专业性和威慑力的监督手段和监督举措。再次，党支部监督的基础性体现在党支部所监督的对象是全体党员，而非少数有领导干部身份的党员，也非少数已经有违纪行为的党员。如果把党内监督看作由许多关口构成的多级监督体系，那么党支部监督无疑是其中的第一道关口。也正因为此，党支部对党员的监督可以有效地起到防微杜渐的作用，可以有效地防止一些党员的小问题变成需要上级党组织、纪委或党的工作部门的介入和监督才能纠正和解决的大错误。

二、党支部监督的难点和制约因素

虽然十八大以来党支部监督有所加强，但客观地说，党支部的监督作用仍未得到充分发挥，党支部监督仍有其难点和制约因素有待破解和克服，全面从严治党中“杀鸡用牛刀”的尴尬，以及依靠强力的巡视巡察才能解决党组织管党治党宽松软问题这种效率并非最优、效果并非最佳的管党治党困局还是存在的。大致说来，党支部监督的难点和制约因素主要包括以下五方面。

（一）党支部对部分党员领导干部进行监督较难

党章规定：每个党员，不论职务高低，都必须编入党的一个支部、小组或其他特定组织，参加党的组织生活，接受党内外群众的监督。党员领导干部还必须参加党委、党组的民主生活会。不允许有任何不参加党的组织生活、不接受党内外群众监督的特殊党员。由此形成了我们党的党员领导干部双重组织生活制度。很显然，党员领导干部同样是党支部的普通一员，同样必须接受党支部监督。但不可否认，现实生活中，总有些党员领导干部自恃当了领导干部，总把自己当成高高在上、凡事例外的特殊党员，总是对自己搞特殊化。他们很少参加甚至从不参加党支部的活动，即便党支部通知或提醒，他们也置若罔闻。此外，有些党员领导干部虽然参加了党支部的组织生活，但唯我独尊，颐指气使，搞一言堂，听不进其他党员同志的意见和建议，甚至打压持不同意见者。所有这些都是因为党员领导干部党性修养不深、政治觉悟不高、党纪观念不强等自身因素而不愿意接受党支部监督的具体表现。当然，我们也不否认还存在因为非党员领导干部方面的其他因素而影响党支部监督党员领导干部的情形：一种是不敢监督，这主要是党支部有关负责同志担心惹领导不高兴、碰钉子，因而对党员领导干部参加组织生活、履行党员义务等不通知、不提醒。还有一种是不能监督，这主要是党支部的全体支部委员和其他普通党员对领导干部知情甚少，且自身政治水平和能力水平与党员领导干部有较大差距，因而不能对后者进行有效的监督。

（二）党支部对部分普通无职党员进行监督较难

所谓普通无职党员，主要是指那些不在机关事业单位和国有企业工作（俗称“没有公职”）且在党组织内部也没有职务的普通党员。这一类党员在农村、城市社区和非公有制企业分布最多。由于受市场经济大潮和工作环境的影响，一些普通无职党员汲汲于挣钱发财，党员意识、党性意识、纪律观念不断弱化；一方面对参加党的组织生活很不积极，觉得耽误时间、影响挣钱；另一方面对参加封建迷信活动、妄议中央、传播政治谣言、信教甚至加入地下教会等违纪行为缺乏警觉性和红线意识，不当回事，不觉得是违纪行为，麻木不仁，参与其中甚至乐在其中、沉浸其中。从实践来看，因为这些普通无职党员参加党的组织生活很少、很不积极，从而使得党支部借助主题党日、谈心谈话等制度和渠道对他们进行监督成为难事，而且值得警惕的是，少数普通无职党员对党纪处分满不在乎、缺乏敬畏，从而使得党支部借助党纪处分等较重和较严厉的手段对他们进行监督也难以取得理想效果。

（三）党支部对部分流动党员进行监督较难

改革开放之后，中国社会的流动性不断加快，越来越多的党员由乡村流入城市，由欠发达地区流入发达地区，由一个城市流入另一个城市，从而不可避免地带来了流动党员监督较难的问题。在目前流动党员活动证制度[①]没有普遍实施、流动党员管理没有实现全国性信息网络化的时代背景下，无论是流出地的基层党组织还是流入地的基层党组织，其对流动党员的监督都遇到了许多困难。有些流动党员出去之后不仅不跟家乡的党支部联系，在流入地也从不亮出党员身份，成为“潜伏”在流入地的“地下党员”和“口袋党员”，其与党支部关系好比风筝断线、毫无踪迹、杳无音信。在这种情形之下，无论是流入地还是流出地的党支部欲对其进行履行党员义务、遵守党的纪律方面的监督，显然都是费力费神的难事。虽说有些流动党员在流入地亮出党员身份，参加了流入地党组织的组织生活，但由于流入地党组织和流出地党组织之间并没有稳定、畅通、便捷的联系渠道，使得两地党组织之间经常存在信息不对称、工作不同步的问题，进而使得对流动党员的管理合力难以形成，使得对流动党员的监督不可避免地存在空白和短板。特别是由于流动党员跳槽频率高，经常在一个城市没干多久就去了其他城市，也使得许多流入地党组织对这些流动党员的教育管理监督不热心不积极，觉得他们都是匆匆过客，不必为之费心费力，做了也是白做。目前，对流动党员进行教育管理监督效果相对较好的是由流出地在流动党员比较集中的城市建立的流动党员支部。这些流动党员支部的建立必须在两头集中的前提下，即流动党员都来自同一个地方（一般以县级行政区域为单位），且都集中在某一个地方（一般是同一个城市），很显然，这种流动党员支部对流动党员的覆盖还是很有限的，换言之，这种教育管理监督相对有效的党支部无法实现对多数流动党员的覆盖，仍然有许多流动党员不能经常受到党支部直接的有效的监督。

---

① 中央组织部于1994年12月下发了《关于试行〈流动党员活动证〉制度的通知》，决定从1995年7月1日起，在全国范围内试行《流动党员活动证》制度。

（四）支部委员的政治素质和业务素质不高制约了党支部监督效能的发挥

党支部对党员的监督虽然是作为组织性主体而实施的，但最终将主要地落实到包括支部书记在内的全体支部委员的个体身上，换言之，最终还是要靠支部书记及其他支部委员以党支部名义、代表全体党员对党员进行监督，由此必然对党支部书记及其他支部委员的政治素质和业务素质提出了更高的要求。现实生活中，不乏这样的现象：支部委员甚或支部书记缺乏政治敏锐性，对党员发表反动言论、丑化英雄、传播领导人政治谣言、拉帮结派等违反党的政治纪律的行为不能见微知著，因而麻木不仁，无动于衷，没有给予及时和有效的监督；支部书记及其他支部委员自己对党的纪律和党员的义务不是很了解，因而，哪怕有党员发生违反党纪和不履行党员义务的行为，他们也不会及时指出、提醒、批评和纠正，给予必要的监督；支部书记及其他支部委员自己不能做到认真履行党员义务、遵守党的纪律，其对其他党员的监督自然也是心虚嘴软、缺乏底气、难以服众，正所谓“打铁必须自身硬”；支部书记及其他支部委员工作能力欠缺、工作经验缺乏，一时找不到监督党员的有效办法。凡此种种，都表明支部书记及其他支部委员的政治素质和业务素质在很多时候影响着党支部的监督效能；支部书记及其他支部委员的政治素质和业务素质不高，必然制约着党支部的监督效能。

（五）人情干扰妨碍了党支部监督效能的发挥

总体而言，中国社会虽然自近代以来受到革命文化、法治文化、公民文化的洗礼，但仍然是一个讲人情的社会。无论是依托单位、建立在职业基础上的基层党支部（包括机关事业单位党支部、国有企业党支部、非公有制经济组织党支部、社会组织党支部等），还是依托地域、建立在地缘基础上的基层党支部（包括农村党支部和城市社区党支部），其实都是置身于本单位或本地域的人情网络之中，免不了受到一个小的熟人社会中的各种人情的影响和干扰，相应地，其监督效能的发挥必然受到不同程度的妨碍和制约。现实生活中，我们可以看到：一些党员忙着做生意，经常不参加党的组织生活，但因为其与支部书记关系很铁，最后党支部对他们都是网开一面；一些党员发生参加封建迷信活动、乱搞男女关系等违纪行为，包括支部书记、其他支部委员在内的许多党员虽然对此知情，但往往顾及情面，很难摆脱邻居、本家、同学、同事、朋友等各种人际关系的影响，因而很少对他们提出批评，更遑论给予党纪处分。所有这些都是人情干扰妨碍党支部监督效能发挥的具体表现。

第二节　指向方面的同级相互的监督和自下而上的党内监督较弱

党的十八大后，由于巡视巡察制度的健全、党委主体责任和纪委监督责任制度的建立以及纪检领导体制的优化等，总体而言，党内自上而下的组织监督大大强化，这固然可喜，但是，喜中有忧的是，相比而言，党内同级相互的监督和自下而上的党内监督则较弱。如此必然不利于发挥党内监督体系的总体效能。

一、同级相互的监督较弱

如前所言，同级相互的监督也叫平行的党内监督，是党内监督体系的重要组成部分。2003 年中央印发的《中国共产党党内监督条例（试行）》涉及的同级相互的监督方式或制度主要有党委对同级纪委的监督、纪委对同级党委的监督、集体领导和个人分工负责、民主生活会等。著名政治学者李景治认为，平行的党内监督主要有党代表大会对全委会的监督、全委会对常委会的监督、各级党委对同级党委与各级纪委对同级党委的监督、全委会和常委会对自身成员的监督[①]。李景治甚至认为，同级相互的监督是党内监督体系最常态化的监督。同级组织的党员、干部彼此最了解，相互监督能够对症下药、发挥最大功效。同级相互的监督，是其他任何监督都不能取代的。这一监督是否到位、效果如何，直接关系到党内监督的整体状况和全面从严治党的大局。笔者认为，由于同级相互的监督体现了民主、平等、团结等价值导向，考虑到批评与自我批评、民主生活会等平行的党内监督形式在遵义会议、延安整风运动等重大历史事件中的重要作用和重要意义，并在相当程度上塑造了中国共产党的传统、确定了中国共产党的基因，因而，从一定意义而言，同级相互的监督确实可谓中国共产党最具特色的党内监督，是中国共产党的独特优势，不可在新时代党内监督体系中缺位或存在感较弱，而应大力加强。就目前而言，同级相互的监督较弱主要体现在以下几个方面。

（一）纪委对同级党委的平行监督步履维艰

由于长期以来我们党对各级党委领导核心的制度确认以及党委书记的级别比同级纪委书记高半级的职位高位态和权力优势，一般而言，党委对同级纪委的监督的落实是没有任何问题的，是普遍有力和很强的。与党委对同级纪委的监督普遍有力和很强相比，纪委对同级党委的监督则是普遍无力和很弱的。其最直接和最有力的证据，就是如习近平总书记所指出的，“这些年发生的一把手腐败问题，很少有同级纪委主动报告的。有的地方纪委领导甚至对反映同级党委领导干部问题的同志说：你不要讲了，我什么也没有听见。”[②]。以习近平同志为核心的党中央对于此前纪检双重领导体制的不足及其所带来的纪委难以监督同级党委等

---

① 李景治：《党内监督尚需及时补短板》，《党政研究》2017 年第 4 期。

② 《习近平关于党风廉政建设和反腐败斗争论述摘编》，中国方正出版社 2015 年版，第 59 页。

难题是有着清醒认识和深刻洞察的。习近平总书记在 2014 年 1 月召开的十八届中央纪委三次全会上就指出："从总体上讲，这种双重领导体制自党的十二大确立以来发挥了积极作用，是基本符合党情国情的。同时，实践中也出现了一些不适应、不协调问题，特别是查办腐败案件时受到的牵制比较多……大家在一口锅里吃饭，很难监督别人。"① 为了突破这些制度困境，完善纪检双重领导体制，使之更有效和更好地服务于党风廉政建设和反腐败工作的大局，十八届三中全会对纪检领导体制和工作机制进行了多方面、有力度的改革和创新，其中主要的就是"两个为主"，从而使得我国的纪检领导体制从此前的党委领导强、上级纪委领导弱的格局，变为此后的同级党委领导和上级纪委领导都强的格局。特别是"线索处置和案件查办在向同级党委报告的同时必须向上级纪委报告"这一条硬性具体规定，更是使得同级党委书记无理由、无动力干预和阻挠对同级党委班子成员及其本人的监督，从而有效地改善了纪委监督同级党委的体制困境。

仔细琢磨，我们的确还可发现经过十八届三中全会重要制度创新和体制变革后的纪检领导体制仍然存在有待完善之处。其一就是，纪委书记、副书记的提名和考察方式改变了，但如果纪委部门的其他干部的考察方式没有改变的话，仍可能会影响到纪委对同级党委监督的力度和效果。这是因为，不仅他们的工资福利最终在很大程度上取决于同级党委的决策和领导，而且他们普遍看重的个人升迁主要取决于同级党委的决定。如果仅是纪委系统内部升迁，也许还影响不大。但事实上，如今领导干部选拔任用工作更加强调跨系统交流、多岗位锻炼，特别是有些纪委干部自己也很愿意去纪委之外的其他部门当领导甚至到所辖的行政区

① 《习近平关于党风廉政建设和反腐败斗争论述摘编》，中国方正出版社 2015 年版，第 59 页。

域党委、政府担任领导，这就使得纪委系统承担具体工作的干部在监督同级党委时会有更多的个人利益考量，从而可能会导致纪委领导要严查下面具体职能部门的干部却有意执纪从宽的现象的出现。其二就是，纪委书记既是党委班子中的一员，又是纪委的负责人，是代表纪委去监督的，这就使得他一身两任，可能产生角色冲突。例如，他在参与党委重大问题决策时投反对票，是作为班子一员坚持少数服从多数原则，最后让决定多数通过，还是作为党内监督专责机关的代表所投的反对票可以否决党委的决定？其三就是，线索处置和案件查办在向同级党委报告的同时必须向上级纪委报告，基本属于侧重于结果的监督，而这种监督因为违纪行为已经发生，且违纪行为已经给党和国家及人民的利益造成损害，所以不是成本最低、效果最好的监督。相反，我们应该寻求的是侧重于过程因而也是成本最低、效果最好的监督，进一步具体说，就是过程性监督。不过，关于纪委对同级党委的过程性监督的具体制度规定仍然不够明确，没有细化。也正因为纪委对同级党委的平行监督多年来一直没有根本性的突破，党的十九届四中全会将破解同级监督难题作为完善党内监督体系的重点任务予以部署，2020 年和 2021 年召开的十九届中央纪委全会同样提出要着力破解同级监督难题。

纪委监督同级党委为何成为多年未解的普遍难题，著名学者李景治对此有过深刻分析和精彩评论。他认为："纪委书记、副书记的工作评价、荣辱升迁乃至政治命运，都掌握在同级党委特别是'一把手'的手里，他们又怎么能毫无顾虑地对领导班子特别是'一把手'进行监督呢？"[①] 如果说李景治所说的缺乏组织保障是纪委难以对同级党委进行有效监督的重要原因，那么，还有四种重要原因也不可忽视。其一是对一把手的错误认识。众所周知，尽管经历从 20 世纪 80 年代就开始的防

---

① 李景治：《党内制约监督制度的改革与完善》，《学习论坛》2014 年第 3 期，第 17－21 页。

止权力过度集中的政治体制改革，但在我国的政治体系中，一把手享有很大的权力仍是不争的事实。固然，这些一把手中有许多能坚持民主作风，能很好地遵循集体领导的原则，但也不乏作风霸道、缺乏民主意识、缺乏接受纪委监督的自觉的一“霸首”。有的认为自己是上级党委所管理的干部，同级的纪委部门没有资格监督；有的认为自己是“一方诸侯”，搞唯我独尊，认为监督自己就是与自己对着干；有的认为自己素质全面，十分优秀，纪委监督就是“限制自己”，故意找碴，不利于放手干事。一旦一把手头脑中有了这些错误的认识观念，就使得纪委对他们的监督难以进行，甚或反过来，他们会利用自己手中强大的权力给同级纪委书记以及其他纪委干部制造麻烦甚至进行迫害。其二是对维护党委集中统一领导的理解偏差和实践中的不好把握。由于中国共产党历来强调党委集中统一领导，各级党政机关和人民团体的党委（党组）基本都被党内有关法规确定为在同级党组织之中居于领导地位，拥有全面领导的权力。这一政治常识可谓所有党员干部最熟悉最清楚的政治常识，维护党委集中统一领导，往往成了所有党员干部最认同的政治纪律，由此也就难免使得部分纪委干部担心在履行纪委监督职责、对同级党委进行监督的同时，是否会犯违反党委集中统一领导的重大政治错误。虽然党章和《中国共产党党内监督条例》等有关党内法规明确了纪委对同级党委的监督职责，但在实践中，其界限并非很好把握。例如，在党的大会上，纪委负责同志是否可以对党委集体以及个别或数位党委常委乃至党委书记的工作提出批评？如果可以的话，又如何不被认为是挑战党委权威、破坏党委威信？一方面，纪委这边的同志有担心；另一方面，党委这边的同志出于惯性思维，容易产生认知错误和理解偏差，觉得纪委的批评、否决甚或比较温和的提醒都是对党委权威的冒犯、对党委领导地位的挑战，是犯了严重政治错误。如此必然使得纪委在监督同级党委的过程中缩手缩脚，谨小慎微，不敢作为。其三是党委常委作为领导个体与党委代表的角色混淆。纪委对同级党委的监督，既包括对作为整体和集体的党委进行监督，也包括对作为党委集体一分子的党委常委个体进行监督。党委常委作为党委集体的一员，他们往往在党委集体中按照工作分工负责某个领域或某几个领域的工作，他们在某些场合通过某些程序可以作为党委集体的代表，但是，即便如此，并不意味着他们所犯的错误一定就是党委集体的错误（除非党委集体讨论决定），也不意味着对他们违纪行为的监督就是对党委权威的冒犯和对党委领导地位的挑战。事实上，在大多数情况下，党委常委的错误和违纪行为主要是其作为领导个体的错误和违纪行为，而非党委领导班子集体的错误和违纪行为。一些党委常委正是没有弄明白这种个体和集体的关系，没有搞清楚这种角色区分，从而习惯性地认为纪委对其进行监督就是不服从党委领导、不尊重党委的领导地位。纪委的一些同志同样有此观念和理解，从而使得他们不能依据党章和党规，放开手脚对同级党委中的组成人员（特别是党委常委）进行监督。其四是纪委干部自身存在违纪违法行为因而缺乏监督同级党委的勇气和底气。的确，纪委被赋予监督同级党委的职责，但机构职责的履行必然要落实到纪委干部身上。不可否认，由于一段时期以来管党治党宽松软，政治生态被污染，纪委系统的部分干部同样存在不同程度的违纪甚至违法问题，何况，纪委系统的干部特别是纪委书记、副书记也有相当一部分是历经多地区多部门多岗位锻炼的，纪委的领导干部中有一些就属于早有前科、“带病提拔”的。例如，21 世纪以来，担任过纪委书记或纪检组组长并在任职期间或任职之前就有违纪违法问题，且最后被查的省部级领导干部有王华元（担任过广东省纪委书记和浙江省纪委书记）、李崇禧（担任过四川省纪委书记）、朱明国（担任过广东省纪委书记）、金道铭（担任过山西省纪委书记）、莫建成（担任过中央纪委驻财政部纪检组组长）、姜国文（担任过哈尔滨市纪委书记）等数位，如果加上地市级和县（区、市）级纪委书记和部门纪检组组长，这一数据要多得多。很显然，如果纪委书记自己都是“有病在身”，自己都存在违纪违法行为，其监督同级党委往往都是腰杆不硬、底气不足、决心不大、手脚不敢放开的，往往会选择睁一眼闭一眼、消极应对、选择性执行的策略，往往会有“得饶人处且饶人”“放火会烧了自身”的心态。

（二）党代会对地方党委全会监督较弱

八大所通过的新修订的党章规定：“党的最高领导机关是全国代表大会，在地方范围内是地方各级代表大会。全国代表大会和地方各级代表大会选举中央委员会和地方各级委员会，这些委员会向代表大会负责并且报告工作。”毫无疑问，其中的“这些委员会向代表大会负责并且报告工作”规定，换种形式表达，就是党委全会要接受党代会的监督。虽然中国共产党内的党员和党代会与党委全会的关系不完全等同于我国代议制实践中的人民和人大与一府一委两院的关系，但其仍然遵循代议制原理，存在着党员和党代会与党委全会之间经过每一次选举便产生的党内权利的委托与受托关系。而委托者监督受托者正是民主制度的应有之义和基本原则。具体到党内，这也就意味着，作为党内权利受托者的党委全会必须接受作为委托者的党代会的监督。由于党代会和党委全会之间的关系属于同一级组织之间的关系，因而党代会对党委全会的监督同样属于平行的党内监督。

虽然中国共产党自八大即已确立党代会对党委全会的监督关系，但一直以来这种监督在实践中是很弱的。抛开八大后到改革开放之前这段特殊的历史时期来说，党代会对党委全会的监督历来是缺乏力度，几乎毫无存在感的。虽然十六大、十七大、十八大对党内民主高度重视，在党代会报告中提出过“扩大在市、县进行党的代表大会常任制的试点”“实行党的代表大会代表任期制”“完善党的代表大会制度，提高工人、农民代表比例，落实和完善党的代表大会代表任期制，试行乡镇党代会年会制，深化县（市、区）党代会常任制试点，实行党代会代表提案制”等要求，但并没有出现更大范围的制度实践，也并没有更加显著的制度绩效。这涉及对党代会常任制、党代表任期制、党代会年会制、党代表提案制等一系列党内相关民主制度的价值判断和实践探索。事实上，在关于党代会是否要监督党委全会特别是要监督到什么地步、监督内容主要是什么、监督主要方式是什么、监督是否要设立相应工作机构以给予保障等方面，各地和各级党组织是有不同看法的，甚至党中央在不同时期也是有不同判断和要求的①，以及中央领导人之间也有意见分歧②。

结合浙江台州椒江、四川雅安等地的探索和实践，部分党建专家的调查和研究以及笔者自己的观察和思考，笔者认为党代会对党委全会的监督难以达到预期效果，主要有以下几个原因：其一是党代会没有每年召开。党代会只有通过召开会议，才能发挥这一组织和制度载体对党委全会的监督作用。绝大多数地方的党代会仍是五年开一次，平时会议不开、党代表活动甚少，党代会的监督功能自然难以发挥。这正是许多专家提出实行年会制的主要理由。党代会年会制是党代会常任制的核心。其二是党代会没有配套建立党代表任期制。党代表任期制是党代会常任制的基础。党代会常任制和党代会年会制必然要求配套建立党代表任期制。否则，五年之内仅仅几天才是党代表、才能履职，这又如何能发挥党代会的监督等作用？现实生活中，许多党员和干部之所以不愿当党代表，而宁愿去当人大代表和政协委员，重要原因之一就是他们觉得当党

---

① 最典型的体现是改革开放之后的历次党章和党代会报告对这方面的提法和表述的变化，这些变化有时是很大的变化。

② 例如，在十二大修订党章时，胡乔木曾认为党代会常任制在实践中行不通，理由是：党代会只是讨论一定阶段内的路线、方针和政策，产生比较稳定的领导集体，不同于人大需要讨论年度性的重大议题，因此，没必要年年开；赋予党代表职权后，他们同同级党委是什么关系，难以作出明确妥善的决定。参见《胡乔木文集》第2卷，人民出版社1993年版，第198－199页。

代表五年之内只有短短几天风光和履职，存在感和成就感远不及当人大代表和政协委员。其三是党代表结构中领导干部过多。1985 年中央组织部印发的《关于党的地方各级代表大会若干具体问题的暂行规定》明确：省、自治区、直辖市和自治州、省辖市、直辖市的区党代表大会的代表中，各级领导干部一般应占 70%左右。县（旗、市）、自治县和省辖市的区党代表大会的代表中，各级领导干部一般应占 60%左右①。作为党代会常任制主要实践地的浙江台州椒江，其第三、五、六次党代会党代表人选结构中，领导干部在代表中的比例分别为：61%、58.1%和 57.08%。专门赴椒江进行深入调查的余逊达教授认为："实际的比例可能还要高，因为在当选的各类专业技术人员和各条战线先进模范人物代表中有些人往往也是各部门、各单位的领导，普通党员代表数量很少。"② 刘益飞教授认为："由于多年来在党代表的产生上事实上形成了以'安排性选举'为主导的机制，因此在党代会代表中领导干部占了绝大多数（一般都在 80%左右，有些高达 90%以上）。"③ 这种状况不仅"不可避免地使得相当一些党代会事实上成为党的工作会议"④，更重要的是，它直接制约着党代会对党委全会的监督效能。这是因为，作为党代会中多数代表的党员领导干部，往往是作为党委全会组成人员的更高级别领导干部的直接下属或更下一级下属，两个组织之间的组成人员之间往往事实上有相当程度的上下级领导关系。上级领导地位更高，掌握更多权力资源，也往往决定着对辖区各地各系统和各项工作资源（包括资金和项目等）的分配，以及事关下属前途命运的个人升迁。在这样一种情境中，以下级领导干部为主的党代会敢对上级领导干部占了多数的

---

① 《关于党的地方各级代表大会若干具体问题的暂行规定》，见《中国共产党党内法规选编（1978—1996）》，法律出版社 2009 年版，第 180 页。

② 余逊达、伍醒：《党代会常任制：椒江的做法与思考》，《浙江学刊》2004 年第 2 期。

③④ 刘益飞：《党代会代表提案制度的困境及出路》，《中共成都市委党校学报》2013 年第 1 期。

党委全会进行监督吗？答案显然是否定的。可以说，党代会代表中党员领导干部占多数的结构问题，是制约党代会监督党委全会的关键因素。这一问题没有解决，即便建立了党代会年会制和党代表任期制，党代会常任制也会照样无法有效运转。

二、自下而上的党内监督较弱

自下而上的党内监督包括述职述廉、民主评议、信息公开、举报、领导干部任职公示等具体制度。它们基本都是以党员为主体、以党员领导干部为对象、以民主为价值导向，都源于基层实践创造的同样具有中国共产党自身特色的重要党内监督制度。比较而言，这些自下而上的党内监督制度中，述职述廉制度的监督功能更加突出，但由于制度设计不够细化、制度衔接不够到位特别是制度执行不够有力，这一重要的党内监督制度未能充分发挥其效用，未能达到党中央和人民群众的期待。

2003年《中国共产党党内监督条例（试行）》第三节专门对述职述廉制度作了规定。根据该条例规定，述职述廉制度主要是作为领导干部换届选举和领导干部选拔任用制度的配套制度而产生的。但是，由于党员领导干部必须通过述职述廉在大会上向党员和群众代表报告自己的工作，并接受党员和群众的民主评议，因而这一制度无可置疑地具有党内监督功能，成为重要的党内监督制度安排。2016年《中国共产党党内监督条例》继续将述职述廉制度作为党委（党组）这一责任主体实施的党内监督制度，不过，将原先的“述职述廉”制度微调为“述责述廉”制度。该条例的第二十三条规定：“党的领导干部应当每年在党委常委会（或党组）扩大会议上述责述廉，接受评议。述责述廉重点是执行政治纪律和政治规矩、履行管党治党责任、推进党风廉政建设和反腐败工作以及执行廉洁纪律情况。述责述廉报告应当载入廉洁档案，并在一定范围内公开。”与之前相比，可以发现这一制度包括这些细节的变化：一是从届中和换届前一年调整为每年一次，由此也就使得这一制度的实践频次增加了；二是对述责述廉的内容进行了比较具体的规定，而2003年《中国共产党党内监督条例（试行）》几乎没有；三是与述责述廉的内容相适应，制度名称也由“述职述廉”改为“述责述廉”，虽是一字之差，但其实反映了以习近平同志为核心的党中央以责任倒逼落实、把责任制作为全面从严治党的“牛鼻子”的管党治党思路；四是对述责述廉的结果的运用有了进一步的规定，即要“载入廉洁档案，并在一定范围内公开”，其目的显然是更广泛更有效更持久地对领导干部进行监督。应该说，这些制度规定的细节变化是很有针对性的，是直指原先的述职述廉制度的缺陷和不足的。

经验表明，多年以来，述职述廉制度在实际的运作过程中因为政治生态不健康和党内政治生活庸俗化的影响往往走了过场，受到扭曲，远未显现其应有的制度效能。有论者对述职述廉的真实运行情况进行了描述，并指出了其严重不足：“一些地方和单位的述职述廉存在走过场、图形式的现象，主要表现为班子成员在述职述廉过程中，照本宣科，一个念完稿另一个接着念。整个述职述廉会议不见积极质询和讨论，只有台上讲，没有台下评，台上讲完，台下听完，述职述廉就‘圆满’结束了，至于其内容的真实性和客观性，没有进行论证和考究，出现干部干得好不好，全凭材料写得好不好、述职说得好不好。”① 此外，领导干部述职述廉时，报喜不报忧，讲成绩时不厌其烦，说问题时蜻蜓点水，也是常见现象。至于述廉，几乎没有一位存在不廉行为的领导干部主动爆料自己的为官不廉问题，而都是纪检部门后来对其查处，才揭露其真

---

① 《述职述廉不能“王婆卖瓜”》，http：//theory. people. com. cn/n1/2019/0214/c40531-30674171. html。

实面目。依据笔者多年来对本单位和其他单位述职（述责）述廉的现场观察和切身体验，上述问题并不只是存在于少数单位，出现在少数领导干部身上，而是具有一定的普遍性。

概括而言，述职（述责）述廉制度运行中普遍且集中的突出问题在于：其一，党员领导干部述职（述责）述廉时说成绩太多、说问题太少，说问题也主要是表面和抽象地说次要问题，而不是具体和深刻地说主要问题。党的十八大后查处的领导干部，几乎没有一位曾在每年一次或换届中、换届前的述职（述责）述廉时承认自己有不廉行为和贪腐问题，这是对领导干部丑恶两面人形象的辛辣讽刺，也是对述职（述责）述廉制度应然状态和实然状态差距大的有力例证。其二，党员领导干部述职（述责）述廉时所说的问题得不到纠正。应该指出，作为述职（述责）述廉主体的领导干部隐瞒真情、回避问题对述职（述责）述廉制度发挥党内监督的作用是有影响的，但并非决定性影响。假如还有党员在会上或会后进行质询和讨论，以及党员在民主评议或民主测评时实事求是指出问题、客观评议，那么，述职（述责）述廉制度还是能对党员领导干部发挥一定的监督作用的。遗憾的是，党员领导干部可能会睚眦必报、秋后算账，给他们眼中的“挑刺”者穿小鞋，对他们认定的“异己分子”进行打击报复，而且有的党员也只愿当好好先生，怕得罪人，只想多栽花少栽刺以明哲保身。这就使得对党员领导干部述职（述责）述廉情况的质询和讨论很难出现，甚至想都不敢想；同时也使得党员在民主评议或民主测评时，虽然心有不满甚至积怨，但大多还是照样全部画“√”，照样违心地说党员领导干部的好话。也就是说，一方面党员领导干部不愿通过述职（述责）述廉接受监督，另一方面党员也不敢进而不愿通过述职（述责）述廉对党员领导干部进行监督，最终使得这一制度运行质量不佳、制度绩效甚低，甚至可谓制度“空转”。而这些现象是党中央修订《中国共产党党内监督条例（试行）》，改“述职述廉”为

“述责述廉”，并进行了一些制度细节的调整和完善后，也尚未彻底改变的。

第三节　对象方面的对一把手的党内监督明显薄弱

一把手腐败是党中央和社会各界高度关注的问题，毕竟，这些一把手在一个地方或一个部门职务最高、权力最大、媒体对其宣传报道也最多，其涉腐相当于给社会各界带来了一个极大反差，往往会成为人们热议的话题。当然，更主要的是，其涉腐对一个地方或一个部门的政治生态影响最大，对党委和政府形象的损害也最严重。一把手之所以腐败，显然与对一把手的监督薄弱有关，两者存在直接的因果关系。毋庸讳言，多年以来，哪怕直至当今，对一把手的监督也是党内监督的薄弱点和一直没有解决的难题。

一、对一把手缺乏有效监督的表现

一直以来，党内外对一把手腐败的严重性和危害性是有目共睹的。我们可以从中央纪委、国家监察委以及地方各级纪委和监察委官方网站所公布的许多领导干部被审查情况，以及从法院对这些落马领导干部最终审判结果中所列举的犯罪事实中，发现这些领导干部违纪违法绝大多数发生在其担任一把手期间，或者其主要的违纪违法行为发生在担任一把手期间。现实生活中，一些党委（党组）主要领导自封一号人物，当起了土皇帝，要拥有绝对权力，君无戏言、说一不二，自认金口玉言、言出必行，而且必须无条件执行。民间也有“一把手说一不二，二把手说二不一，三把手说三道四，四把手是、是、是、是，五、六、七、八、九把手光做笔记不张口”“一千个副手，抵不过一个正手”等调侃。笔者前些年所耳闻目睹的党委班子成员称呼主要领导人为“老板”或“老大”的也不少。习近平总书记对于党委班子成员对“班长”无法进行同级相互的监督的问题也有深刻洞察，他曾指出，“有的领导干部喜欢当家长式的人物，希望别人都唯命是从”①。

再具体拿县委书记这一特殊一把手群体来说。由于县委书记的数量相比市委书记和省委书记等更高级别的一把手要多，且县委书记往往在远离省城或设区市行政中心的县域主政一方，容易产生“山高皇帝远”的心态，同时由于缺乏监督，县委书记最终陷入腐败深渊而被查的颇有不少。如陕西省商南县、河北省涿鹿县都出现过三任县委书记先后落马、同进监狱的现象（陕西省商南县是雷雨、陆邦柱、刘春茂，河北省涿鹿县是王江、陈岗、高薇）；吉林省辉南县有先后四任县委书记（张继顺、林玉成、彭庆会、付邦成）被查的现象；山西省 2018 年在不到一个月的时间内，就有三位县委原书记（方山县委原书记李少杰、右玉县委原书记苏连根、岚县县委原书记薄宇新）被查。值得指出的是，在十八大后全面从严治党、中央和省委强化巡视监督的背景下，县委书记因贪腐而落马的案例都还不少。据媒体报道，仅 2018 年，全国就有 10 余名县委书记落马（见表 5 - 1）。所有这些数据和例子都充分表明，对一把手进行有效的党内监督这一问题至今未能很好解决。平心而论，党中央对此也是了若指掌和态度明确的。习近平总书记在 2013 年 1 月召开的十八届中央纪委二次全会上指出：“我们查处的腐败分子中，方方面面的一把手比例不低。”②

---

① 《习近平关于严明党的纪律和规矩论述摘编》，中国方正出版社 2016 年版，第 18 - 19 页。

② 《习近平关于党风廉政建设和反腐败斗争论述摘编》，中国方正出版社 2015 年版，第 122 页。

表 5-1　2018 年全国部分被查处的县委书记名单

姓名	出生年月	原职	首报时间	公开查处进度
梁嘉庚	1965 年 8 月	贵州黔南州三都水族自治县委书记	1 月 3 日	被双开
辛耀峰	1963 年 1 月	陕西省佳县县委书记	2 月 28 日	提起公诉
张瀚时	1969 年 6 月	贵州大方县委书记	5 月 11 日	被双开
杨家伟	1971 年 4 月	云南威信县委书记	7 月 16 日	接受审查调查
武伟	1970 年 8 月	青海果洛州达日县委书记	7 月 19 日	提起公诉
江菊莲（女）	1968 年 9 月	广东惠州市委常委、宣传部部长、博罗县委书记	8 月 8 日	接受审查调查
刘荣祥	1967 年 10 月	安徽来安县委书记	8 月 27 日	接受审查调查
谭润洪	1976 年 8 月	湖南攸县县委书记	9 月 11 日	接受审查调查
王四华	1968 年 4 月	江西赣州市人大常委会副主任、宁都县委书记	11 月 7 日	接受审查调查
蔡福浩	1965 年 2 月	河北承德市人大常委会副主任、滦平县委书记	12 月 3 日	接受审查调查
何宏年	1969 年 8 月	陕西岐山县委书记	12 月 7 日	接受审查调查
王斌	1968 年 7 月	福建霞浦县委书记	12 月 7 日	接受审查调查

（统计日期截至 2018 年 12 月 10 日）

二、对一把手缺乏监督的原因分析

关于大量一把手严重违纪违法、陷入腐败深渊的主要原因，党中央和公众也是清楚的，那就是所掌握的权力太大，同时所接受的监督太少。正如英国历史学家、政治思想家阿克顿在其名著《自由与权力》中所说，“权力导致腐败，绝对权力导致绝对腐败”①。权力本来就有趋向腐败的特性，如果权力很大，且又没有形成科学的权力运行机制和有效的权力监督机制，没有把权力关进笼子，或者是“牛栏关猫”，那么，权力这头“怪兽”出来为非作歹与损害国家和民众利益几乎是必然的。而在很长一段时期内，我们中国恰属于这种情形。先说权力很大很集中这方面。邓小平同志曾深刻地指出，我国领导体制的一个突出弊端就是权力过分集中。尽管邓小平同志所针对的是改革开放前很长一段时期及改革开放之初那段时期的权力过分集中的现象，但从以后的发展来看，邓小平同志所批评的权力过分集中现象即便历经 20 世纪 80 年代的以党政分开和权力下放为主要导向的政治体制改革、1992 年之后以建立和完善社会主义市场经济体制为主要目标的经济体制改革后，也并未发生根本性变化。当然，应该承认，相比改革开放之前，党委分出更多的权力给政府，政府又分出更多权力给市场和社会，上级下放更多权力给下级直至基层，这些是改革开放之后我国领导体制改革的基本逻辑，也是改革开放之后我国政治发展的主要成就。我国党政一把手权力过分集中的现象长期没有根本改变，可从许多落马一把手的忏悔书和自我反省中看出个大概。有的一把手讲：“我的一个批示可以让一个企业获得巨大利益，可以让亲朋好友获取好处，可以让一个人改变处境，可以办事顺利、一路绿灯。”② 查看近些年中央纪委官网等网站和其他媒体关于落马省部级一把手的报道，可知这些省部级一把手的腐败主要源于这些一把手以权谋私或滥权、专权。所有这些都表明，一把手掌握很大权力是

---

① 约翰·埃默里克·爱德华·达尔伯格-阿克顿：《自由与权力》，侯健、范亚峰译，译林出版社 2011 年版，第 294 页。

② 《习近平关于严明党的纪律和规矩论述摘编》，中国方正出版社 2016 年版，第 100 页。

普遍之现象，是不争之事实。

进一步具体分析，一把手掌握很大权力主要有这些因素：其一，一把手是一个地方党委、政府或部门的主要代表或法人代表，由其参与、决定或签字的事项最重要也最多。其二，一把手往往被视为党委、政府或部门党组的主要代表或当然代表，其发言往往被视为代表组织讲话，其他班子成员或党员同志对其进行监督往往会担心被视为不服从组织或对抗组织，因而颇有顾虑。其三，一把手有更多的接触上级领导并向其汇报的机会，这可谓一把手的隐形权力，而这种隐形权力是其他班子成员或党员同志很看重甚至很畏惧的，因为他们担心一把手有靠山或对上级领导说自己的“坏话”，不仅对其进行监督没有效果，反而会搬起石头砸自己的脚。其四，一把手在上级党委及组织部等有关部门提拔干部时一般有推荐权，且其推荐意见具有相当的分量，这也使得其他班子成员或党员同志在对一把手进行监督时，会担心影响自己的前程，从而不敢监督。其五，许多一把手将人事权，也就是领导干部的选拔任用权直接抓在手里，而这种人事权是颇具分量、几乎人人敬畏的权力。

政治学一直认为权力具有两面性：既有积极作用的一面，能行善事，能为人民提供公共服务，能为民众谋福祉；又有消极作用的一面，会腐蚀人，会作恶百姓。所不同的是，西方政治传统从消极角度看待权力更多些，中国政治传统则从积极角度看待权力更多些。其实，权力好比水，对其有控制有驯服有引导，就能用来行发电、航运、灌溉等各种善举；如果对其没有控制、驯服和引导，则往往会带来淹没村庄、毁坏农田等恶果。现实生活中，我们可以看到众多一把手秉持权为民所赋、权为民所用的理念，敬畏权力、慎用权力、善用权力，也可以看到许多一把手忘记了初心使命、丢掉了根本宗旨、搞错了权力的本源和服务对象，把党和人民所赋予的权力作为满足私欲、谋取私利的工具，经常行擅权、滥权、霸权之事。党和人民赋予各级一把手很大权力，寄希望于他们以公权谋公利，为人民服务和为党尽责，本来无可厚非。特别是在中央制定和修订《中国共产党问责条例》，强化对一把手的责任约束和责任追究的当下，必须考虑权责对应，否则一把手责任很大、权力很小，就会影响领导制度和管理制度的科学性，也不利于对一把手的有效激励。不过，在坚持权责对应原则的同时，我们还要坚持权力行使到哪里就要监督到哪里或者赋权和监权相对应的原则，也就是在赋予一把手很大权力、强化一把手责任的同时，还必须对一把手掌握的权力进行有力有效的监督和约束。但在这方面，也恰恰问题很多，漏洞很大。例如，自上而下的党内监督因为距离远、频次低甚至鼓励多、监督少，效果自然难如人意。又如，班子成员的同级监督，因为班子成员对职务最重要、权力最大的一把手本身就有敬畏之心，或者担心被扣上对抗组织、藐视组织的帽子，自然也经常软弱无力。再如，同级纪委的监督，如果不是上级纪委在背后鼎力支持，也是很难开展的。至于一把手所在党组织的监督，或许更弱，因为大多数普通党员都是对这些以普通党员身份编入党支部的一把手毕恭毕敬，何况有些一把手甚至很少参加党支部的组织生活。所有这些都揭示了自上而下的党内监督、平行的党内监督、自下而上的党内监督以及上级监督、单位党组织监督、纪委监督、班子成员监督、党员同志监督等各种党内监督面对一把手时的软弱无力甚或彻底失灵。无怪乎，曾任广东省政协主席、涉案金额约1.4亿元的巨贪朱明国在中央纪委反腐纪录片《打铁还需自身硬》中现身说法，坦言："当'一把手'35年，我的体会是，如果你'一把手'开口了，基本上没有人反对。"不受监督和约束的权力不仅可以给一把手带来行使权力的快感，也可以给作为权力行使者的一把手带来许多实实在在的利益、好处和享受，从而驱使他们逾越法纪红线，陷入贪腐深渊。正如习近平在中央党校县委书记研修班学员座谈会上的讲话所指出的那样，"县委书记手中掌握着很大权力，所以各种诱惑、算计都冲着你来，各种讨好、捧杀都对着你去，往往会成为‘围猎’的对象”[①]。在权力场外，不乏别有用心的不法商人总想进场，以金钱、美女、房产、珠宝等换取领导手中的权力，从而为自己谋取更大的利益；在权力场内，不少一把手也正想以手中掌握的权力为自己或家人换取利益、好处和享受。权力的供求双方各有所需，权钱交易、权色交易、权物（房产、珠宝、名贵手表和名贵特产、名家书画等）交易等一拍即合，其结果自然是以公权谋私利，必然是数量众多的一把手腐败。

第四节　内容方面的党内政治监督和党内权力监督相对薄弱

如前所言，从内容角度，党内监督主要包括权力监督、日常工作监督、政治监督和作风监督等四方面。新时代党内监督体系应该具有权力、日常工作、政治和作风全覆盖的基本特征。比较而言，党的十八大后，党内日常工作监督和作风监督明显加强并取得显著成效，但是，党内政治监督刚刚破题且相对薄弱，党内权力监督虽然一直受到重视，但难题尚存。

一、党内政治监督相对薄弱

中国共产党是一个特别强调政治统一，对党组织和党员在政治立场、政治态度、政治言行等方面有着更多更严标准，对党组织和党员有着诸多严格政治纪律规定的执政党。然而，不可否认，在十八大之前的

① 习近平：《做焦裕禄式的县委书记》，中央文献出版社2015年版，第4页。

很长一段时期内，由于管党治党宽松软的大环境，特别是部分党组织和党员存在觉得政治要求和政治纪律很虚且不好抓、政治问题很敏感且不敢面对不想公开的错误认识，党内政治监督事实上是相对薄弱的。这可从一系列案例和事实中得到证明。例如，有人在公开场合讲“中央八项规定”抓得太细了、太严了，认为没必要，说“酒该喝还是要喝的”；有人多次公开发表反对四项基本原则的文章，丑化党和国家形象，歪曲党史、军史；一些地方和基层党组织对党中央大政方针采取合意的就执行、不合意的就不执行的策略；有些党员干部“两面人”问题很突出；等等。所有这些问题之所以能发生，甚至较长时间存在，正说明一段时期内党内政治监督是薄弱甚至是缺位的。习近平总书记在十八届中央纪委第六次全体会议上就曾指出一些党组织和党员不讲政治、违反政治纪律及其背后的政治监督缺位问题：“有的党员、干部在重大原则问题上立场摇摆，对党中央决策部署和三令五申的要求，阳奉阴违甚至搞非组织活动，公开发表反对党的路线方针政策和决议的言论；有的党组织觉得政治纪律是‘软’的、‘虚’的，对违反政治纪律的错误言行不在意、不报告、不抵制、不斗争，更谈不上查处。”①

党的十八大以来，习近平总书记在多个场合强调要加强党的政治建设、要严明政治纪律和政治规矩、要开展党内政治监督。例如，他在党的十九届四中全会上提出，“强化政治监督，加强对党的理论和路线方针政策以及重大决策部署贯彻落实情况的监督检查”②；在党的二十大报告中进一步提出，要“推进政治监督具体化、精准化、常态化”③；在党的二十届三中全会通过的《中共中央关于进一步全面深化改革 推

① 《习近平关于依规治党论述摘编》，中央文献出版社 2022 年版，第 31 页。

② 《中共中央关于坚持和完善中国特色社会主义制度 推进国家治理体系和治理能力现代化若干重大问题的决定》，《人民日报》2019 年 11 月 6 日。

③ 习近平：《高举中国特色社会主义伟大旗帜 为全面建设社会主义现代化国家而团结奋斗——在中国共产党第二十次全国代表大会上的报告》，《人民日报》2022 年 10 月 26 日。

进中国式现代化的决定》中重申“健全政治监督具体化、精准化、常态化机制”[①]。所有这些都表明了政治监督已成为党建的重要任务和党建研究新的重要课题的事实。很显然，习近平总书记在党代会和中央全会、中央纪委全会上的讲话以及中央重要文件所提的“政治监督”，均特指狭义上的党内政治监督，即“以习近平新时代中国特色社会主义思想为根本指导，以坚持和加强党的全面领导为目标方向，以督促全党增强‘四个意识’、坚定‘四个自信’、做到‘两个维护’为根本要求，以党章党规党纪和宪法法律尤其是政治纪律为依据和标尺，重点监督党组织和党员干部遵守和执行党的路线方针政策，以及党中央重大决策部署等情况”[②] 这样一种监督，而非广义上的对国家政治权力的政治监督。因为中国共产党的执政党地位，狭义的政治监督和广义的政治监督虽然有着密切关联，但显然还是各有侧重的。以习近平同志为核心的党中央，多次修订《中国共产党纪律处分条例》，细化政治纪律要求，加大对违反政治纪律行为的党纪处分力度，自上而下连续多轮开展巡视和巡察，突出政治巡视、强化政治监督和政治责任追究，一些党员领导干部和党员因拉帮结派、搞团团伙伙、对抗组织调查、搞封建迷信、妄议中央、阅读境外反动读物、信教等政治问题被查处并受到相应的党纪处分，全党的政治意识、大局意识、核心意识、看齐意识明显增强。党中央严肃查处“大老虎”的严重违纪违法问题，更是以实际行动和生动案例对全党进行了多次很好很有震撼力的政治纪律教育，有效地营造了讲政治的氛围。但是，也必须清醒地看到，并非所有的党组织和党员、干部不讲政治、违反政治纪律的问题都得到了解决。要达到全党政治统一，全体党员、干部增强“四个意识”、坚定“四个自信”、做到“两个

---

① 《中共中央关于进一步全面深化改革 推进中国式现代化的决定》，《人民日报》2024 年 7 月 22 日。

② 王希鹏、宋振策：《政治监督的内涵要义与实现路径》，《中国纪检监察》2020 年第 5 期。

维护”、拥护“两个确立”的目标，党内政治监督还任重道远，还有一些难点问题有待破解。

（一）部分党组织以及党员、干部对政治问题的理解存在观念偏差

观念是行为的先导。部分党组织以及党员、干部尤其是党员领导干部存在观念偏差，会严重地影响党内政治监督的开展及成效。在2014年10月召开的十八届四中全会第二次全体会议上，习近平总书记严肃指出，“我要十分明确地说，政治纪律和政治规矩这根弦不能松……不能只讲腐败问题、不讲政治问题。干部在政治上出问题，对党的危害不亚于腐败问题，有的甚至比腐败问题更严重。在政治问题上，任何人同样不能越过红线，越过了就要严肃追究其政治责任。有些事情在政治上是绝不能做的，做了就要付出代价，谁都不能拿政治纪律和政治规矩当儿戏”①。应该说，习近平总书记的讲话一针见血，他所指出的党员、干部的这种错误观念问题的确具有相当的普遍性。此外，有些党组织以及党员、干部对作风问题更关注、更敏感，而对政治问题不敏感、不愿监督；有些党员、干部宁愿自己的行为被定性为作风问题而不愿被定性为政治问题，但事实上，其行为就是已经严重违反政治纪律的政治问题。考察近年已经被查处的党员、干部的违纪行为以及巡视巡察发现的问题，可知作为被监督对象的党员、干部以及作为监督主体的党员、干部（包括领导干部）只愿意讲和查处腐败问题、工作问题或作风问题，而不愿讲、不关注甚至不敢面对政治问题的现象具有相当的普遍性。

（二）大多数政治问题具有很强的隐蔽性

相比党员、干部的作风问题容易表现出来、为人所感知和察觉，党员、干部的政治问题往往要隐蔽得多，很难为一般的党员和干部所察

---

① 《习近平关于党风廉政建设和反腐败斗争论述摘编》，中国方正出版社2015年版，第51页。

党。习近平总书记在 2018 年 7 月 3 日召开的全国组织工作会议上对此指出，“政治问题有的是灵魂深处的东西，特别是政治上的两面人，有很强的隐蔽性和迷惑性”①。政治问题之所以具有很强的隐蔽性，其原因主要在于错误的思想观念和很大的政治野心，而错误思想观念和政治野心一般是不易或不愿被发现和察觉的。在《中国共产党纪律处分条例》政治纪律部分所列举的政治问题中，通过网络、广播、电视、报刊、传单、书籍等，或者利用讲座、论坛、报告会、座谈会等方式，公开发表坚持资产阶级自由化立场、反对四项基本原则，反对党的改革开放决策的文章、演说、宣言、声明等，以及组织、参加反对党的基本理论、基本路线、基本方略或者重大方针政策的集会、游行、示威等活动，或者以组织讲座、论坛、报告会、座谈会等方式，反对党的基本理论、基本路线、基本方略或者重大方针政策等部分行为相对容易被发现和识别，特别值得注意的是一些危害较大、性质恶劣的违反政治纪律的行为往往是以十分隐蔽的形式，在极其秘密的情况下进行的。这些普遍不易被发现和识别的言行，主要有政治野心膨胀、搞团团伙伙、搞政治攀附、拉帮结派、结党营私、培植个人势力、阳奉阴违、阅读境外反动读物、搞迷信活动、私藏私放涉密材料等行为。这表明了党员领导干部政治问题有很强的隐蔽性的特点，自然而然，对其进行监督也不是易事，对普通党员、干部甚至基层党组织及纪检机构和组织部门等来说尤其困难。

（三）现有的适用于党内政治监督的制度或手段比较缺乏

比较而言，适用于党内权力监督和党内作风监督的制度或手段还是比较多的，诸如巡视巡察、谈心谈话、民主生活会和组织生活会、述责述廉、民主评议、集体领导和个人分工负责、请示报告、个人事项报告

① 习近平：《在全国组织工作会议上的讲话》，人民出版社 2018 年版，第 19－20 页。

等制度和做法在进行党内权力监督和党内作风监督方面都有不同的功能和不同程度的效果，而适用于党内政治监督的制度或手段则是相对缺乏的。例如，领导干部个人有关事项报告抽查核实制度是以倒逼的方式对党员领导干部进行权力监督和作风监督，使得他们遵纪守法的有效制度安排，但其在党内政治监督方面几无作用，毕竟，政治问题不同于房产、收入、家庭婚姻等方面的问题，是无法通过有关部门核查予以发现和监督的；又如，党员领导干部民主生活会和基层党组织的组织生活会对党员及党员领导干部进行的权力监督和作风监督还是有一定效果的，只要这样的制度在执行过程中能够经常、规范、认真，具有原则性、严肃性、战斗性，但在这样的场合，与会的党员或党员领导干部对于其他党员或党员领导干部的政治问题往往是讳莫如深、避开不谈、顾左右而言他，自然，其对党员和干部的政治监督的效用也是十分有限的；再如，述职（述责）述廉过程中的民主测评，长期以来一般也就仅涉及德能勤绩廉方面，而没有政治方面，即便有的地方和部门如今已开始了将党员、干部的政治表现纳入测评体系之中，也普遍存在不够具体、不好把握的问题。从目前来看，在党内政治监督方面具有相当或一定效果的制度或手段主要有巡视巡察、谈心谈话等。有关制度或手段虽然也有一些，但总体而言是比较缺乏的，如此自然不利于全面和立体地对党组织及党员尤其是党员领导干部的政治行为进行监督，自然会影响到党内政治监督的成效。

二、党内权力监督相对薄弱

在中国共产党处于执政地位、肩负全面领导职责的制度背景下，各级行政和司法机关借助部门设党组、党组成为部门领导核心并行使“三重一大”决策权等主要权力、党委（党组）书记一般兼任部门行政一把手等具体制度设计，确保了各级党组织对源于人民委托、授权的公权力的领导，由此也就要求：为了加强对公共权力的监督，必须加强对党内权力的监督；只有有效的党内权力监督，才有科学决策和依法行政，才有规范的权力行使。十八大以来，随着全面从严治党的推进，随着各领域各种制度的建立健全，党内权力监督也得到了显著强化。“任性的权力受到规制，‘什么都能搞定’夸海口的情况明显减少。”笔者也发现，“我爸是李刚”“我某某家人或亲戚是某某领导”之类的权力炫耀现象近年也大量减少。真有权力任性或权力炫耀的言行，其结果无一例外地是当事人受到了党纪国法的追究，被组织严肃查处。从早些年的“我爸是李刚”事件，到2020年的某艺人学历造假事件，都表明权力任性和权力炫耀终究要导致权力翻车。无论是权力任性现象的减少，还是权力炫耀现象的减少，都反映了党的十八大以来党内权力监督的有效性和普遍性。不过，客观分析和冷静思考，由中国特殊国情和中国共产党特殊党情所产生和引发的中国共产党党内权力监督的特殊困境和突出难题，也必须面对和破解。

（一）党内权力总量较大会带来权力腐败风险增大、权力监督成本增加

一般而言，在一定条件下，权力监督的难度与作为监督对象的权力的总量呈正相关，党内权力监督也不例外。这也就是说，在一定条件下，如果党内权力总量较小，则党内权力监督相对容易；如果党内权力总量较大，则党内权力监督相对较难。而党内权力总量又与组织层次多少、党员干部数量多少特别是党的地位和职责密切相关。具体到中国共产党，由于党员人数如今多达9 900万名，特别是由于其执政党地位和全面领导的职责定位，以及实现中华民族伟大复兴及至实现共产主义的伟大使命，中国共产党的党内权力总量显然必须维持一定的规模。固然，党的十九大报告所提出的和新党章所确认的“党政军民学，东西南

北中，党是领导一切的”，并不意味着党有权管各地各领域所有的事，“党的全面领导并不是说党要包揽包办一切，并不是事无巨细都抓在手上，要防止越俎代庖，防止陷入事务主义”；对于国家权力监督而言，减少权力、放权于市场和社会一般是一种治本之策。但是，对于中国共产党这种肩负着实现中华民族伟大复兴及至实现共产主义的使命型政党来说，对于中国这种赶超型现代化国家来说，也不能秉持消极权力观，东施效颦地学习西方资本主义国家和政党，一味地限制国家权力，一味地减少党内权力，否则，作为执政党的中国共产党的作用发挥和作为空间必然受到极大的限制，中国在最短的时间内实现所有贫困人口全部脱贫、在较短的时间内控制住疫情并能很好地统筹疫情防控和经济社会发展等中国奇迹和中国经验就很难出现。总之，在权力既能兴利成事也能生腐致弊的“双刃剑”属性的事实面前，中国共产党党内权力监督面临着中国共产党党内权力总量必须维持一定规模但又会因此带来权力腐败风险增大、权力监督成本增加的特殊难题。

（二）监督任务繁重但专职监督机构受制于成本而不能无限增加

如前所言，多年以来，纪委作为中国共产党的党内专职机构，专门承担着党内监督（当然也包括党内权力监督）的职责，也正因为此，2016 年修订的《中国共产党党内监督条例》将纪委的监督定位为专责监督。纪委的专责监督的效能和效果固然主要取决于纪检领导体制，不过，也受到纪委部门自身建设尤其是队伍力量配备的很大影响。十六大以后，为了加强纪委的监督，为了提高纪委监督的成效，党中央一方面调整和优化了纪委监督的体制和机制，另一方面加强了纪检部门的力量配备。就目前而言，各级纪委加上其派驻机构的工作人员队伍，在数量上显然是一个不小的数字，纪检队伍显然是一支“兵多将广”的队伍。同时，我们必须注意到，作为党中央和省（自治区和直辖市）、市（地、州、盟）、县（市、区、旗）党委设立的巡视组或巡察组，其实同样属于党内专门承担监督职责的机构，只不过它们履行的是全面监督职责，它们不能像纪委一样办案以及执纪、问责。十八大以后，党内监督、作风建设、反腐败等之所以成效显著，显然离不开巡视组和巡察组这些专职监督机构的设置，以至于许多党员和群众将巡视组和巡察组视为“包青天”“八府巡按”，对他们寄予厚望。不过，我们在充分肯定纪检部门力量的加强以及巡视组和巡察组的设立对加强党内权力监督起着巨大作用、作出巨大贡献的同时，也须清醒地认识到，这些监督机构的设立和工作力量的配备是有不小成本的（包括人头费和工作经费等），因而也是有限度的，是不可能无限扩张的。这是一方面，与之对应的另一方面是党内权力的总量将始终维持在一定规模，党内监督的任务将长期繁重。如此也就使得中国共产党党内权力监督面临着繁重的党内权力监督任务，但党内专门的监督力量总是有限的特殊难题。

（三）决策权力比较隐蔽而难以监督

中国共产党的党内权力有多种分类，从主体角度可以分为党中央的权力、地方党委的权力、部门党组的权力、纪委的权力、基层党组织的权力、党委组织部的权力、党委宣传部的权力、党员领导干部的权力等，从功能角度可以分为党内的决策权、执行权、监督权。有学者认为，决策权、执行权、监督权是一种区别于西方国家的立法权、行政权、司法权分立的政治性分权，是具有中国特色的功能性分权，是中国共产党集中统一领导下的组织内分权和过程性分权。笔者以为，关于中国共产党集中统一领导下的功能性分权的论述，对于我们思考如何科学有效地加强党内权力监督具有启迪意义。虽然如有的学者所指出的，决策权、执行权与监督权之间的关系具有相对性和层级性，虽然党委系统内部有执行权（如下级党委相对上级党委和部门党组相对同级党委就是主要扮演执行角色）和监督权（如上级党委对下级党委的巡视或巡察，以及党委办公厅或办公室设立的督查部门），政府系统也有执行权，但就总体而言，在中国共产党领导的中国特色社会主义政权体系和党内权力结构中，党委系统的确主要是行使决策权，政府系统主要是行使执行权，纪委和监察委主要是行使监督权。这从 20 世纪 50 年代毛泽东同志的“大权独揽，小权分散。党委决定，各方去办”和“大政方针在政治局，具体部署在书记处……具体执行和细节决策属政府机构及其党组”的权威说法中可以得到证明。从科学执政及确保党的全面领导的目标出发，中国共产党的党内权力配置应重点放在决策权。换言之，中国共产党应主要直接掌握各方面各领域重大事项的决策权。然而，不可否认的是，对党内的决策权的监督也恰是相对较难的。这是因为，在决策环节，参与者和知情者往往较少，相应地，能够起到监督作用的党内监督主体也就较少；而且，出于保密的需要，不少重要事项的决策还不能让更多人知情和参与。决策环节参与者少且比较隐蔽，自然不利于对党内决策权的监督。相比而言，在执行环节，因为直接的执行主体相对较多，且往往直接关涉广大党员、干部甚至民众，加之如今执法仪和许多场合探头的应用，以及网上办理具有的留痕功能等，对党内执行权的监督往往相对容易和便捷一些。总之，中国共产党党内权力监督还存在着决策权力比较隐蔽而难以监督的特殊难题。

第六章 新时代完善党内监督体系的思路和对策

第一节 党内监督主体的完善

根据习近平总书记关于党内监督的责任的党委、纪委、党的工作部门以及书记、常委、委员各有其责论，完善新时代党内监督体系，必须实现监督主体方面的多元且各尽其能各负其责。为此，首先要高度重视发挥党支部的监督效能，以解决党支部监督在党内监督体系中的缺位问题；其次，鉴于党委的巡视巡察监督如今成为党内监督战略性制度安排和党内监督重要方式，成为党委履行党内监督主体责任的主要保障，因而必须注重提升巡视组（巡察组）的业务能力，使其监督最有力且最有效；最后，鉴于纪委作为党内监督体系的重要支点、成为党内监督的专职机构，因而必须进一步加强纪委的监督。

一、强化党支部的基础性监督

习近平总书记在党的十九大报告中明确提出监督党员是党支部的重要职责[①]。鉴于党支部监督事关全面从严治党的落实、事关党的监督体

① 习近平：《决胜全面建成小康社会 夺取新时代中国特色社会主义伟大胜利——在中国共产党第十九次全国代表大会上的报告》，《人民日报》2017年10月28日。

系的健全、事关基层党支部建设的成效，因而，必须高度重视加强党支部监督，并以习近平新时代中国特色社会主义思想为指导，以《中国共产党党内监督条例》和《中国共产党支部工作条例（试行）》为遵循，以增强党支部的组织力和党的执政基础为根本目标，在党支部的政治建设、组织建设、思想建设、制度建设以及技术应用等多方面着力，切实改进和完善党支部的监督。

（一）加强对基层党支部建设的监督，层层传导党内监督的压力

为了推动全面从严治党战略方针的贯彻落实，各级党组织必须一级带一级、一级抓一级、层层抓落实，直至将全面从严治党的压力传导到最基层的党支部。而要做到这一点，就必须加强上级党组织对基层党支部建设的监督。有了来自上级党组织有力的监督，才有下级党组织认真的落实。党的十八届六中全会通过的《关于新形势下党内政治生活的若干准则》明确规定：上级党组织领导班子成员定期、随机参加下级党组织领导班子民主生活会和组织生活会，发现问题及时纠正。这其实就是一种以上级党组织的监督推动下级党组织加强政治建设和内部监督的做法。实践证明，这一规定和做法有效地促进了基层党支部对组织生活会制度的贯彻落实，而组织生活会制度正是党支部监督的重要制度平台和重要举措。由此启示我们，为了突破党支部对党员领导干部不敢监督以及党支部因为人情干扰不想监督的困境，必须借助于来自上级党组织直至党中央的监督压力。有了这种强大压力作“尚方宝剑”，不仅党支部对包括党员领导干部在内的全体党员进行监督时腰杆硬、底气足，也使得党员领导干部和那些自以为与党支部负责人关系好的党员没了坚持对自己搞特殊、想逃避党支部监督的勇气和“说辞”，从而以党内的普遍性克服党支部的特殊性，以对上级党组织的一致服从替代对某些党员的特殊例外，最终使得党支部能够认真地、无例外地、不打折扣地履行其监督职责。

（二）加强对党员特别是党员领导干部的党性教育，增强其接受党支部监督的内在动力

历史和现实表明，一名党员越是缺乏党性，越有可能出现目无组织、只有个人，一切从个人出发、个人利益高于一切，只要下面服从纪律而自己可以不遵守，感情拉拢、互相包庇等各种错误倾向和违纪行为。这样的党员也往往不愿接受党组织的监督。反过来，一名党员，哪怕是领导干部甚至是高级领导干部，如果受到长期深刻的党性教育、具有坚强的党性，则往往不会出现个人主义、自由主义、本位主义、利己主义、宗派主义、机会主义等错误倾向和违纪行为。开国中将、曾任中国人民志愿军政治部主任的杜平在其回忆录中提及抗美援朝战争期间有关彭德怀同志的一件往事。因为彭德怀同志历来对革命战争极端负责，常常把自己安危置之度外，经常靠前指挥，不愿进防空洞。有一次，防空警报拉响后，彭德怀同志没有进防空洞，秘书请了两趟，不仅没有把他请进防空洞，反而挨了一顿“训”。后来，杜平同志和时任志愿军副司令洪学智商量提出这是党支部的决定，彭德怀同志这才服从命令，走进防空洞。这个事例生动说明，像彭德怀同志这样的高级领导干部，只要党性意识强，就会坚决服从党支部的决定，接受党支部的监督①。可见，为了增强党员接受党支部监督的自觉性和内在动力，必须加强对党员特别是党员领导干部的党性教育。习近平总书记在 2015 年 12 月 11 日召开的全国党校工作会议上强调指出：“对领导干部而言，党性就是最大的德。现在干部出问题，主要是出在‘德’上、出在党性薄弱上。”② 他要求各级党校“把党性教育作为教学的主要内容，深入开展理想信念教育、党的宗旨教育，深入开展党史国史教育、革命传统教

① 杜平：《杜平回忆录》，解放军出版社 2008 年版，第 75 - 76 页。

② 习近平：《在全国党校工作会议上的讲话》，人民出版社 2016 年版，第 17 页。

育，深入开展道德品行教育、法治思维教育、反腐倡廉教育，把党章和党规党纪学习教育作为党性教育的重要内容”①。可以肯定，如果那些被编入基层党支部的党员领导干部因为接受了深刻的党性教育而显著增强了党性，其高高在上、唯我独尊、事事特殊、不愿接受党支部监督的想法和行为就会减少乃至杜绝。这不仅可以防止党支部监督存在特区和空白，而且可以为所有党员接受党支部监督做出表率，从而发挥榜样效应。

（三）加大互联网技术应用力度，增强党支部监督的技术支撑力

长期以来，流动党员的教育管理监督工作一直是基层党建的薄弱环节。无论是党的十七届四中全会通过的《中共中央关于加强和改进新形势下党的建设若干重大问题的决定》明确的“健全城乡一体、流入地党组织为主、流出地党组织配合的流动党员教育管理服务工作制度”，还是建立流动党员支部、开展“组织找党员”活动，甚或是实行全国统一的流动党员活动证制度，其对流动党员的教育管理监督工作的促进都是有限的，最终都必须依靠制度和技术两条腿走路，最终都要依靠互联网技术的支撑作用。习近平总书记在党的十九大报告中也提出，“善于运用互联网技术和信息化手段开展工作”②。可以肯定，如果加大互联网技术在党支部工作和流动党员工作中的应用力度，党支部对流动党员的监督力度将显著增强。例如，可开发和推广党员智能卡，从而使得每一位流动党员的基本信息及其在流入地履行党员义务、参加组织活动等方面信息能被及时和完整地记录下来，并使这些记录都能为流出地党组织和流入地党组织所看到和掌握，如此便有助于解决党员流出地党组织和流入地党组织之间的信息不对称问题，进而增强党支部对流动党员监督

---

① 习近平：《在全国党校工作会议上的讲话》，人民出版社2016年版，第17－18页。

② 习近平：《决胜全面建成小康社会 夺取新时代中国特色社会主义伟大胜利——在中国共产党第十九次全国代表大会上的报告》，《人民日报》2017年10月28日。

的针对性和有效性。

（四）加强党支部委员会建设，提高党支部的监督工作能力

《中国共产党支部工作条例（试行）》第六章专门对党支部委员会建设提出了系列明确要求，做出了多项具体规定。从破解包括支部书记在内的全体支部委员的政治素质和业务素质不适应党支部监督需要的难题这一角度考虑，党支部委员会建设中应着重抓好支部委员的选举和培训两个工作重点。在党支部委员会的选举中，虽然有系列严格的程序规定，且对候选人有着诸如“十不准”之类的一系列淘汰性和防范性具体要求，但平心而论，对候选人的斗争精神要求是不够突出的。故而，必须按照《中国共产党支部工作条例（试行）》要求，突出政治标准，且贯彻习近平总书记关于保持斗争精神的系列讲话要求，选拔符合其他各项条件且政治过硬、敢于斗争的优秀党员进入党支部委员会，如此才能增强党支部监督的魄力和“火力”。此外，考虑到党支部对部分资历较老的党员进行监督时往往面临着较大的压力或磨不开情面的现实状况，机关、事业单位、国企的党支部书记一般应由单位中层干部或主要负责人经过选举程序担任，非公有制经济组织和社会组织的党支部书记一般应从总经理、副总经理、工会主席、办公室主任等属于高层管理人员的党员中选任，以尽量实现党内权威和行政权威合二为一，从而避免党内职务高但行政级别低的党支部委员难以或不便监督行政级别更高的普通党员的现象。在对党支部书记、副书记和其他委员的培训中，应注重经常通过专家辅导、视频教学、现身说法等多种有效方法，加强党的基本理论、基本政策、优良传统以及党规党纪等方面知识的学习，切实增强他们发现党员违纪问题的敏感性、警惕性以及监督党员的方法合规性和有效性。

（五）坚持谈心谈话制度，增强党支部监督的渗透力

谈心谈话是我们党的优良传统，也是加强对领导干部和党员教育管

理监督的有效手段。党的十八届六中全会通过的《中国共产党党内监督条例》第二十一条规定：坚持党内谈话制度，认真开展提醒谈话、诫勉谈话。发现领导干部有思想、作风、纪律等方面苗头性、倾向性问题的，有关党组织负责人应当及时对其提醒谈话；发现轻微违纪问题的，上级党组织负责人应当对其诫勉谈话，并由本人作出说明或者检讨，经所在党组织主要负责人签字后报上级纪委和组织部门。2018 年 10 月 28 日施行的《中国共产党支部工作条例（试行）》进一步具体规定：“党支部委员之间、党支部委员和党员之间、党员和党员之间，每年谈心谈话一般不少于 1 次。”2019 年 3 月中共中央印发的《关于加强和改进中央和国家机关党的建设的意见》针对坚持并完善谈心谈话制度，作出了诸多具体规定，要求“领导班子成员之间、班子成员和干部职工之间要开展经常性的谈心谈话。基层党组织负责人要经常、主动和干部职工谈心谈话。善于利用重要节点开展谈心谈话，做到岗位变动必谈、组织处理必谈、发生家庭变故必谈、发现苗头性问题必谈”。2019 年印发的《中国共产党党员教育管理工作条例》规定：“基层党组织应当注重分析党员思想状况和心理状态，党组织负责人应当经常同党员谈心谈话，有针对性地做好思想政治工作。”（第十九条）“发现党员有思想、工作、生活、作风和纪律方面苗头性倾向性问题的，以及群众对其有不良反映的，党组织负责人应当及时进行提醒谈话，抓早抓小、防微杜渐。”（第二十八条）由此可见，党中央是把谈心谈话制度作为党内监督的重要制度和全面从严治党的重要举措，贯彻于各级党组织的政治生活和组织生活之中的。对于党支部来说，坚持和实施谈心谈话制度，本身就是对党员进行监督的具体举措。由于谈心谈话制度的比较温和的特殊监督形式特点，这一制度有助于改变党员对党内监督冷冰冰和强制性的刻板认识，进而有助于提高党员对党支部借助这一制度进行监督的接受度和适应性，换言之，有助于提高党支部监督的渗透力。此外，党支部开展的谈心谈话，特别是那些持续性和上门式的深入谈心谈话，有助于改变某些普通无职党员的错误认识，有助于增强他们接受党支部监督的思想自觉和行动自觉，从而使得党支部监督更有效地覆盖到和渗透进普通无职党员群体。至于谈心谈话制度的具体实践，则尤其应该强调党支部书记每年与每位党员谈话至少1次，对于那些参加党组织生活不经常、履行党员义务不积极、对党中央和上级党组织重大方针政策不理解以及在党员和群众中口碑不好的党员，更应及时和多次深入谈心谈话。

二、提升巡视组（巡察组）工作人员的业务能力

在对党委（党组）全面监督进行总体性充分肯定的同时，也必须指出，党委（党组）全面监督也有一些值得关注、有待改进的问题，其中主要是部分巡视组或巡察组工作人员业务能力不完全适应工作需要的问题。巡视巡察是党委（党组）全面监督的主要手段，巡视组或巡察组是党委（党组）全面监督主要的具体执行者。很显然，巡视组或巡察组工作人员的业务能力在很大程度上决定着党委（党组）全面监督的成效。总体看，巡视组或巡察组工作人员的整体业务能力状况呈现这样的差异：越是上级的巡视组，其工作人员整体业务能力越强，越是下级的（如县级）的巡察组，其工作人员整体业务能力越弱；越是长期在纪检部门和组织部门工作的工作人员，其整体业务能力越强，越是缺乏在纪检部门和组织部门工作经历而从其他部门选调或抽调过来的工作人员，其整体业务能力越弱。也就是说，各级巡视组和巡察组工作人员队伍的业务能力并未达到整体过硬、人人都强的地步，而这必然会制约党委（党组）全面监督的效果。例如，杭州市某区巡察组在对社区进行巡察时竟然认为，在社区层面的巡察很难突出政治巡

察的定位，换言之，巡察组认为社区党组织及党员、干部很难有政治方面的问题[①]。这显然不符合事实。像不贯彻执行上级党委重大决策部署，党员妄议党中央大政方针，党员在网络上发表歪曲/丑化/否定党史国史军史、我国根本制度与党的领导人物和英雄人物的言论，党员传播政治谣言，党员信教，党员在选举中搞非组织活动，党员阅读境外反动读物，等等，其实都是违反政治纪律和政治规矩的问题，也是社区党组织及党员、干部可能存在的问题，因而也是巡察组在对社区进行巡察时应该关注的问题。巡察组同志认为社区层面几乎不存在政治问题，恰恰反映其自身在学习党内法规、习近平总书记有关重要讲话和有关重要文件方面做得不够，因而业务能力不强的问题。又如，上述杭州市某区巡察组在对社区进行巡察时还指出了社工节给全体社区居委会干部和社工发过节费的问题[②]。实际上，党委、政府设立“社工节”，其目的正是肯定和表彰广大社工的工作和奉献，相应地，对社工进行慰问、表彰和物质鼓励乃理所当然之事，这跟教师节给教师发过节费或礼品、重阳节给老人发过节费或礼品是同一个道理。巡察组把社区合规合理合情的行为认定为必须整改的问题，也正反映他们在了解基层实际情况、学习运用有关政策法规等方面存在不足。再如，笔者亲历过巡察组对杭州市社会科学院的巡察，也有所了解浙江省委巡视组对浙江省社会科学院的巡视情况，曾听闻巡视组或巡察组指出社会科学院是财政全额拨款单位，科研人员已有每月国家发的工资，不应在承接各种横向课题尤其是党委、政府委托课题时再拿课题费，这同样表明了部分巡视组或巡察组工作人员不了解社会科学研究工作的性质和特征，也未真正掌握和正确领会国家有关巡视巡察和科研工作政策法规的精神实质。以小见大，所有这些例子，也正表明巡视组或巡察组工作人员进一步提升业务能力的必要。

---

①② 笔者调研笔录，2020年8月6日。

在实践中如何提升巡视组或巡察组工作人员的业务能力？笔者以为，必须重视抓好以下工作：

（一）建立巡视巡察工作领导小组常态性的教育培训机制

其具体内涵是，不仅新招聘或新选调的工作人员即所谓的“新人”应该接受上岗前的业务培训，而且其他的工作人员即所谓的“老人”也应该每年起码接受一次持续一定时间的脱岗学习培训。这主要是因为，不断有新的党内法规出台，每年党中央和上级党委对巡视巡察工作都有新的要求和规定，作为巡视巡察对象的各级党政机关、事业单位和国有企业以及村社的违纪违法问题也总是会有新动向、新表现、新特点。因而，为了确保巡视组或巡察组工作人员始终适应巡视巡察工作的需要，必须对他们进行常态化的培训。

（二）健全巡视巡察常态化上下联动机制

近年，全国各地创新巡视巡察工作机制，探索了提级巡视、提级巡察、巡视巡察上下联动等新的工作机制。笔者认为，这不仅有利于层层传导巡视巡察责任压力、增强巡视巡察工作合力、突破县域或乡域人情网对巡视巡察工作的干扰、促进问题源头治理，也有利于市（地、州、盟）、县（市、区、旗）两级巡察干部提升业务能力和工作水平。因为混合编组、共同交流、信息共享、协力攻坚等，可以使得市（地、州、盟）、县（市、区、旗）两级巡察干部得到上级巡视组的及时指导，可以使得他们向上级巡视组借智借力，不断提升业务能力和工作水平。因而，这种巡视巡察上下联动不应是一时的，而应是常态化的。

（三）各巡视组或巡察组经常性开展业务学习

各巡视组或巡察组应利用每月一次的主题党日活动，或者探索开展每月一次的夜学活动，通过邀请专家讲课、邀请优秀巡视组或巡察组干部分享经验、全体干部互相交流等方式，经常性开展集体学习，从而不断提升巡视组或巡察组工作人员的整体业务能力。

（四）通过师徒结对和挂职等举措提升巡视组或巡察组新进工作人员的业务能力

巡视或巡察工作是政治性很强的工作，同时也是专业性很强的工作。由于巡视或巡察工作不仅关系到党委（党组）全面监督的效果，而且关系到下级党组织和党员干部的工作积极性甚至前途命运，因而应尽可能地做到“学好再干”，而不能随意地“在干中学”。为此，应重点培养和提升巡视组或巡察组新进工作人员的业务能力。具体举措可以是安排巡视组或巡察组中党性强、业务能力强、工作经验丰富的老干部与新进工作人员开展师徒结对，由前者对后者进行长期帮带和指导教育，促使巡视组或巡察组的新进工作人员尽快成长；也可以是安排新进工作人员赴上级巡视组或巡察组挂职锻炼，使得新进工作人员在更高平台上、在更多实践中、在更多优秀“行家”的指导和帮助下，更快成长为合格的巡视组或巡察组工作人员。

三、改进纪委的监督

纪委作为党内监督的专责机关和最重要主体，一直被视为有权有威有地位的强势部门。然而，人们基于对人性弱点的认识，也意识到纪检干部并非天生具有对权力腐败的免疫力，并非“刀枪不入的钢铁战士”，纪检部门也并不是与腐败绝缘的保险箱，特别是像湖南省郴州市原纪委书记曾锦春、湖南省常德市原纪委书记彭晋镛等一批纪委书记因严重违纪违法而落马的案例被曝光，从而使得许多专家和媒体很早就发出了“谁来监督纪委”① 之问。十八大后，随着纪委干部队伍的扩充、纪委

---

① 例如刘益飞早在 2005 年 7 月 28 日的《组织人事报》上就撰文《谁来监督纪委》，对此党内监督难题进行分析。

监督权的强化、纪委“打虎拍蝇”震慑力度的增强，更多的人开始思考“谁来监督纪委”这一具有中国特色的党内监督难题。然而，“与一般的政治权力相比，监督权往往更具有一定的权威性，因此对监督权的再监督是党和国家监督体系中的难点”①。习近平总书记在中央纪委全会上的重要讲话多次强调指出，各级纪委要强化自我监督，自觉接受党内和社会监督，建设一支让党放心、人民信赖的纪检干部队伍，要“清理好门户”，防止“灯下黑”②。党内监督体系的健全，必然意味着党内监督体系形成权力监督闭环，必然意味着监督者自身也要被监督，而不能出现权力监督链条的断裂和权力监督的真空。正是为了破解“谁来监督纪委”这一党内外普遍关注的党内监督难题，中共中央办公厅于2019年又施行了《中国共产党纪律检查机关监督执纪工作规则》，对纪检监察机关接受党内监督、社会监督和群众监督做了诸多具体规定。笔者认为，只要党的集中统一领导体制牢固确立，只要党中央有权威，各级纪委包括中央纪委就能受到有效监督，发挥好自身的监督职能，服务于党的长期执政目标，“纪委搞独立王国”“纪检干部很难管”等问题就不会出现。换言之，在党中央集中统一领导这一基本制度前提下，十八大后的建立同级党委领导与上级纪委领导都强的纪检领导体制、实行统一派驻监督全覆盖、加大党内监督力度等制度改进和工作举措都是值得肯定的，都是不必担心的。当然，建立专门针对纪检部门行使监督权的问责机制也是必要和重要的。至于具体改进，以下两方面值得重视和加强。

（一）进一步增强纪检部门监督的权威性和有效性

与纪委监督相关的宏观制度建设方向是对的，并不意味着与纪委监督相关的一切制度都是没有缺陷和不足的。笔者认为，未来的纪委监督

---

① 过勇、张鹏：《党和国家监督体系：系统建构与集成创新》，《治理研究》2023年第4期。

② 吴储岐：《让党和国家监督体系更健全》，《人民日报》2019年1月8日。

在微观层面制度和具体工作举措方面尚有进一步探索的空间和改进的需要。例如，有的国企（包括其子公司）并未实行统一派驻，而是由内设纪委承担主要的党内监督职能。国资委的派驻纪检组或国企总公司层面的派驻纪检组虽然能发挥一定的监督职能，但由于距离较远，又不时时了解企业的具体经营和业务情况，不仅存在信息不对称问题，而且难以形成近距离监督的威慑效应，其对国企或下属子公司的党内监督的效果是有限的。2018 年被查处的有“金融第一贪”之称的中国华融资产管理股份有限公司原党委书记、董事长赖小民就曾说：“党委书记、董事长、法人都是我一个人挑，纪委书记都还是自己党委下面管，他哪有多少权威啊。纪委书记是我的党委委员、我的部下，说句实话他很难监督我。”[①] 笔者对杭州某国企下属子公司进行调查时也发现，由于纪委书记并非统一派驻，其工资和奖金都是由所在单位发，因而纪委书记“监督厉害，会影响自己的考核年终奖，会导致履行职责与班子团结和推进项目建设的矛盾”[②]。如何增强国企纪检部门监督的权威性和有效性？单独派驻或许是解决办法之一，这对某些级别高且公司资产多、业务往来资金多的国企很有必要，就像 2019 年中央决定将中管金融企业内设纪检机构改设为中央纪委国家监委派驻纪检监察组，受中央纪委国家监委直接领导一样。当然，并非所有的国企都只能通过实行统一派驻以解决对其监督问题，像有些国企特别是属于子公司层面的国企就不适合实行统一派驻监督制度，也无法做到纪委书记工资和奖金由上级公司统一发放，但可以通过由上级公司对他们单独进行统一考核，即不与所在公司领导班子其他成员一起考核，从而适当改变纪委书记与其他领导干部利益一体化的格局，适当减少纪委书记履行职责与公司业务工作的利益

① 《金融第一贪案细节披露 赖小民为何能在华融一手遮天?》，https：//finance. sina. com. cn/chanjing/gsnews/2020 - 01 - 14/doc-iihnzahk4098272. shtml。

② 笔者调研笔录，2020 年 7 月 31 日。

冲突，进而适当增强企业内设纪委履行监督职责的权威性和有效性。

（二）严格执行纪检部门领导不分管其他业务的制度

调查发现，少数机关、事业单位和国企至今没有实行派驻纪检组组长或纪委书记不分管其他业务的做法。以笔者视野所及，其中有电视台这样的事业单位，有党委组织部门这样的党政机关，有国企（例如上述的杭州某国企下属子公司）。它们的主要领导往往认为，派驻纪检组组长或纪委书记既然是领导班子成员，就应再分管一些其他工作；何况由于单位或企业事多，领导忙不过来，也都希望纪检组组长或纪委书记能分担一些领导工作。岂不知，这样的做法不仅违背了中央纪委关于纪委系统职能的要求，也事实上对派驻纪检组或单位纪委履行监督职责构成了极大制约。这不仅是因为兼管其他分工分散了纪检组组长或纪委书记抓好主职的时间和精力，更重要的是会导致纪委书记履行监督职责与分管其他领导事务之间的利益冲突，也不利于解决其与其他领导利益一体化问题，从而最终影响到派驻纪检组或纪委履行监督职责的效果。对于这类派驻纪检组组长或纪委书记兼管其他领导事务从而影响监督效果的问题，显然应由上级党委通过专项检查或督察进行统一规定，以确保纪委或派驻纪检组更好地、心无旁骛地履行其监督职责。

第二节　党内监督指向的完善

同级相互的监督作为党内监督体系中体现民主、平等、团结价值导向，且颇具中国共产党特色的党内监督，必须在坚持的前提下不断加强和改进。其中尤其要着力改进党代会对地方党委全会和党委常委会的监督以及加强纪委对同级党委的监督。此外，自下而上的党内监督作为党内监督体系中的体现民主价值导向的党内监督，同样必须在坚持的前提下加强和改进，从而使得党内监督体系中的三大指向更加均衡，使得党内监督体系更加科学合理。自上而下的党内监督固然近年得到显著加强，取得显著成效，但也有改进空间。

一、加强同级相互的监督

（一）改进党代会对地方党委全会和党委常委会的监督

从十六大到十八大，国内关于党代会常任制的理论研究比较活跃，地方党委领导和推动的党代会常任制或党代会年会制、党代表任期制和党代表提案制的试点和探索也较以往要多。一些学者更是从尊重党员主体地位、发扬党内民主的角度，为党代会常任制及其他相关制度提供本体论证明，对这些制度的探索和实践寄予厚望。然而，过犹不及。不可否认的是，从“组织本位”到“党员主体”的重心转移，必然会在实践中导致组织力量的弱化，会与民主集中制、党的集体领导制度等制度产生一定的张力。习近平总书记就认为：“党的力量来自组织，组织能使力量倍增。”[①] 十九大报告还提出了“组织力”这个重要概念。所有这些或许也正是党的十九大报告对党内民主予以淡化，不再单列一段，也不再提及尊重党员主体地位、扩大党代会常任制试点等的重要原因。笔者以为，在固守组织本位、强调组织纪律、发挥党的组织优势、坚持民主集中制等的前提下，党代会发挥其对地方党委全会的监督作用是有必要的，当然也是需要进一步探索和完善的。其行动方向和实践举措可包括以下四方面。

（1）继续探索乡镇党代会年会制。乡镇一级空间范围不大，党代表数量不多，党代会年会制的组织实施难度不大、可控性较强，因而仍可

---

① 《习近平总书记系列重要讲话读本》，学习出版社、人民出版社 2014 年版，第 173 页。

通过试点方式以探索和实践。特别是在乡域和村域，因为基层选举民主的推进和带动，包括党员在内的村民的政治参与和民主意识都比较强，且有村民代表大会经常召开、乡镇人民代表大会每年召开的实践和体验。如果乡镇党代会年会制无法落实，势必影响党员及村民群众对党内民主的评价，同时也影响到他们对乡镇和村级党组织及其领导干部的监督。

（2）完善党代表列席地方党委全会制度。现在各级地方党委召开地方党委全会几乎都会安排一定数量的党代表列席参加，但也有值得改进之处。例如，有的党委主要是为了贯彻落实这项制度而要求和安排部分党代表参加，存在为形式而做的问题，因而其选择列席地方党委全会的党代表就比较随意，往往会采取按区域分配的做法，且“有的地方党代表列席会议的事前准备不足，事前不告知党代表列席会议的议题，使党代表事前没有办法也不可能进行充分的、必要的准备，会上发言很难有质量保证”①。同时，部分党代表也有把列席地方党委全会当作荣誉而非责任的心态，同样准备不充分、发言不积极，这就难免影响到党代表进而影响到党代会对地方党委全会监督的效果。因而，各级党委特别是负责联络党代表的工作部门（一般是组织部）不仅要尊重列席地方党委全会的党代表，更要提前一个月甚至更长的时间通知党代表，告知他们即将召开的地方党委全会的主要议程和议题，并提醒他们应该做好调研和发言等准备，如此才能激励党代表会前深入调研、发现问题、集中党员智慧、寻找解决问题的思路和办法的积极性，才能使得党代表在列席会议时发言有的放矢、履职不打折扣。

（3）探索党代表列席党委常委会制度。按照党章规定，地方党委全

---

① 王银生、罗恒星、张德义：《党代表任期制：扩大党内民主制度的重要平台》，《学习时报》2008年10月27日。

会由党代会选举产生，在党代会闭会期间行使代表大会权力、负责落实代表大会的决议。虽然党代会与党委常委会不是通过选举而直接产生的党内权利委托与受委托的关系，而是地方党委全会通过选举与党委常委会直接产生的党内权利委托与受委托的关系，但由于三个组织之间的党内权利最初委托者是党代会，因而，党代表列席党委常委会可视为党代会对地方党委全会的监督的延伸，仍属于党代会对地方党委全会的监督的范畴。必须特别指出的是，由于地方党委全会的组成人员（主要是辖区各地和重要党委一把手）与党委常委会组成人员之间存在更加普遍和更加直接的上下级领导和被领导关系，加之党委作为一个集体特别强调民主集中制，因而事实上地方党委全会对党委常委会的监督在实践中很难行得通。既如此，则不如让那些与党委常委会不存在直接的领导和被领导关系、个人顾忌没有那么多的党代会中的部分党代表通过列席党委常委会的形式，以达到对党委常委会进行监督的效果。此外，还必须特别指出的是，地方党委全会一般一年开两次，党委常委会一般每月开两次，更多甚至更关键的议题和决定是在党委常委会上进行讨论和做出的，因而，相比而言，党代会监督地方党委全会更虚，远不如监督党委常委会来得实。换言之，通过党代表列席党委常委会的方式以发挥党代会对党委常委会的监督更有必要。当然，为了提高党代表列席党委常委会发挥监督作用的效果，必须特别重视做好党代表的选择和安排工作。具体说，就是应坚持开什么会选什么人这一基本原则，即应围绕党委常委会议题的领域和内容，有针对性地挑选那些专业比较对口、对所涉议题和事项比较了解的党代表参加，比如遇到党委常委会开会研究数字经济发展，应尽量安排来自互联网企业和高校、科研院所的党代表列席会议；党委常委会开会研究教育事业发展，应尽量安排大中小学校的党代表列席会议。

（4）优化党代表结构。余逊达、伍醒认为应该提高党代表人选的广泛性和代表性[①]。万雪芬认为，应该降低领导干部代表的比重、大幅提高党的基层干部的比重，且改变“重先进性轻代表性”的结构要求[②]。应该说，这些也是学界和党员的普遍看法。笔者认为，党代表的选举和党代会代表的结构组成应该主要基于三个价值维度的考虑。第一个价值维度是要体现先进性。虽然中国共产党总体上体现了“三个代表”，是具有先进性的执政党，但不可否认，党内也有极少数党员丧失了先进性，因而成为不合格党员。此外，虽然都是先进的共产党员，但内部也有先进性的程度差异，有的比其他党员更先进，无论是政治觉悟还是个人品德抑或是业务能力都比其他人好。各级党组织和广大党员就应该把其中更先进的党员代表选出来。第二个价值维度是要体现代表性。中国共产党作为一个具有广泛代表性的执政党，相应地，各级党代会的组成也应具有广泛的代表性。这就要根据党员在各条战线、各个领域的分布情况，比较合理地分配代表名额，形成具有广泛性的党代表结构。第三个价值维度是要兼顾专业性。各国民主实践和各政党的党内民主实践充分表明，代表制取得成功，往往需要代表本身具有较高素质，具备较强的参政议政能力。我国的党代会党代表不仅有重先进性轻代表性的问题，还同时存在轻专业性的问题。虽然党代表不一定特别强调专业性，但适当的专业性要求对党代表还是必需的。试想，假如党代表普遍参政议政能力弱，对地方党委全会和党委常委会的议题和决定理解不了，看不出问题，他们怎能很好地履职，又怎能有效地对地方党委全会和党委常委会进行监督呢？万雪芬在博士论文中引用了杭州市直机关工委某干部的看法：“党代表选举的关键是要选出素质高的代表，特别是要被党

---

① 余逊达、伍醒：《党代会常任制：椒江的做法与思考》，《浙江学刊》2004年第2期，第38－47页。

② 万雪芬：《任期制背景下的党代表问题研究》，同济大学博士学位论文，2015年。

员们认可并有较高的参政议政能力和监督能力。如果选上了却对参政议政啥都不懂，肯定发挥不了作用。”① 可见，党代表的选举和党代表的结构组成还必须考虑到专业性这一维度。基于上述三个价值维度，笔者认为，党代表的选举必须主要朝着这些方向努力：1）显著降低领导干部党代表的比例，特别是党委、政府组成部门党政一把手的党代表比例。2）适当增加来自非公企业、社会组织、农民工党员的党代表比例，以更好地反映党的基层组织的变化情况，更好地代表广大基层党员。3）适当增加高校、科研院所、媒体等领域的党代表比例。这些领域的党员总体上文化水平更高、思维更活跃，具备调查、思考、文字等履职必备能力。他们能更好地作为党代会的骨干力量和重要代表，履行好各种职责，特别是对地方党委全会和党委常委会的监督。

（二）加强纪委对同级党委的监督

纪委对同级党委的监督是多种平行的党内监督方式中实践频次颇多，习近平总书记特别关注、成效也特别值得期待的。如何加强和改进这种监督？以下几方面值得探索。

（1）建立党委接受纪委同级监督的主体责任制度。现实表明，纪委监督同级党委受到的最大制约因素是同级党委主要领导的认识和支持状况。既然同级纪委难以硬性强迫他们接受纪委的监督，不如通过建立党委接受纪委同级监督的主体责任制度，以使得他们变被动为主动。十八大以后的全面从严治党的实践表明，党委（党组）负主体责任、党委（党组）书记是第一责任人的制度是党风廉政建设、意识形态工作乃至全面从严治党的“杀手锏”和“牛鼻子”。可以肯定，因为有这些制度的规定和支持，因为有上级党委及其派出的巡视组（巡察组）的考核和监督，包括党委（党组）书记等在内的领导班子成员一般都会做出好的

① 万雪芬：《任期制背景下的党代表问题研究》，同济大学博士学位论文，2015 年。

姿态，端正自己的态度，改变自己的看法，主动邀请和接受纪委的监督，主动向纪委报告说明情况，等等，否则，他们要为自己的态度和行为承担党纪责任。因而，这是一种有效的由压力促动力的支持机制。

（2）正确定位纪委对同级党委的监督职责。笔者以为，纪委对同级党委的监督应主要定位于防止决策失误、推动工作、预防腐败、执行党纪党规、贯彻落实党中央和上级党委重大决策部署等方面职责。至于查办涉及同级党委（党组）成员的案件，则通过同时向同级党委和上级纪委报告，由上级纪委来查。很显然，由更有权威的上级纪委查办涉及同级党委（党组）成员的案件，本身就是体现和贯彻中国共产党下级服从上级的组织原则，也更有效率。而且，这也符合管理和监督相匹配的原则。既然这些同级党委（党组）成员属于上级党委管理的干部，自然也应由上级纪委来查办案件。再者，如此还可以避免一个弊端，即如果纪委监督同级党委的话，势必导致越是下面和基层的党组织，越难以履行职责，因为其面对的监督对象少不到哪里去，同时纪委的领导和干部以及其他方面的力量和资源很有限，使得其无法应对这么繁重的监督任务。

（3）弱化党委对同级纪委系统干部升迁的直接决定权。为了使得纪委干部监督同级党委有底气、无顾虑，应该规定：纪委系统内优秀干部确需跨系统交流，由纪委报党委，由同级党委统筹考虑，并由纪委会同同级党委组织部门具体实施，其中对于干部的考评意见以纪委为主。纪委系统内优秀干部如需跨系统提拔，则由纪委报上级纪委，再由上级纪委报上级党委，由上级党委统筹考虑。这些做法，通俗地说，就是尽量弱化党委对同级纪委系统干部升迁的直接决定权。

（4）细化纪委书记参加党委常委会会议的否决权。明确纪委书记参加党委常委会会议时，如果是他依据党纪党规、从是否违规的角度所投的反对票，则该反对票有一票否决权；否则，该监督时未监督，应由上级纪委追究其责任。除此之外，纪委书记所投反对票，仅为普通班子成员所投的一般性的反对票，党委决策仍然按照少数服从多数的规则决定。此时，纪委书记个人并不对党委决策的科学性负责，不因党委决策最终被证明为错误决策而受到追责。

（5）在国企实行单独派驻或纪委书记单独考核。如前所述，单独派驻或许对某些级别高且公司资产多、业务往来资金多的国企很有必要。当然，并非所有的国企都只能通过实行统一派驻以解决对其监督问题，可以通过由上级公司对纪委书记单独进行统一考核，即不与所在公司领导班子其他成员一起考核，从而适当改变纪委书记与其他领导干部利益一体化的格局，适当减少纪委书记履行职责与公司业务工作的利益冲突，进而适当增强企业内设纪委履行监督职责的权威性和有效性。

二、加强自下而上的监督

“防止权力滥用、遏制消极腐败现象，既需要自上而下的监督，更需要全党性的、自下而上的监督。”① 完善的党内监督体系，必须有强有力的自下而上的党内监督。自下而上的党内监督包括党员对党组织和领导干部的监督以及下级党组织对上级党组织的监督。在现有的《中国共产党党内监督条例》特别强调自上而下的组织性监督以及强调党的集中统一领导的背景下，显然应把加强自下而上的党内监督重点放在加强党员对党组织和领导干部的监督上，而非下级党组织对上级党组织的监督。为了进一步加强党员对党组织和领导干部的监督，笔者认为，尤其要重视通过完善述责述廉制度以加强党员对领导干部的监督，以及保障党员知情权以更好地保障他们开展自下而上的党内监督。

① 王长江：《现代政党执政规律研究》，上海人民出版社 2002 年版，第 221 页。

（一）完善述责述廉制度

如何使得述责述廉这一领导干部覆盖面及党员、干部参与面皆广，频次也不低（一般一年一次）的党内监督制度充分发挥其效用？笔者认为，应从真实性、具体性和技术性三个维度，对述责述廉制度进行改进。

（1）将党员、干部对领导干部述责述廉情况真实性和质量的评价纳入对领导干部的评价体系。也就是说，不仅要让党员、干部通过听取领导干部述责述廉报告（书面或口头）对领导班子及领导干部个人德能勤绩廉等方面情况进行评价，而且首先要让党员、干部对领导干部述责述廉的真实性和质量进行评价。评功摆好、掩盖问题本身就反映了领导干部作风不实、党性不纯的问题。党员、干部对领导干部述责述廉报告的真实性和质量进行评价并赋予一定的评价比重，不仅为组织部门直接了解进而监督领导干部党性和作风方面的问题提供了一种新的渠道和机会，而且客观上会改变领导干部的心理预期和行为导向，使得他们深知述责述廉报告和质量的利害关系，进而改变以往的空话多、套话多、评功摆好多但分析问题少、指出不足少、敢于担责少的现象。

（2）细化和完善与述责述廉相配套的民主测评表。一般而言，对领导班子和领导干部的测评主要是着眼于德能勤绩廉五方面。在“德”的方面，如今也有反向测评，即尽可能在测评表上详细列举出领导干部德这方面存在问题的表现，从而避免党员对领导干部的评价陷于笼统和抽象因而也不准的弊端，使得党员对领导干部的评价有参照有依据。应该说，这些都是值得肯定和坚持的，但还可在此基础上进一步完善，具体如进行讲政治方面的反向测评。十八大后，习近平总书记多次指出一些党员和领导干部不讲政治、不守政治纪律和政治规矩的问题。如同“德”一样，讲政治、政治意识、政治纪律和政治规矩在许多党员心目中是比较笼统和抽象的，也是不够具体因而不好把握不好评价的。这就需要党委组织部门根据习近平总书记重要讲话精神、《中国共产党纪律处分条例》及一些已被查处的党员领导干部在违反政治纪律上所展现出来的典型问题，详细列举“政治”方面不好的具体表现，通俗地说，就是为领导干部不讲政治具体画像，为广大党员评价领导干部政治方面的表现提供具体参照。

（3）探索网上民主测评。民主测评表的设计多数是画“√”或“○”，但也留了空白页供党员、干部详细列举事实和反映问题。由于多数党员对这些敏感材料保密性的担忧，或者害怕作为测评对象的领导会辨别出民主测评表中的笔迹，因而，现实中大多数党员在民主测评表中都是进行安全系数高的操作，即只画“√”或“○”，而不敢写文字，特别是字数多且涉及具体问题的文字，尽管组织部门同志反复强调会做好保密工作。显然，这样的民主测评所获得的信息还是有限的，民主测评的质量还不是很高的。正如有的党员、干部为了举报的安全性改笔写为打印再改为如今的网上举报，党员、干部在对领导干部进行民主测评时为安全起见而不愿写文字，也是无可厚非、可以理解的。我们可以反思并受到启发的是，是否可以探索让党员在网上对领导干部进行民主测评。应该说，中央纪委网站上的网络举报，支付宝上各种政务 App 的操作，都证明了党员在网上对领导干部进行民主测评的可行性。而且，网上填表事实上还有助于组织部门的数据统计和分析。诚如此，则可以乐观预计，广大党员在自己的电脑上或手机上便捷地填表，且能大胆地表达自己的真实意志，对领导干部进行客观、实事求是的评价（不仅有“√”或“○”等符号，还有文字）。在这样的场景中，可以肯定述责述廉制度的运行质量是高的，党员、干部通过述责述廉自下而上监督领导干部是有广阔空间的。

（二）保障党员知情权

虽然十八大后，党中央制定《中国共产党党务公开条例（试行）》和《中国共产党党员权利保障条例》，对党员知情权的保障做了比较具体的规定，但是在实践中仍然存在一些不足，因而仍然需要通过细化党务公开制度和拓宽党员参与党内事务渠道等，以更好地保障党员知情权，进而为他们自下而上开展党内监督提供保障。

（1）细化党务公开制度。公开是党内民主监督的前提，贯穿于党内权力运作的方方面面。目前，基层党组织党务公开制度在基层党组织已经得到普遍实践，但就总体而言，仍然存在覆盖面较窄、公开内容较少的缺陷。有鉴于此，应制定相应的党务公开具体实施办法，以细化党务公开制度，使之得到更好贯彻落实。具体而言，机关党务公开制度在公开内容方面，应包括党组织的工作计划、重大活动实施方案、会议情况、党费收缴及处置情况、党员发展情况、党组织及党员的奖惩情况、党员民主评议情况、党组织及党员参与各类公益活动情况（如捐款情况等）以及上级党组织的有关文件，等等。党务公开的途径应包括文件传阅、电话通知、张贴公告、会上通报、复印发放以及网上发布等，这些途径的具体适用范围则应根据内容而定。

（2）严格执行党员大会年会制度。鉴于基层党组织党员大会逢换届才召开，次数太少、频率太低的现状，很有必要实行基层党组织党员大会年会制度，即每年召开一次全体党员大会。与3～5年一次的换届党员大会相比，党员大会年会的主要内容是听取单位主要领导的年度工作报告以及党组织负责人的年度工作报告。就此而言，党员大会年会显然是一种保障广大党员知情权和监督权的制度载体，不可或缺。

三、改进自上而下的党内监督

（一）改进对县委一级的党内监督

县域历来是我国重要的治理单元，其拥有的人口、土地和其他资源普遍较多。相应地，在执政党背景下，县委一级在财政、人事、项目建设等方面所拥有和掌握的权力多且大。“很多县远离中心城市，容易让人有‘山高皇帝远’的念头，上级监督鞭长莫及”[①]，加之多数县域不像省会城市等中心城市一样，包括大学教授、科研院所专家、媒体从业者、党政机关干部、国企干部、城市白领等在内的文化水平高且公民意识和政治参与意识强的市民很多，反而有熟人社会盘根错杂的人情的干扰，从而导致当地民众自下而上的监督的意识和能力总体较弱。一方面县委一级权力很大，另一方面自上而下、自下而上、平行的党内监督都相对较弱，这就很容易导致县委一级的党员领导干部在党风廉政建设等方面出问题。县委书记群体腐败高发正是这一问题的集中体现。不少媒体和专家学者都认为，失控的县委书记是中国最庞大的腐败对象。湖南省道县和江苏省赣榆县都出现过三任县委书记先后落马、同进监狱的现象（湖南省道县的三任县委书记是高建华、唐湘林、易光明，江苏省赣榆县的三任县委书记是鹿崇友、杨少华、孙荣章）。值得指出的是，在党的十八大后全面从严治党、中央和省委强化巡视监督的背景下，县委书记因贪腐而落马的案例都还不少。有媒体报道，仅 2018 年，全国就有 10 余名县委书记落马[②]。还有媒体报道，截至 2019 年 6 月，中央组织部于 2015 年隆重表彰的 102 名“全国优秀县委书记”已有 7 人落马[③]。所有这些事实都充分表明，自上而下的党内监督在县委一级存在的弱化问题至今未能很好解决。

在新时代，破解县委一级难以受到有效监督、腐败高发这一难题，从自上而下的党内监督的角度来说，可行之策包括：

---

① 习近平：《做焦裕禄式的县委书记》，中央文献出版社 2015 年版，第 4 页。

② 《“这个官不好当”，今年已有 10 余名县委书记被查处》，http：//fanfu.people.com.cn/n1/2018/1212/c64371 - 30461003.html。

③ 《“全国优秀县委书记”已有 7 人落马昭示了什么》，https：//www.sohu.com/a/318364886_120047067。

（1）加强对县委一级的巡视监督。为此，要提高巡视频次，力争做到一届任期内所有县（区、市）巡视 2 次（包括“回头看”即所谓的“杀回马枪”和专项巡视）。巡视频次越多、间隔越短，就越能形成震慑效应，越能促进问题整改，越能改变领导干部心理预期。考虑到如今县委书记、县长等县级主要领导干部在某地担任县委书记或县长一般不超过 3 年，一届任期 5 年之内实行巡视 2 次的做法更显其必要性。为了提高巡视监督的效果，还必须进一步落实好巡视监督的回避制度规定，减少各种人情干扰。在一省之内，巡视组领导干部和工作人员与巡视监督对象之间属于同学、老乡甚至单位同事关系的可能性仍然是存在的，甚至是较大的。为了排除这些人际关系可能给巡视监督带来的各种干扰，影响巡视监督的质量和效果，有关部门在巡视组组建之初，就应通过详细查阅干部档案甚至借助大数据手段，选派干部，做好回避工作，尽量避免巡视组领导和工作人员与巡视监督对象之间有各种人际关系交集，从而防止巡视监督工作中的各种可能的人情干扰。

（2）畅通网络举报渠道。中央和上级党委及纪委办公地所在的中心城市与县域之间的空间距离很远，这是无法改变的现实。但在信息网络时代，中央和上级党委及纪委可以通过网络渠道和手段更多收集和更快获得县委一级党风廉政等方面的信息，进而形成对县委一级的强大监督态势和有力震慑，通俗地说，就是达到“山不高皇帝不远”的效果。就目前而言，县域群众的监督意识和能力虽不及中心城市的群众，但随着信息网络时代网民的快速增加和不断成长，可以肯定的是，未来县域会上网、善用网的群众会越来越多，相应地，他们通过手机拍摄照片和视频从而记录和收集县域党委、政府及领导干部相关信息的做法也会越来越多、越来越常见。笔者就曾在网上看到过家乡网民对政府官员和百姓因为一化工企业污染严重而爆发的干群冲突的揭发，看到过家乡网民对某位副县长乘车碾死村民家猪但不愿赔偿从而与村民发生争吵的爆料。近些年来，主要是党的十八大以来，由于中央和各级纪委、国家监察委员会高度重视网络举报，且在举报信息保密、举报人安全保护等方面做得更好，从而显著地激发了包括党员在内的广大网民通过网络手段以监督党委、政府及领导干部的热情，因为网民爆料和举报最后落马的领导干部比比皆是。可以乐观预计，因为县域群众的网络监督越来越常见、越来越方便，上级党委对县委一级的党内监督必然好比有了“千里眼”和“顺风耳”，而变得更加有力有效。

（二）改进乡镇党委（街道党工委）一级的党内监督

乡镇党委虽然属于党的组织体系之中的基层党委，但在执政党背景下，同样拥有较多的权力和执政资源，同样属于全面领导的主体。当然，从省级到市级、县级地方党委，再到作为基层党委的乡镇党委，各级党委所拥有的权力和执政资源基本是呈逐级递减趋势的。例如，乡镇党委一般不掌握政法单位、党校、电视台等执政资源，不具有项目建设决定权。城市街道党工委虽然作为上级党委的派出机构，一般不能召开党的代表大会或党的代表会议，其领导成员由派出它的党的委员会任命，但因为在管理层级、管理范围和具体职权等方面与乡镇党委相同或相似之处甚多，因而，许多政策和文件都是乡镇和街道并列。本书同样做此处理。近些年来由于城市化或城镇化的快速推进，由于小城镇建设、精准扶贫、行政综合执法改革等政策的出台和改革举措的实施，乡镇党委（街道党工委）所拥有的权力和执政资源比过去普遍增多。在这样一种背景下，包括党内监督在内的各方面监督无疑必须跟上，做到权力行使到哪里，党内监督和其他监督就跟进到哪里。特别是乡镇党委（街道党工委）直面广大民众，其履职情况、干部作风、工作效能直接关系到广大民众利益和福祉，因而加强对乡镇党委（街道党工委）的监督更显其必要性。从自上而下的党内监督角度而言，源于地方探索和实践、经2017年《中国共产党巡视工作条例》制度确认的巡察制度，是对乡镇党委（街道党工委）进行自上而下的党内监督的很好制度安排，也解决了党内巡视监督在乡镇（街道）和村（社区）的断层，从而有助于实现巡视巡察上下联动，有助于形成党内巡视监督完整链条，层层传导全面从严治党压力。但是现实表明，对于乡镇党委（街道党工委）的自上而下的党内监督，光有巡察和谈话、请示报告等途径和形式远远不够。近年来的实践表明，自上而下的党内监督最有效的制度设计和最有力的“杀手锏”是巡视或巡察与领导干部个人事项报告。但现有的领导干部个人事项报告制度主要针对县处级副职以上领导干部，不能覆盖到大多数属于科级干部的乡镇（街道）领导干部（直辖市和副省级城市街道领导干部属于处级干部，不在此列），这就使得上级党委对乡镇党委（街道党工委）的党内监督力度还不够大。笔者在现实生活中观察到，无论是作为家乡的农村地区，还是作为现居住地的杭州地区，乡镇（街道）党委书记（党工委书记）、镇长（主任）及其他领导违规经商办企业、进行利益交换等违纪甚至违法行为仍时有所见。可见，对乡镇党委（街道党工委）一级的自上而下的党内监督仍然较弱，亟待加强。

至于如何加强和改进对乡镇党委（街道党工委）一级的自上而下的党内监督，笔者认为以下两点很重要。

（1）将乡镇（街道）一级领导干部纳入领导干部个人事项报告对象范围。如前所言，这一制度如今已成为让贪腐官员提心吊胆的反腐利剑、辨别领导干部的体检仪以及让广大领导干部培养正确从政行为规范的指示器，其对于加强对乡镇党委（街道党工委）的党内监督、净化基层政治生态的效果是值得期待的。

（2）提高巡察频次。如同对县委一级必须实现一届任期5年之内巡视2次一样，各县（区、市）对下属乡镇（街道）的巡察同样应遵循这一原则，即达到一届任期内巡察2次的目标。这同样是为了提高巡察监督的震慑力，同样是为了改变乡镇（街道）领导干部的预期，同样是为了适应乡镇（街道）领导干部一般干不过 3 年、一般在任期内会有职务调整的现实需要。

（三）改进对非公企业和社会组织党组织的党内监督

如前所述，党内监督的内容很广，不仅包括对党组织和党员、干部行使权力方面的监督，还包括对党组织和党员、干部政治、作风等方面的监督。改革开放之后，随着经济社会的持续发展和“四个多样化”（经济成分和经济利益多样化、社会生活方式多样化、社会组织形式多样化、就业岗位和就业方式多样化）的不断凸显，我国的非公企业和社会组织也迅速增加。在非公企业和社会组织设立党的基层组织并开展党的工作，是党中央的明确要求和基层党建的重要任务。经过持续多年的努力和前些年若干次的“两新”党建集中攻坚，非公企业和社会组织建立的党组织大大增加。这些非公企业和社会组织党组织是党的基层组织体系的重要组成部分，是党联系、服务、引领广大人民群众的重要纽带和重要组织依托，是党深入基层的“神经末梢”，是党扎根基层的众多根系，其建设和巩固状况直接关系到党的执政基础和长期执政地位。这些非公企业和社会组织党组织虽然不涉及掌握和行使公权力，但它们作为党的组织体系中的重要组成部分，无疑仍然涉及党内监督。其中，既有自下而上的党内监督，也有自上而下的党内监督。在自上而下的党内监督方面，具体就是上级党组织要对这些非公企业和社会组织党组织开展政治、作风等方面的监督。然而，由于这些非公企业和社会组织党组织数量多、分布广、变化快甚至变动大，以及党员流动性强、政治参与意识和党性意识弱等因素，加之部分非公企业和社会组织管理层的不理解不配合，从而使得自身力量有限的上级党组织及纪检组织对它们开展的党内监督频次很少、力度很弱、覆盖面很窄，甚至根本就顾不上，只图建立、教育和管理而不管监督，更加严重的情况是只管建立党组织，其他的教育管理监督等工作一概不管，可谓只管“生”不管“活”和“长”。从横向维度看，对非公企业和社会组织党组织的自上而下的党内监督无疑是最弱的，是党内基层监督的短板。

如何改变这种状况，补齐党内基层监督的短板，实现自上而下的党内监督对非公企业和社会组织领域基层党组织的全覆盖？笔者建议：

（1）明确上级党组织对非公企业和社会组织党组织开展经常性党内监督的具体落实主体。固然，乡镇党委（街道党工委）负责人或其他领导可以通过诫勉谈话、请示报告等方式对非公企业和社会组织党组织进行监督，但毕竟无法做到经常开展，有些方面也不适合通过这种监督方式。可行性强的应对之策，就是由各乡镇党委（街道党工委）下属的党建办部门会同纪检部门经常到辖区内各非公企业和社会组织党组织特别是重点、有一定影响力的非公企业和社会组织党组织开展监督。

（2）明确监督的具体内容。应主要聚焦于非公企业和社会组织党组织在发展党员、党员组织关系迁转、党员集体轮训、主题党日活动开展、流动党员教育管理、遵守党的政治纪律等方面情况。在这方面，各级党委应坚持实事求是和具体问题具体分析的原则，做到在坚持全面从严治党总体要求的前提下，根据非公企业和社会组织党组织的实际情况、现实可能性进行监督，切忌完全照搬机关事业单位的做法，搞脱离实际的一刀切。例如，对非公企业党组织主题党日活动开展、党务干部队伍建设方面的监督就应考虑到企业实际情况，保持一定的弹性，而不能硬性要求必须每月每次在某日开展且要求半天以上，以及硬性要求必须配备专职党务工作者。

（3）明确有效的监督方式。应主要采取听取报告、谈话、抽查和组织互相开展检查（由上级党组织或有关职能部门牵头，组织辖区内非公企业和社会组织党组织互相开展检查）等方式。由于非公企业和社会组织党组织所拥有的资源与所开展的工作相对村社这些基层党组织较少、较简单，因而，一般来说，这些方式足以满足对其进行监督的需要，而不必采取和借助延伸巡察、审计等更具专业性也需要更多人力物力的监督方式。

第三节　党内监督对象的完善

如前所述，党内监督体系中的对象覆盖应该是全面的、无遗漏的，即覆盖到所有党组织和党员。但正如习近平总书记所指出的那样："各级领导班子一把手是'关键少数'中的'关键少数'。"① 也正如前面所分析的那样，对一把手这一特殊对象的党内监督事实上至今是未有效攻克之难题，亟待优化和改进。此外，对党员领导干部的监督也需进一步加强和改进。再就是，对作为基本对象的普通党员的监督也容易被忽视。完善新时代党内监督体系，在对象维度，必须把强化对一把手的监督作为重中之重，同时，也要加强对普通党员和党员领导干部的监督。

一、强化对一把手的监督

以习近平同志为核心的党中央对主要通过制度以加强对一把手的监督是态度明确和决心坚定的。十八大后，党中央制定《中国共产党党内监督条例》《中国共产党巡视工作条例》等重要党内法规，建立健全巡视制度、请示报告制度、谈心谈话制度等，都是为此而采取的具体行动。学界对一把手应该受到强有力的监督的迫切性以及应当主要通过制

---

① 《习近平关于全面从严治党论述摘编：2021 年版》，中央文献出版社 2021 年版，第 403 页。

度来加强对一把手的监督是形成高度共识的，但是对于具体路径和制度建设方向，则是意见纷纭的，甚至可以说是存在明显分歧的。例如，一直有学者认为，应当对决策权、执行权和监督权进行分解，以相互制约，遏制腐败特别是一把手腐败。从宏观角度看，就整个中国共产党执政权而言，这是对的，也是应该的，中国业已形成的党委主要负责决策、政府主要负责执行、纪委和监察委员会主要负责监督的权力结构其实就是这样的。然而，若从微观角度将这一思路具体应用到一把手身上，则会存在许多问题和障碍乃至冲突。试想，如果一把手只管决策不管执行和监督的话，那么，党中央一再强调的党委（党组）书记要全面抓、抓全面，要具体抓、抓具体，既要挂帅又要出征等指示和要求又该如何落实？两者之间岂非有冲突？事实上，这些指示和要求恰恰是针对一些一把手在党风廉政建设等重要工作中不积极作为、当甩手掌柜，进而影响工作推进和任务完成的问题而提出来的。著名学者许耀桐就认为，党政一把手应该拥有任务执行权和监督权①。又如，中央和地方近年来都制定了一些条例、规定，要求一把手不直接分管人事、财务、工程项目等。这种对一把手分权和限权的做法也是对的、好的、应该的。一把手直接分管太多，不仅加大了一把手腐败的风险，而且在他们能力有限的前提下，必然是许多顾不过来，导致没有太多时间和精力去做战略性决策谋划，去抓全局性工作。但这种将权力从一把手转移到班子其他成员的分权、限权做法，其适用范围和效果同样是有限的。这主要是因为，在中国共产党执政且如今又强调党的全面领导的背景下，尽管改革开放之后作为执政党的中国共产党勇于自我革命，将掌握的许多权力交给市场和社会，但其掌握的执政权力始终是很多很大的，这也是巩固党的长期执政地位、实现中华民族伟大复兴所必需的。这也就意味着，

---

① 许耀桐：《党政“一把手”分权限权的若干认识》，《中共天津市委党校学报》，2014 年第 6 期，第 3－7 页。

无论怎么分权或限权，作为整个执政党，以及作为具体的权力行使主体的各级党委所拥有的权力总量仍然是很多很大的，有变化的只是领导班子成员之间内部的变化，是一把手权力减少和缩小，其他班子成员权力增加和扩大。很显然，再怎么对一把手进行分权和限权，也不应该使其所掌握的权力还不如其他班子成员，成了基本无所事事、被架空的“班长”。换言之，无论如何分权和限权，一把手事实上还是掌握较多较大权力的，也应该掌握较多较大权力。再如，有学者建议做实党代会、地方党委全会的监督权力，以更好地对包括一把手在内的所有党委常委会成员进行监督。但这正如前面所分析的那样，在党代会五年才开一次，特别是党代会的多数代表和地方党委全会的绝大多数成员本身就是领导干部，就是党委常委的下级或下下级的情况下，这样的监督也是很难达到预期效果的。

笔者认为，破解一把手监督难题，应在坚持以制度监督和约束权力的总体思路，以及对一把手进行合理和适度的分权、限权等具体路径（包括实行一把手不直接分管财务、人事、工程项目等制度和末位表态制等既有成功实践）的前提下，做到既发挥各种指向和各种主体的监督作用，织密监督之网，实现一把手监督的全面性和系统性，又有顺位差别地强化各种指向和各种主体的监督，有的放矢，提高一把手监督的针对性和有效性。具体言之：

（一）强化上级党委及其主要负责人、纪委及上级党委职能部门对下级党委一把手的监督

在自上而下的党内监督中，第一顺位的是强化上级党委对下级党委一把手的监督，主要是巡视或巡察监督。如前所言，巡视或巡察监督的主体是上级党委，且经过十八大后的系列制度改进和不断完善，如今颇具威力。对于下级党委一把手的监督，上级党委巡视组或巡察组应把一把手作为监督重点对象，巡视或巡察谈话应将一把手的工作、生活情况

作为必谈内容，对反映的重要问题进行深入了解；巡视或巡察报告应将一把手履行第一责任人职责和廉洁自律情况单独列出，提出明确意见和整改要求。第二顺位的是强化作为上级党委主要负责人和代表的上级一把手对下级一把手的监督。习近平总书记基于长期的实践总结，认为："上级对下级尤其是上级一把手对下级一把手的监督最管用、最有效。"[①] 过去之所以发生大面积的一把手腐败，重要原因就在于这些一把手的上级一把手平时对他们疏于管理和监督，鼓励、支持、放手多，但提醒、谈话、扯扯袖子、拉拉领子少，这就使得有的一把手狂妄自大、骄横跋扈乃至目空一切，一把手变成"一霸王"。鼓励、支持和信任显然是激励下级一把手立足本地实际履行好职责、开创性地做好工作所需要的，是重要的领导艺术，但不能走过头，走到放任不管、不好意思提醒和监督的地步。这就要求上级一把手不仅应当与下级新任职一把手进行任职谈话，而且还应当在掌握巡视或巡察及信访有关信息的前提下，有针对性地同下级一把手经常谈话，无论如何每年起码谈话一次，该提醒要提醒，该教育要教育，以防微杜渐，防止下级一把手的小问题变成大错误。此外，上级一把手应更多地通过经常性的深入调研走访、网络媒体曝光等渠道，尽量减少只看门面不看后院、只看先进不看后进、只重视领导报告不重视群众反映等官僚主义和形式主义作风，从而更好地了解下级一把手履职施政情况。这不仅有利于推动工作的落实，其实也是对下级一把手的有效监督。第三顺位的是强化上级纪委对下级一把手的监督。在十八届三中全会决定提高纪委监督的独立性、做实纪委的监督权后，这种监督不仅是经常的，也是有力度和有效果的。其具体做法包括：纪委书记和下级一把手谈话，若发现一般性问题或严重违纪违法问题，则及时向本人或同级党委主要负责人提出和报告，等等。

---

① 《习近平关于全面从严治党论述摘编》，中央文献出版社 2016 年版，第 211 页。

第四顺位的是强化上级党委职能部门主要是组织部和宣传部等对下级一把手的监督。这在组织部和宣传部分别牵头负责下级党委及领导班子成员选人用人考核、基层党建考核和意识形态工作考核，特别是组织部手握每年必报、每次必抽查、凡提拔必核实的领导干部个人事项报告制度利器的背景下，上级党委组织部和宣传部等职能部门对下级一把手的监督会产生比过去更大的震慑效应。其具体做法包括：组织部部长和下级一把手谈话，若发现一般性问题或严重违纪违法问题，则及时向本人或同级党委主要负责人提出和报告，等等。

（二）强化同级纪委和领导班子其他成员对一把手的监督

在同级相互的监督中，第一顺位的是强化同级纪委对一把手的监督。这在如今是可行的，是有广阔实践空间的。十八届三中全会所做出的强化上级纪委领导的重大制度变革，为强化纪委对同级党委一把手的监督提供了有力制度保障。当然，同级纪委对同级党委一把手的监督主要落实到纪委书记身上，为了增强他们的监督意识和监督责任，避免他们出现包庇行为，不仅一般性地要求他们如果发现同级党委一把手存在重要问题，应向上级纪委报告，全面准确反映情况，而且还应依规依纪严肃追究纪委书记不报告或者不如实报告的责任。第二顺位的是强化领导班子其他成员对一把手的监督。这在健全民主集中制、细化党委（党组）议事规则，特别是拥有巡视巡察制度、党委（党组）议事决策全程纪实制度的强力制度支撑下，同样是可行的。不过，为了强化领导班子其他成员的监督意识，确保他们落实监督责任，同样应有倒逼机制，以防制度空转，具体而言，就是发现领导班子其他成员对一把手存在违纪违法问题隐瞒不报、当“老好人”，而未及时如实按程序向党组织反映和报告的，要连带追究责任。此外，为了使得领导班子其他成员对一把手的监督取得更好效果，笔者还建议探索党委（党组）会议决策重大事项时录视频的做法，以加强对一把手权力的监督。虽说《中国共产党党内监督条例（试行）》明确规定，“各种意见和主要理由应当如实记录”，以及有关重要决定事项的“表决结果和表决方式应当记录在案”，以求达到党委或党组班子集体领导、科学决策、民主决策的结果，防止和避免一把手个人意见压制集体意见等问题，但是，前些年的现实政治实践表明，一些领导班子和领导干部存在党委常委会或党组会讨论重要事项的记录造假问题。这该如何应对和防范？除了巡视组或巡察组在深入细致的巡视或巡察工作中通过广泛谈话、详细比对和互相印证等办法发现问题、找到破绽外，笔者认为还可以探索对这些重要会议录视频的做法，因为录视频简单易操作，也好保存。只要明确不对外公布，只是为将来有关上级党组织巡视或巡察或有关部门核查所用这一底线和目的，其操作和实施就是可行的、没有任何国家法律和党内法规障碍的。可以肯定，一旦党委常委或党组每次召开重要会议讨论决定重要事项都有视频详细记录他们的言论和行为，且将来可能被上级党组织及有关部门核查，一把手及领导班子其他成员就会认真按照上述党内法规规定履职行事，从而使得集体领导和个人分工负责不打折扣、不走过场，并使得一把手的权力受到有效监督。

（三）强化下级党员、干部及广大人民群众对一把手的监督

这在过去的确有难度、有风险。但在如今巡视巡察制度做了重要改进，已经成为对一把手的有效监督武器，已经形成对一把手的强大震慑，特别是便捷且安全的网络监督成为广大网民首选的背景下，可以肯定，下级党员、干部及广大人民群众对一把手的监督不仅更经常、更容易，也更有力度和效果。

值得指出的是，笔者上述针对一把手全方位但有顺位差别的党内监督体系，必须考虑一种特殊情形，否则上述设想必然会遇到障碍、碰到禁区、发生失灵。这种特殊情形就是下级一把手高配，或者说上级领导班子成员（一般不是主要领导）兼任下级党政一把手。具体说，主要包

括：（1）省会城市的党委书记一般由省委常委担任。作为省委常委，他肯定是作为上级领导班子成员，但作为省会城市市委书记，他又是下级党委一把手。（2）其他上级领导兼任下级党政一把手。除了省会城市普遍采取这种领导高配的做法外，有些经济特别发达、地位特别重要、矛盾特别突出的行政区域，也会采取这种领导高配的做法。高配的领导或是上级党委常委，或是上级政府副省长、副市长、副县长（副区长、副市长），或是上级人大常委会副主任、政协副主席等。此外，早些年就有，但近年来更多的是，为了更有效地激励下级一把手，上级将下级一把手的职务级别提升半级，从而出现的领导干部高配现象。一般而言，对这些高配或职务级别高半级的下级一把手的管理和监督，由更高级别的党委、纪委及组织部门等负责，例如，由省委常委兼任的省会城市党委一把手属于中管干部，由市委常委兼任的县委一把手属于省管干部，以此类推。固然，更高级别（一般是高两级）的党委、纪委及组织部门承担了对这种高配的一把手的日常管理和监督，也更有效，但也必须认识到，上级纪委、上级党委组织部门和宣传部门，特别是同级纪委和班子其他成员对这些职务级别高半级的一把手还是承担着一定的监督责任的，而且，由于其职务级别较高，对这种一把手的监督的难度也会增加很多，会遇到更多障碍和阻力。那么，如何解决这一特殊的一把手群体的监督难题？笔者认为，在省域内，除了省会城市因为省直部门、厅级单位或其他行政级别同样较高的国企数量较多，为了工作开展便利，必须实行领导高配之外，其他的行政区都不应再实行领导高配的做法。唯有如此，才能使得下级一把手在党内监督体系中受到有效监督，才能使得自上而下的监督和同级相互的监督减少阻力、更好发挥作用。至于许多人担心的、也是作为领导干部高配的重要出发点的领导激励问题，其实在当下有更多更好的解决办法。办法之一是提高下级一把手的职级。2019 年 3 月，中共中央办公厅发布了《公务员职务与职级并行规定》。

这不仅对广大公务员和其他领导干部具有显著的激励作用，可以解决多年来困扰他们的因为职务数量有限、竞争激烈，职务上不去，进而工资待遇也上不去的问题，对下级一把手这一特殊领导干部群体同样具有显著激励作用，毕竟，提高工资等待遇同样是绝大多数作为一把手的领导干部的主要职业期待，他们也不想主要靠掌握更大的权力从而更方便为自己谋私利。何况，在如今全面从严治党、“打虎拍蝇”高压态势始终不减、监督之网越来越密的背景下，即便有少数一把手曾有此非分之想，如今也必然不敢做此念想了。办法之二是加强荣誉激励。具体如2015年中央组织部隆重表彰102名“全国优秀县委书记”，习近平总书记和时任中央政治局常委刘云山等中央领导同他们会见，并发表了重要讲话。这就是一种重要的荣誉激励。中国共产党及其领导的人民军队在革命战争时期及其他时期一直有重视功勋荣誉表彰的传统。十八大后，以习近平同志为核心的党中央将功勋荣誉表彰工作提升到了更高的位置并进行制度化，如今已形成了完整的国家功勋荣誉表彰制度体系。从实践看，功勋荣誉表彰可以充分发挥这些功勋荣誉获得者的先进事迹的精神引领、典型示范作用，推动社会大众形成崇敬时代英雄、争做时代楷模的良好氛围，同时对这些功勋荣誉获得者来说，也是倍感光荣、颇有成就感的幸事、喜事，换言之，这些功勋荣誉的表彰形成了强大的激励效应。因而，未来可进一步扩大党内的荣誉表彰范围，加大党内的荣誉表彰力度。例如：可以每若干年由中央评选表彰一次“全国优秀市委书记”（地市级）和“全国优秀部门党组书记”；在省级层面，亦可探索每若干年评选表彰一次全省“优秀县委书记”和“优秀乡镇（街道）党（工）委书记”等。可以肯定，这些包含多个系列、具有足够含金量的荣誉，必能有效地激励各级一把手履职尽责，干事创业，为党和国家事业做出应有的贡献。总括起来，为了兼顾对一把手的监督和激励，使得他们既干事又干净，除了针对地位特殊、工作复杂的行政区域，一般情况下，应尽可能地采取“不升职务但提高职级、给予荣誉”的策略。

二、加强对普通党员的监督

在很长一段时期内，对普通党员的监督的重要性是认识不到位的，对普通党员的监督力度也是很弱的。一方面，有的普通党员认为自己不是领导干部，甚至没有担任任何公职，自己做得差不多就行了，用不着对自己进行监督；另一方面，有的党组织及纪检组织也认为，相比领导干部或担任公职的干部而言，这些普通党员无足轻重，不是党内监督的重点，因而有意无意地将他们置于监督视野之外，懒得去关注这一群体。正如党的先进性不是与生俱来的，也不是一劳永逸的，作为党的肌体的细胞的党员，其先进性同样不是与生俱来的，也不是一劳永逸的。对党员，不仅需要在发展党员环节通过入党联系人或介绍人经常对其进行谈话和提醒，以及实践的锻炼和考验，以使其达到一名共产党员的标准，而且需要在入党后经常地和持续地对其进行教育、引导、提醒和督促，以使其始终保持党员先进性。正如我们所观察到的那样，很长一段时期以来，档案造假的普通党员有之，搞拉票贿选的普通党员有之，违反家庭美德、不履行赡养父母义务的普通党员有之，妄议党中央大政方针的普通党员有之，传播政治谣言的普通党员有之，歪曲/丑化/否定中国共产党历史、中华人民共和国历史、人民军队历史以及党的领导人物和英雄人物的普通党员有之，涉黑涉恶的普通党员有之，信仰动摇、参加宗教组织甚至邪教组织的普通党员有之，等等。2016 年 2 月 4 日，习近平在中央政治局常委会会议审议“两学一做”学习教育方案时指出：“一些党员不像党员、不在组织、不起作用、不守规矩；有的党员公开骂党，否定党的一些最基本的原则和立场，其中一些人不仅没有受到管教和批评，反而大行其道还受到热捧，有的还在讲坛上堂而皇之散布谬论。这种肆无忌惮的情况，在有些地方如入无人之境，没人管。”①其中的“肆无忌惮”“如入无人之境”“没人管”等用语，其实都表明了党组织及党内同志等对这些党员违纪行为没有尽到监督责任、给予有效监督。特别值得指出的是，普通党员的这些行为不仅表明他们自身已经丧失先进性，不能为党增光、注入正能量，给党组织抹黑、带来负能量、弱化党组织的凝聚力和战斗力，同时还产生了负面的溢出效应，即影响了群众对我们党的整体的评价，削弱了党的执政基础，毕竟，群众是通过观察身边党员的表现来评判作为整体的党的表现的，其身边党员的不佳形象往往影响到他们对整个党的形象的“打分”。

十八大后，以习近平同志为核心的党中央坚持全面从严治党的战略目标和基本方针，显著加强了对普通党员的监督。其突出体现之一，是将普通党员现实生活中存在的诸多违反党章规定、背离党员先进性的行为列为党员违反党的纪律的行为。在 2015 年、2018 年和 2023 年修订的《中国共产党纪律处分条例》中，我们可以发现，除了廉洁纪律主要与领导干部相关、与普通无职党员无涉外，政治纪律、组织纪律、群众纪律、工作纪律、生活纪律等都不同程度与普通党员有关，特别是政治纪律中所提到的关于信教，违反党和国家宗教政策，妄议党中央大政方针，丑化党和国家形象，诋毁与诬蔑党和国家领导人、英雄模范，或者歪曲党的历史、中华人民共和国历史、人民军队历史等行为，更是在普通党员中较多地存在。《中国共产党纪律处分条例》的制定和完善以及党员诸多违纪行为的细化，不仅为广大普通党员提供了行为遵循，画出了言行红线，而且为党组织及纪检部门加强对普通党员的监督提供了制度依据和制度保障。其突出体现之二，是高度重视发挥谈心谈话在对普

① 《习近平关于“不忘初心、牢记使命”论述摘编》，党建读物出版社、中央文献出版社 2019 年版，第 105 页。

通党员进行监督中的作用。2018 年 10 月施行的《中国共产党支部工作条例（试行）》第五章第十九条中规定：“党支部应当经常开展谈心谈话。党支部委员之间、党支部委员和党员之间、党员和党员之间，每年谈心谈话一般不少于 1 次。谈心谈话应当坦诚相见、交流思想、交换意见、帮助提高。”2019 年 5 月中共中央印发的《中国共产党党员教育管理工作条例》第六章第二十八条明确规定：“发现党员有思想、工作、生活、作风和纪律方面苗头性倾向性问题的，以及群众对其有不良反映的，党组织负责人应当及时进行提醒谈话，抓早抓小、防微杜渐。”这两部重要党内法规都强调基层党组织及党组织负责人通过谈话方式对普通党员进行监督。在这一制度推动之下，从 2018 年开始，越来越多的党支部书记或副书记或其他委员对普通党员至少谈话一次。相比以往，这些具体举措显然加强了对党员在遵守八项规定以及党的政治纪律、组织纪律、工作纪律、生活纪律等方面的监督，从而有助于改变以前许多党员认为自己不会被关注和监督的错误观念。

在充分肯定十八大后党内对普通党员的监督较以往有显著增强的基础上，笔者认为，为了进一步加强对普通党员的监督，形成全方位且有力度的监督格局，还必须特别重视最能体现中国共产党自我革命品质的相互监督，具体言之，就是用好组织生活会和民主评议这两种监督利器。

（一）完善组织生活会制度

众所周知，组织生活会制度与民主生活会制度都是重要的党内组织生活制度，都是以批评和自我批评为主要内容和内核。所不同的是，组织生活会制度比民主生活会制度出现更早，且一直由党的基层组织（包括党小组、党支部和党委）进行实践。在十八大之前很长一段时期内，由于管党治党宽松软的大环境，组织生活会制度同民主生活会制度一样，普遍存在着不经常不规范不认真不严肃的现象，即便有时召开也还不同程度存在一般化、平淡化甚至庸俗化、娱乐化的问题。习近平总书记在参加河南省兰考县委常委班子专题民主生活会时讲话指出，这些年“在组织生活中，一些人信奉‘自我批评摆情况，相互批评提希望’，‘你不批我，我不批你；你若批我，我必批你’”[①]。十八大后，由于以习近平同志为核心的党中央强力推进全面从严治党，组织生活会不仅做到了每年坚持召开，而且普遍增强了战斗性、原则性、政治性和时代性，组织生活会的质量较早些年有了显著提高。即便如此，我们也不能否认或讳言一些基层党组织仍然存在组织生活会质量不高甚至走过场的问题。因而，必须进一步提高组织生活会质量。至于具体举措，笔者认为，可对组织生活会进行现场录像并存档。这在前些年基层党建活动阵地建设取得显著成效、各地各领域基层党组织普遍都有自己的党建活动阵地（包括党员活动室、党群服务中心等）的条件下，在具有拍摄功能的设备越来越多且越来越容易携带，以及视频音频等信息越来越容易存储的当今时代，完全没有任何硬件和技术问题。又如，上级纪委和组织部门每年按一定比例对下级党组织的组织生活会情况进行抽查。这对上级纪委和党委组织部门来说，也是应该的，是其抓党建、履行好全面从严治党责任的具体行动。假若每年按四分之一或三分之一比例抽查下属所有党组织，那么，完全可以在 3 年一届任期或 5 年一届任期内实现对下属党组织组织生活会的全部核查，并由此对所有党组织产生有力的震慑作用，促使他们严格操作和严肃开展组织生活会。

（二）改进民主评议党员制度

在进一步改进和完善组织生活会制度的同时，还需按照《中国共产党支部工作条例（试行）》的要求，严格执行和进一步细化民主评议党员制度，以促进对普通党员的监督。民主评议党员制度，最初源于许多

---

① 《习近平关于全面从严治党论述摘编》，中央文献出版社 2016 年版，第 28 页。

地方基层党组织的实践。1988年，中央组织部印发《关于建立民主评议党员制度的意见》，中共中央于1988年12月批转该意见。《关于建立民主评议党员制度的意见》指出，“目前许多地方的党组织，在加强对党员领导干部实行民主监督的同时，开展了民主评议党员的活动，把教育、管理和监督党员融为一体，对于提高党员素质、发挥党员作用收到了很好的效果”①。“民主评议党员是对党员进行教育和加强监督的重要措施，也是扶持和发扬党内的积极因素，克服消极因素，清除腐败分子和妥善处置不合格党员的一种有效办法。”② 可见，民主评议党员制度是对普通党员进行党内监督的重要制度安排。该意见还规定了民主评议党员的五方面内容以及学习教育、自我评价、民主评议、组织考察、表彰和处理等的基本方法（实为程序）。此后，这一制度在各地各领域基层党组织得到广泛实施，一般为每年一次。虽然因为时间推移和根据基层党组织实际，这一制度在实践过程中也有些调整，但其监督功能、主要程序基本没变，变的主要是评议的具体内容。不过，回过头看民主评议党员制度的实践历程，发现这一制度的实施效果并非很理想。以笔者参加党内组织生活20多年的体会观之，这一制度在基层党组织组织生活中的作用基本无足轻重、对党员的影响微乎其微，有的党员甚至还不知道有这么一项制度。根据笔者观察，民主评议党员制度实施不好、绩效不佳，主要跟一段时期以来政治生态不好及民主评议党员制度规定不细且不科学有关。正是因为党内生活好人主义盛行的大环境的影响，多数党员抱着明哲保身的态度，不仅不愿或不敢给其他党员实事求是的分数评价，而且不愿或不敢对其他党员进行实质性的口头评议，结果就是你好我好大家好、你得分高我得分高大家都得分高。至于

---

① 《中国共产党反腐倡廉文献选编》，中央文献出版社2002年版，第239页。

② 同①，第242页。

民主评议党员制度规定不细且不科学，主要是指其时的民主评议党员制度在打分评分环节一般只有自评和互评。如此也就使得党员自评和互评深受党内生活庸俗化和好人主义的影响，往往出现自我评价分数很高、给其他党员评分一样高的异化结果。如果有党员实事求是甚或很谦虚，给自己评分不高，结果可能是那些表现不如他甚至不合格的党员分数都比他高，他自己的分数倒成了垫底。简言之，很长一段时期内，民主评议党员制度简单化为没有实质性的评议而只有简单的分数评价；分数评价又进一步简单化为你得分高我得分高大家都得分高的自我和互评简单相加。正是鉴于民主评议党员制度在实践中存在的不足和问题，2018年《中国共产党支部工作条例（试行）》对民主评议党员制度进行了调整。该条例第五章第十八条中规定："党支部一般每年开展1次民主评议党员，组织党员对照合格党员标准、对照入党誓词，联系个人实际进行党性分析。党支部召开党员大会，按照个人自评、党员互评、民主测评的程序，组织党员进行评议。党员人数较多的党支部，个人自评和党员互评可以在党小组范围内进行。党支部委员会会议或者党员大会根据评议情况和党员日常表现情况，提出评定意见。"这一条规定包含了民主评议党员的频次、标准、程序、载体或形式。又考虑到民主评议党员制度的核心是党员的相互监督，而且这恰与组织生活会的核心和实质相同，因而，2018年《中国共产党支部工作条例（试行）》第五章第十八条同时规定："民主评议党员可以结合组织生活会一并进行。"

在管党治党日趋严紧硬的当今时代，在《中国共产党支部工作条例（试行）》的保障下，我们的确不用担心民主评议党员制度因为外部环境和政治生态不好而再现运行不好的状况，但为了充分发挥这一制度对监督党员的作用，笔者认为还需进一步细化民主评议党员制度的有关操作规定，以使之更科学、更可行。具体而言，主要有三个方面。

（1）明确规定有组织评价的程序或环节。基层党组织（包括党小组、党支部、党委）本身肩负着教育管理监督党员的职责，且经常组织开展主题党日、“三会一课”等活动，了解党员的表现和参与情况，因而，这就意味着基层党组织可以也应该通过其掌握的党员的表现情况（例如组织活动到会率、发言情况、参加志愿服务情况等）对党员进行评价，如此有助于对党员进行全方位评价，有助于克服简单的自评和互评所可能导致的评分失实、评价不准问题。

（2）明确规定各种评分的比重。比如可以规定自评占比20%、互评占比20%、群众评占比30%、组织评占比30%，以便于各维度评分的统计和民主评议党员的具体操作。

（3）根据基层实际科学制定合格党员标准。一般而言，合格党员标准不宜一般粗、太笼统，否则缺乏指导性和针对性；同时也不宜太细，细到一个党组织就单独制定一套标准，如此又使得民主评议党员制度太碎片化，不利于各个党组织之间的比较。最好的办法就是按领域分类，比如机关党组织、事业单位党组织、国企党组织等，制定适合不同领域基层党组织的合格党员标准。至于对党员加分或扣分的具体情形，则应进一步细化。应根据某一个基层党组织党员工作和生活实际情况，尽可能多地列出加分或扣分的具体情形，比如中小学基层党组织应该把党员参加继续教育情况、辅导学生获奖等纳入加分或扣分的具体情形。只有合格党员标准和加分或扣分情形都是具体的且符合基层实际的，才能比较科学地对党员进行评议。可以想见，当组织生活会和民主评议一并进行的时候，将得到完善的民主评议党员制度和完善的组织生活会制度，必将显著地提高对党员进行教育、管理特别是监督的力度。

三、加强对党员领导干部的监督

党的十八大后，以习近平同志为核心的党中央把作风建设作为全面从严治党的开局，同时又把领导干部作为全面从严治党的重点。正如习近平总书记所言："党要管党，首先是管好干部；从严治党，关键是从严治吏。"[①] 他认为，"从严治党，关键是要抓住领导干部这个'关键少数'"[②]。随着全面从严治党向领导干部的聚焦，作为全面从严治党重要组成部分和重要保障的党内监督也同样实现了向领导干部的聚焦。为了加强对领导干部的党内监督，改变对领导干部的党内监督长期存在的失之于宽失之于松失之于软的局面，大力推进高素质执政骨干队伍建设，以习近平同志为核心的党中央坚持继承和创新并重，特别重视用好巡视巡察、领导干部个人事项报告、谈话这些制度利器，以强化对领导干部的党内监督。这些制度利器，有侧重事前监督的，有兼顾事前事中事后监督的，有侧重对领导干部财产、收入、家庭婚姻生活等方面监督的，有侧重对领导政治、廉政、作风等方面监督的，有以上级党委为实施主体的监督，有以专责机关为实施主体的监督，有以所在党组织为主体的监督，有主要基于平时观察和了解的监督，有主要基于查阅材料和深入谈话的监督，有主要基于技术手段的监督，等等。拿巡视巡察来说，由于其频次高、内容全、手段多、调查深、事后追责力度大，许多党政机关、事业单位和国企的领导干部倍感压力，特别是有廉政和作风问题的领导干部更是闻之色变，胆战心惊，惶惶不可终日。又如领导干部个人事项报告，这样一种属于从结果变化倒推原因进而发现问题的监督制度，由于信息的联通、技术手段的应用、核查环节的跟进，好比"照妖镜"，将涉腐官员照得无所遁形。近些年，相当多的领导干部因为所填报的领导个人事项报告在核查过程中显破绽、有问题，从而露出马脚，暴露其贪腐官员真面目。如今，一些有腐败问题但未投案自首的领导干

① 《习近平关于严明党的纪律和规矩论述摘编》，中国方正出版社 2016 年版，第 110 页。
② 同①，第 102 页。

部每当碰到领导干部个人事项报告，就焦虑不安，生怕被抽查核实从而让自己的侥幸之心破灭。再拿组织谈话来说，由于其经常性、严肃性、针对性（代表谈话的主要领导或分管领导与谈话对象即便不是同一单位，一般也熟悉后者情况），许多领导干部有种总是被“人”盯着的心理，使得他们不再有只要不出大问题、自己可以乱来、反正上面不会管和问的心理，使得他们原有的消极怠工、办事拖拉甚至以权谋私、优亲厚友等违纪违法行为得到了显著改变和有效遏制。

当然，将权力关进笼子里且要避免“牛栏关猫”现象，让领导干部在时时处处受到严密且有力监督的环境下既干净又干事，始终是新时代完善党内监督体系的重要课题。为此，笔者提出如下对策建议。

（一）完善组织部门谈话制度以加强对党员领导干部的监督

笔者认为，为了适应全面从严治党形势的需要，应做到党委组织部门对所有由其归口管理的党员干部（不管是正职还是副职）每年起码进行一次常规性谈话，实现谈话全覆盖。谈话的主体可以是党委常委、组织部部长或分管副部长，他们一般和下级党委、政府班子正职和直属单位正职谈；也可以是分管部长或对应局室（处室或科室）负责人，他们一般和下级党政班子副职和直属单位副职谈。谈话的主要内容可主要包括但不限于以下方面：了解领导班子的运行情况和存在问题；了解干部的政治、思想、工作、作风和廉洁自律等方面情况，以及个人需要组织上关心关爱的情况和意见建议；对在集中教育、民主生活会、党建考核、年度考核、专项考察、巡视巡察、审计、信访中发现的干部苗头性倾向性问题以及其他需要引起注意的问题，及时进行提醒、批评和教育；大力发现和推荐优秀干部，尤其是有培养潜力的年轻干部；其他组织需要了解的情况和干部需要反映的意见建议。

应该承认，由于谈话对象面广人多，加之为了提高谈话的针对性必须事先了解情况、做好功课，这对历来工作繁忙的党委组织部门来说，的确是一项重任和一大挑战。然而，也必须认识到，这一做法虽然占时多、工作量大，但其意义大、获益多。这不仅体现在如前所述的可以避免和防止党员干部带病上岗和小问题变成大错误，可以降低和减少党内监督的成本和代价，还体现在它本身也是对党委组织部门其他工作的促进，具体说，主要是对党委组织部门牵头负责的一项重要工作——干部考核工作的促进，甚至可以说是干部考核工作的重要内容和重要基础。习近平总书记在2018年7月召开的全国组织工作会议上讲话强调，考核干部要经常化、制度化、全覆盖，要把功夫下在平时，全方位、多渠道了解干部，要带上“望远镜”“显微镜”，对干部近距离接触、多角度考察[①]。党委组织部门对党员领导干部的谈话，正是党委组织部门近距离接触干部、在平时和经常化考核干部的有效举措。可见，党委组织部门对党员领导干部每年起码进行一次基础性谈话，是一劳多得之举，值得探索和实践。

（二）完善民主生活会制度以加强对党员领导干部的监督

笔者认为，党员领导干部民主生活会作为党员领导干部互相监督的重要制度安排，必须通过制度与技术的结合，使之运行更好、绩效更佳。

（1）对民主生活会进行现场录像并存档。要了解民主生活会的真实情况，除了亲自参加外，还可以观看现场录像。在具有拍摄功能的设备越来越多且越来越容易携带，以及视频音频等信息越来越容易存储的当今时代，对民主生活会进行现场录像并存档完全不成问题。第二批党的群众路线教育实践活动期间，吉林农安县委常委会民主生活会视频为其他地方党组织民主生活会提供了示范，给许多党员干部带来了震撼，这说明对民主生活会进行现场录像并存档不仅是有益的，也是可行的。而且值得指出的是，这一借助技术手段的做法，有助于解决先前民主生活

① 习近平：《在全国组织工作会议上的讲话》，《党建研究》2018年第9期。

会制度因为人情干扰等因素走过场进而绩效不佳、质量不高的老大难问题。虽然1981年《中共中央组织部关于进一步健全县以上领导干部生活会制度的通知》、1990年《关于县以上党和国家机关党员领导干部民主生活会的若干规定》都要求领导班子民主生活会开完后要向上级党委或组织部门报告民主生活会开展情况（1990年《关于县以上党和国家机关党员领导干部民主生活会的若干规定》还要求报送给上级纪委，且还需报送会议记录），甚至提出党员领导干部可适当参加下级单位的党员领导干部民主生活会，但仍然无法避免和解决只谈工作不谈思想、只讲成绩不讲缺点、就事论事、敷衍了事等问题，其重要原因在于或者上级领导没有下来指导和监督，或者上级有人来指导和监督但也是报告有水分，即说的和写的比真实做的要好。如果对民主生活会进行现场录像并存档，则可有效避免报告作假、报告虚夸、报告注水的问题，换言之，这一做法迫使领导班子民主生活会必须动真碰硬地揭短亮丑。至于这一做法的具体操作，可以是由上级纪委和组织部门派去参加民主生活会的同志录像并带回进行电子储存。对民主生活会进行现场录像并存档，不仅有助于防止民主生活会潦草完事和步入歧途，而且可为将来的民主生活会抽查工作做好准备、提供证据。

（2）上级纪委和组织部门对下级党组织民主生活会情况进行抽查。国外的公共管理实践以及如今我国已经实行的抽查领导干部个人事项报告的成功经验表明，抽查是低成本同时又高效率地促进管理工作的有效手段。由于所有党组织民主生活会都有视频档案存放在上级纪委和组织部门，这样一来，上级纪委和组织部门对民主生活会的抽查也就成为简便之事。至于抽查的比例，可以为30%左右，这样不仅可以用3年左右时间就实现对下属党委（党组）领导班子民主生活会的全部核查，而且可以对所有党组织产生有力的震慑作用，促使其严格操作和严肃开展。

（3）将领导干部在民主生活会上的表现情况以及问题整改情况列入干部考察内容。领导干部对民主生活会的态度、在民主生活会上的表现以及对民主生活会上所反映的问题的整改，是了解、考察、衡量领导干部党性、作风及“四个意识”等方面的重要标准。因而，一方面，可以将领导干部在民主生活会上的表现情况与通过信访、与干部和群众谈话获得的信息做比对，以考察干部能否实事求是和是否对党忠诚；另一方面，可以在考察过程中、在与干部和群众谈话时，了解领导干部对自己在民主生活会上自我剖析出来的问题和其他同志提出来的问题甚至巡视反馈的问题有无认真和彻底的整改。综合这两种渠道得到的信息，不仅可以对干部考察得更准更真，而且可以改变领导干部的预期，促使他们高度重视和认真对待民主生活会，从而有效提高民主生活会的制度绩效，充分发挥民主生活会的纠错、“治病”、“健体”和团结作用。

第四节　党内监督内容的完善

如前所分析，对于强调政治统一并把政治建设作为首位的中国共产党来说，党内政治监督特别重要。但是，从实际情况看，在目前的党内监督体系中，党内政治监督事实上是比较弱的，是有些难度的。同时，对于处于执政地位的中国共产党来说，加强党内权力监督依然是重中之重，但这同样是有待继续探索的难题，同样是党内监督体系中的薄弱点。此外，考虑到作风问题的反复性和顽固性，党内作风监督同样不能松懈。完善新时代党内监督体系，在内容维度，必须把这三方面作为重点，不断加强和改进。

一、加强党内政治监督

在十九届中央纪委五次全会上，习近平总书记明确指出，要围绕“两个维护”强化政治监督，“我们抓党的政治建设、强化政治监督，根本是要防范化解思想涣散、纪律松弛风险，使全党自觉而紧密地团结在党中央周围，时时刻刻向党中央看齐，把党的理论和路线方针政策落到实处”[①]；在十九届中央纪委六次全会上，习近平总书记又强调，要强化政治监督，扎扎实实贯彻党中央决策部署。这些可谓习近平总书记关于党内监督的重点内容的强化政治监督论。根据习近平总书记的强化政治监督论的内涵和要求，在新时代党内监督体系建设这一系统工程中，我们必须充分考虑到中国共产党的特殊性，高度重视党内政治监督，在实践中应加强制度的协同以及技术手段的运用和新制度的创设，如此方能进一步提高党内政治监督的质量和效果。

（一）加强党内监督制度的协同

所谓加强党内监督制度的协同，是指在以自上而下的党内巡视（巡察）监督为主的前提下，还必须配套运用其他监督制度，必须使得巡视（巡察）监督等自上而下的党内监督制度与其他党内监督制度协同开展、共同发力。这是因为，唯有依靠多渠道多形式的党内监督，党组织及党员、干部的政治问题才能更快和更有效地被发现，上级党组织及纪检部门自上而下的党内监督才能得到更多配合和支持。十八大以来，反腐败斗争取得压倒性胜利并全面巩固。之所以能解决腐败蔓延这一长期想解决而没有解决的难题，重要原因正在于用好了巡视（巡察）这一党内监督利器。而巡视恰恰包含了党内监督制度的协同，其中既以来自党中央

① 《习近平关于全面从严治党论述摘编：2021 年版》，中央文献出版社 2021 年版，第 153 页。

和上级党组织及纪检部门的自上而下的党内监督为主，又运用和借助了党员民主监督、领导干部个人事项报告、民主生活会、谈心谈话等其他党内监督制度，具体如单位同事和知情人提供线索，党员和干部在巡视组或巡察组逐一谈话过程中反映情况和提供线索，巡视组（巡察组）核实领导干部个人事项报告，巡视组（巡察组）查看民主生活会记录，等等。可以断言，如果没有这样的制度协同，反腐败斗争及查处许多“大老虎”的严重违反政治纪律和政治规矩的行为不可能如此顺利并取得如此巨大成就。

（二）创设党员、干部政治表现和政治问题反向评价制度

在工作实践中，除了贯彻执行巡视（巡察）制度和谈心谈话制度等常规性的重要党内监督制度外，还应针对实际情况与时俱进地创设新的制度，具体而言，就是创设党员、干部政治表现和政治问题反向评价制度。这是因为，党员、干部和群众对“四个意识”“四个自信”“两个维护”“四项基本原则”等重要政治概念的具体内涵及现实表现不是十分明了，就无法对党员、干部的政治表现做出准确判断。为破解这个现实难题，我们可以学习和借鉴党的历史上对一些党内不良作风以及对党员、干部道德问题的监督的经验和做法。早在延安整风运动时期，为了整治主观主义、宗派主义和党八股等不良作风，毛泽东等中央领导同志通过撰文、演讲等方式，详述了党内不良作风的具体表现形式，这些形式成为对照自己、监督别人的“明镜”。由此启示我们，对党员、干部政治表现的党内监督，同样必须详细列举各种政治问题的具体表现，这也就是反向评价制度。习近平总书记的“七个有之”等论述也是反向评价的一种表现。同样道理，在每年的党员干部考核评价、巡视组或巡察组开展的党员领导干部评价中，甚至在每年的基层党组织的党员民主评议中，如果能根据《中国共产党纪律处分条例》中关于违反政治纪律的规定，以及《关于新形势下党内政治生活的若干准则》和《中共中央关

于加强党的政治建设的意见》所列举的政治问题，具体列举出党员、干部存在政治问题的主要表现，则可为党组织及党员、群众对党员、干部进行党内政治监督提供科学参照，有助于前者对后者进行更有针对性和准确性的评价以及更加有力和有效的政治监督。

（三）适当运用先进技术手段

为了加强对党组织及党员、干部的政治监督，必须坚持制度＋技术原则，在注重建立健全相关党内监督制度的同时，注重先进技术手段尤其是互联网技术和大数据技术在党内政治监督中的运用。如前所言，许多党员、干部的违反政治纪律和政治规矩的行为具有相当的隐蔽性，他们在上级领导面前尤其善于伪装，一下子难以为外人尤其是上级组织和领导所发现。但是，任何违反政治纪律的行为总有外在表现，任何政治问题总有蛛丝马迹。管子所总结的“审其所好恶，则其长短可知也；观其交游，则其贤不肖可察也”以及诸葛亮所总结的知人七法（问之以是非而观其志、穷之以辞辩而观其变、咨之以计谋而观其识、告之以祸难而观其勇、醉之以酒而观其性、临之以利而观其廉、期之以事而观其信），都表明了人们的内在品德与其外在行为表现的关联性，因而，通过观察人们的外在行为表现以了解其内在品德也是可行的。现实表明，许多政治立场摇摆、政治信仰不坚、政治忠诚度不高、政治问题不少的政治两面人，往往在非公开场合之下、与亲友把酒言欢之际、纵横网络空间之时吐露出内心的真实声音，暴露其错误乃至反动的政治言论、政治野心、政治行为，这就使得借助技术路径对党员、干部的政治行为进行监督具有可能性。具体如，一些党员、干部走出办公室，远离领导和同事，往往会暴露其群众面前颐指气使、趾高气扬、盛气凌人的一面，这些表明领导干部群众观念薄弱、宗旨意识淡化问题的言行正可借助探头等而被记录下来；又如，一些党员、干部上网时往往会光顾和浏览不健康或者存在反动政治倾向和错误政治言论的网站，会对一些有违四项基本原则、存在严重政治错误的文章跟帖和附议，所有这些都会使得领导干部的不同政治问题在网络世界留下数据和痕迹，这些数据和痕迹正可为有关部门了解和监督党员、干部的政治态度、政治信仰、政治忠诚和政治行为提供线索和依据。有人或许会担心这样的做法侵犯党员、干部的隐私。其实，这样的担心大可不必，甚至是没有道理的。这是因为，在党内遵循的是党员个人服从组织的原则；对于党员的权利的保护，首先遵循的是《中国共产党党员权利保障条例》等党内法规，否则，必然得出严格组织纪律和领导干部个人事项报告核实等党内制度和举措都是侵犯党员权利的荒谬结论。也正因为此举具有合规性和可行性，所以 2022 年 6 月召开的浙江省第十五次党代会针对加强领导班子政治建设，明确提出“探索运用数字化方式全面立体透视察人识人”①，这其实就包含了运用技术手段以加强对党员领导干部政治监督的内容。

二、加强党内权力监督

破解中国共产党党内权力监督的特殊难题，必须从中国国情出发，依据马克思主义基本原理以及政治学和党建学的基本原理，坚持制度和技术并重，探索具体策略。

（一）坚持党领导领域广、抓大事多、管小事少的原则

中国共产党党内权力总量必须维持一定规模，这是我们从中国国情出发，坚持党的全面领导，确保党的长期执政地位所必须坚持的基本要求。在此前提下，坚持中国共产党领导领域广、抓大事多、管小事少的原则。所谓领域广，就是党治国理政的领域要广，要领导国家经济建

---

① 袁家军：《忠实践行“八八战略” 坚决做到“两个维护” 在高质量发展中奋力推进中国特色社会主义共同富裕先行和省域现代化先行——在中国共产党浙江省第十五次代表大会上的报告》，《浙江日报》2022 年 6 月 27 日。

设、政治建设、文化建设、社会建设、生态文明建设等诸多领域，从而确保党对国家各方面重要事务都有领导权，都负起责任来。所谓抓大事多和管小事少，就是党在多个领域主要领导重大事务，主要负责重大事项的决策，而不是大事小事一把抓，把大量的时间和精力用于诸多小事上。例如，在经济建设领域，党要管产业政策、货币政策、财政政策、税收政策以及基础设施建设、科技支撑等大事，但对于企业投资、企业招工等诸多小事则不必细管。又如，在更具体的某个国有企业，国有企业党委可以也应该负责决策以下重要事项：贯彻党中央决策部署和落实国家发展战略的重大举措、企业发展战略、中长期发展规划、重要改革方案；企业资产重组、产权转让、资本运作和大额投资中的原则性、方向性问题；企业组织架构的设置和调整，重要规章制度的制定和修改；涉及企业安全生产、维护稳定、职工权益、社会责任等方面的重大事项；等等。但是，小额经费支出、办公室装修等诸多小事则不必交由党委研究讨论。这样一来，既保证了党对各领域各方面重大事项的全面领导，以及党内权力总量不会无限制地扩张和膨胀，又不至于管了太多太小的事，从而陷入事务主义，并增加腐败风险，影响党的领导效能，降低党的执政效率，增加党内权力监督成本。

（二）充分发挥广大党员和群众的监督作用

在如今的信息网络时代，一方面，广大党员可以通过功能多样且强大的手机和电脑、通过大数据分析，更有效地收集到党员及领导干部违纪违法的线索、信息和证据；另一方面，广大党员可以借助保密性强、流程快的网络渠道，向中央纪委和各级纪检部门以及巡视组或巡察组提供线索、信息和证据。两者结合的结果就是党员通过举报监督党员及领导干部更容易、更安全、更便捷。可以说，信息网络时代党员和群众举报监督的这些优势是传统的在会上批评、通过信访反映问题等监督手段和方式所不能比的，是具有广阔前景的。有媒体报道，2013 年 9 月 2

日中央纪委监察部网站改版、设置“举报专区”后，至2014年5月2日，8个月共收到检举控告类网络举报74 049件，是网站开通前8个月的近2.5倍①。至今，中央纪委网站一直是广大党员、干部和群众所信赖、所倚重的高效监督平台。在广大党员、干部和群众一双双眼睛的紧盯之下，在一封封举报信的牵引和帮助下，许多贪腐官员最终被查处，受到党纪国法的严惩。而且，由于网络信息技术的进步和支撑，党员收集和掌握的涉及违纪违法党员及领导干部的可靠和有价值的信息也越来越多，在一定程度上减少了纪委后续调查的工作量。何况，无数看得见或看不见、认识或不认识的党员和群众，通过网络和大数据等现代信息技术手段时刻紧盯着党员及领导干部，这本身就给党员及领导干部带来一种无声且无处不在的监督压力。总之，在信息网络时代，广大党员和群众依靠举报这种自下而上的监督，可以显著地提高对党员及领导干部监督的效率和效果，从而在不过多增设专职监督机构和增加专职监督工作力量的前提下，就可以达到应对繁重的党内权力监督任务的目的。

（三）坚持与完善集体领导和个人分工负责相结合的平行的党内监督制度

集体领导和个人分工负责制度，是民主集中制的具体化，也是平行的党内监督的一种具体途径。这一党内监督制度所涉及党内权力主体都要参与党内重大事务的决策，加之领导班子成员在党内的政治地位一律平等，对决策事项又都比较了解，且彼此往往知根知底，不存在信息不对称，因而，这一制度有助于对党内决策权的监督。党的十八大后，以习近平同志为核心的党中央大力加大制度建设力度，为集体领导和个人分工负责这一平行的党内监督的开展创造了良好制度环境，提供了有力制度保障。这方面的制度支持主要有2015年施行的《中国共产党地方

① 盛若蔚：《透视互联网时代的反腐新平台（前沿观察）》，《人民日报》2014年5月6日。

委员会工作条例》、2015 年施行的《中国共产党党组工作条例（试行）》和 2019 年修订的《中国共产党党组工作条例》以及 2016 年党的十八届六中全会通过的《关于新形势下党内政治生活的若干准则》等。其中，《中国共产党地方委员会工作条例》第十七条针对集体领导和个人分工负责制度作出具体规定："党的地方委员会应当坚持民主集中制，实行集体领导和个人分工负责相结合的制度。凡属应当由全会或者常委会会议讨论和决定的事项，必须由集体研究决定，任何个人或者少数人无权擅自决定。在集体讨论和决定问题时，个人应当充分发表意见。个人对集体作出的决定必须坚决执行，有不同意见的可以保留，也可以向上级党组织报告。常委会委员应当根据分工和集体决定，勇于担当、敢于负责，切实履行职责；对不属于自己分管的工作，也应当从全局出发关心支持，加强研究，积极提出意见和建议。"《中国共产党党内监督条例（试行）》在第三章第一节专门针对集体领导和个人分工负责作出具体规定，主要内容包括："党的各级委员会实行集体领导和个人分工负责相结合的制度。凡属方针政策性的大事，凡属全局性的问题，凡属重要干部的推荐、任免和奖惩，都要按照集体领导、民主集中、个别酝酿、会议决定的原则，由党的委员会集体讨论作出决定。党的委员会成员要根据集体的决定和分工，切实履行自己的职责；同时要关心全局工作，积极参与集体领导。"因而，认真落实党委或党组的集体领导和个人分工负责相结合的制度，充分发挥党委（党组）成员对集体决策的参与作用，充分利用班子成员之间的互相监督，借助集体讨论和少数服从多数等具体规则，也就有助于更好地实现对党内重大事务决策权的监督。

（四）探索党委（党组）会议决策重大事项时录视频的做法

《中国共产党党内监督条例（试行）》明确规定，"各种意见和主要理由应当如实记录。讨论干部任免事项，还应当如实记录推荐、考察、酝酿、讨论决定的情况”，以及有关重要决定事项的“表决结果和表决方式应当记录在案”，以求达到党委或党组班子科学决策、民主决策的结果，防止和避免一把手个人意见压制集体意见等问题。如何从技术维度进行探索以加强对党委（党组）决策权的监督？笔者一直认为：“考虑到未来先进技术的层出不穷，考虑到人人都生活在网络时代和智能环境的发展趋势，采取‘制度＋技术’的战略，坚持制度手段监督和技术手段监督相结合，应是强化党内监督的一个选择。”浙江省第十五次党代会也提出“全面提升公权力大数据监督能力”“探索运用数字化方式全面立体透视察人识人”等举措，可见，信息技术在党内权力监督和国家权力监督中的应用正受到越来越多党委、纪委及有关部门的重视。具体到对于党内决策权的监督，笔者认为可以采取对这些重要会议录视频的技术手段，进而使得党内重大事项的决策权运行规范。

三、加强党内作风监督

从 2012 年 12 月《中共中央政治局关于改进工作作风、密切联系群众的八项规定》施行和 2013 年开展党的群众路线教育实践活动重点整治“四风”，到 2017 年 10 月党的十九大提出“巩固拓展落实中央八项规定精神成果，继续整治‘四风’问题”，党中央持续抓八项规定落实和“四风”整治，这相比以往是很少见和很可贵的，同时也是很必要的。因为实践证明，作风问题的顽固性和反复性的确不可低估。党的十九大召开后，习近平总书记就新华社一篇《形式主义、官僚主义新表现值得警惕》的文章做出重要指示。他指出，文章反映的情况，看似新表现，实则老问题，再次表明“四风”问题具有顽固性反复性。纠正“四风”不能止步，作风建设永远在路上。各地区各部门都要摆摆表现，找找差距，抓住主要矛盾，特别要针对表态多调门高、行动少落实差等突出问题，拿出过硬措施，扎扎实实地改。2018 年 9 月，中央纪委办公厅印发《关于贯彻落实习近平总书记重要指示精神 集中整治形式主义、官僚主义的工作意见》，把整治形式主义、官僚主义作为正风肃纪、反对“四风”的首要任务、长期任务，对不担当、不作为、慢作为、乱作为、假作为等顽疾亮出利剑。

依笔者观察和体验，经过持续多年的强力整治，“四风”中的享乐主义和奢靡之风作风问题基本得到了解决，形式主义和官僚主义作风问题的整治虽然相比以往取得明显成效，但的确还不尽如人意，还不能过于乐观。表态多行动少、为官不为、考核过多且重台账和留痕、开会和文件数量多但内容空、干部密切联系和热情服务群众不够等形式主义和官僚主义作风问题确实还不同程度地存在着。这些问题中多数属于硬核般、历经多次整治但未破的作风顽疾。拿开会过多的作风问题来说，1960 年 3 月中央所批转的山东省六级干部会议情况简报所反映的“五多五少”问题就包括会议多的问题，那时不仅会议次数多且开会时间长，经常会期长达十天以上；1980 年 2 月召开的党的十一届五中全会，陈云同志再次抨击开会多、开会久、开会紧张的问题，要求开会不要开死人[①]。如今会议虽然开得不如那时久，但会议次数仍然很多。冷静思考这些问题，我们可以发现，这些作风问题历经多次整治而难绝，重要原因是这些作风问题是出在上面，是管理制度、考核制度、问责制度等的不健全。例如，房宁就认为，从公共管理学的角度看，普遍存在的形式主义问题与“顶格管理”模式及其理念有关。所谓“顶格管理”，简言之，就是一切按照上限进行管理的操作模式和理念。它表现为管理工作中的“四最”——“最全事项、最高标准、最严要求、最快速度”，也就是追求经济学上的所谓“最优化”目标[②]。蒋来用认为，形式主义

---

① 《陈云文选》第 3 卷，人民出版社 1995 年版，第 270－271 页。

② 房宁：《“顶格管理”逼得基层搞形式主义》，《北京日报》2020 年 6 月 8 日。

产生主要有四方面制度性因素，即干部考核评价和选用制度在实践中被用偏、问责和公务员退出制度不健全、形式主义惩罚性制度短缺、执纪执法对形式主义查处较少①。这些都是从上头、从制度视角探寻形式主义和官僚主义作风问题久治而不绝的原因的论述。

2019年3月，为了有效解决依旧比较突出的形式主义问题，中共中央办公厅专门印发了《关于解决形式主义突出问题为基层减负的通知》。从文件内容看，中央对形式主义作风问题的整治正是循着抓上头、抓制度、抓源头的思路。文件要求“从中央层面做起，层层大幅度精简文件和会议，确保发给县级以下的文件、召开的会议减少30%—50%”，要求“中央印发的政策性文件原则上不超过10页，地方和部门也要按此从严掌握。地方各级、基层单位贯彻落实中央和上级文件，可结合实际制定务实管用的举措，除有明确规定外，不再制定贯彻落实意见和实施细则”，要求“抓好《中共中央办公厅关于统筹规范督查检查考核工作的通知》贯彻落实，严格控制总量，实行年度计划和审批报备制度，中央和国家机关有关部门原则上每年搞1次综合性督查检查考核，对县乡村和厂矿企业学校的督查检查考核事项减少50%以上的目标要确保执行到位”，要求“修订《中国共产党问责条例》。有效解决问责不力和问责泛化简单化等问题”，等等。如今，文件所提出的各项举措基本已经实施，如《党政领导干部考核工作条例》已经印发，对形式主义和官僚主义的通报已有多次；又如2016年制定的《中国共产党问责条例》已于2019年修订。总体看，十九大后，以习近平同志为核心的党中央对作风问题的整治始终坚持“作风建设永远在路上”的方针而不改，对作风问题的判断和应对是清醒和正确的。我们相信，随着时间

① 蒋来用：《形式主义的治理机制研究》，《中共中央党校（国家行政学院）学报》2019年第6期。

的推移，随着工作的开展，形式主义和官僚主义作风顽疾整治必将取得更好的效果。同时，笔者认为，整治如今依旧比较突出的形式主义和官僚主义作风问题，尤其要加强党内作风监督。因为这些历经多年和多次整治但一直未彻底解决的作风问题，具有很强大的惯性，具有强大的自我维持、自我持续的动力，要改变这种状况，就必须施加足够强大的制动力，换言之，必须加强党内作风监督，尤其是加强上级党组织对下级党组织的作风监督，应像前些年那样大量公开地、点名道姓地通报违反八项规定和党纪以及大搞奢侈浪费的行为，普遍地巡视各地各级党组织的享乐主义和奢靡之风及拉帮结派问题。具体而言，笔者提出以下三方面对策建议。

（一）细化形式主义和官僚主义作风问题的标准

党内作风监督强化的前提条件是导向和标准的科学化，亦即党中央应针对形式主义和官僚主义作风问题提出正确的导向和全面、科学的标准，如此才有助于形成治理形式主义和官僚主义作风问题的共识，才有助于各级党委、纪委及党员辨别并有针对性地监督形形色色的形式主义和官僚主义作风问题。因为形式主义和官僚主义作风问题容易出现看法和目标诉求不一致的情形，有时下面希望纠正但上面觉得很正常，不像奢靡之风和享乐主义从政治正确角度好定性、整治容易得到大家认可和拥护。正是没有科学标准和具体规定，从而导致对形式主义问题存在识别难、认定难、处理难的问题，进而导致想进行党内作风监督时却不知从哪里监督的窘境。故而，应完善《中国共产党纪律处分条例》《中国共产党问责条例》，或另外制定专门文件，详细列举新时代我们党一直反对和坚决整治的形式主义和官僚主义作风问题行为，从而使得各级党组织及广大党员干部知晓自己行为的红线，进而更好地避免各类形式主义和官僚主义作风问题。

（二）转变党员、干部思想观念

笔者认为还应从历史上汲取经验，从理念和观念上进行革新，进一步健全纠正形式主义和官僚主义的目标和标准。例如，政策执行环节应该少开会，应该多采取电话沟通、直插基层调查、到一线办公等多种方式以促进政策的落实，而不必采取层层开会、层层发文、轮番动员、套话一遍又一遍的做法，这不仅可以减少会议时间，还可以减少闭门弄材料的时间，使更多的党员、干部从中解放出来，用更多的时间下基层、摸情况、干工作。又如，有的领导干部的会议讲话不了解客观实际和干部的思想状况，缺乏针对性，内容空洞、大话套话很多，不仅不能给与会者以启发和指引，反而浪费其时间和精力。故而，不仅应取消一般会议也要为领导干部写讲话稿的做法，而且要求讲话领导事先做些调研，以了解工作实际情况和会议听众的思想状况。邓小平很早就对这种秘书代笔写稿、领导自己念稿的做法提出了严厉批评，说“讲五分钟话都要人家写成稿子照着念，有时还念错了”①。邓小平认为这是思想懒惰，是文风不好和八股。少写稿和少念稿，不仅可以减少会议和有关工作人员文字工作量，更能提高会议的针对性和有效性。笔者相信，只要改变错误观念、树立正确导向、设定科学标准，在一级带一级的示范和一级对一级的监督下，在科学的党内法规的指引和保障下，中国共产党的作风建设必将取得更大成效，形式主义和官僚主义作风顽疾必将最终得到真正克服和解决。

（三）拓宽技术监督的应用空间

正如笔者在前文所反复强调指出的，现代信息技术在党内监督中大有用武之地、具有广阔应用空间。在加强党内作风监督领域，同样如此。这方面已经显现显著成效的事实，我们仅举一例：各地政府办事大

---

① 《邓小平文选》第2卷，人民出版社1994年版，第19页。

厅已经实行十多年的各职能部门网上并联审批。由于互联网技术和监控技术的引入和应用，政府职能部门的审批变得透明和高效，办事拖拉、乱收费、卡拿索要、故意刁难等问题得到根本性的遏制。至于未来，可以断言，技术将有更为广泛的应用前景。

第五节　党内监督内外结合的完善：加强党内监督与审计监督、民主党派监督、群众监督、舆论监督的结合

世界上万事万物都是互相联系、互相影响的，要“从事物的内部、从一事物对他事物的关系去研究事物的发展，即把事物的发展看做是事物内部的必然的自己的运动，而每一事物的运动都和它的周围其他事物互相联系着和互相影响着”①。虽然党内监督体系是一个单独的体系、一个独立的系统，但因为我国政权体系中有执政党和参政党的并存、有不同系统和不同机构的职能分工，加之党员、干部兼具多种社会角色进而与各个领域、各种组织、各个群体产生关联，特别是因为中国共产党作为执政党所掌握的权力属于公权力，最终来源于广大人民群众，且影响到社会各界和全体民众，所以，新时代党内监督体系建设必须注重党内监督和党外监督的结合。习近平总书记就此指出：“要把党内监督同国家监察、群众监督结合起来，同法律监督、民主监督、审计监督、司法监督、舆论监督等协调起来，形成监督合力。”②《中国共产党党内监督条例》第六章共有三条（第三十七条、第三十八条、第三十九条）

---

① 《毛泽东选集》第1卷，人民出版社1991年版，第301页。
② 《习近平关于全面从严治党论述摘编：2021年版》，中央文献出版社2021年版，第402页。

涉及党内监督和外部监督相结合，具体所涉有人大、政府、监察机关、司法机关等对国家机关及公职人员的监督，重点是审计监督、民主党派监督、群众监督和舆论监督。笔者认为，党内监督与政府、监察机关、司法机关的监督的结合，其实主要是要解决彼此之间程序不衔接、中间有漏洞、规定有冲突的问题，要避免过去曾经出现过的党员领导干部已经被判刑但仍然保留党员身份甚至党内职务、开除党籍但仍然担任公职等尴尬情形，使得各种监督互不冲突并形成合力。十八大以来，党中央根据法纪分离、法纪衔接、纪在法前等原则，制定《中国共产党纪律处分条例》和《中国共产党党内监督条例》等党内法规，以解决不同监督之间的程序不衔接、中间有漏洞、规定有冲突的问题。特别是党内监督与监察机关的监督的结合，由于各级纪委和各级监察委员会合署办公，并同步开展纪律审查和监察调查，加之2018年《中华人民共和国监察法》的具体规定，已基本不再有程序不衔接、中间有漏洞、规定有冲突的问题。笔者认为，即便如此，也还需要重点探讨如何做好党内监督与审计监督、民主党派监督、群众监督、舆论监督结合的问题。

一、加强党内监督和审计监督的结合

审计监督是指各级审计机关依照《中华人民共和国审计法》《中华人民共和国审计法实施条例》等法律法规，对国家行政机关及企事业单位的财政财务收支活动、经济效益和遵纪守法情况进行审核检查和审查评价，并在法定职权范围内做出审计决定的行为。

党内监督与审计监督相比，两者之间的相异之处主要有如下方面：一是监督主体不同。党内监督主体主要包括党中央、党委（党组）及组织部等工作部门、党的纪律检查委员会及其派驻机构、党的基层党组织和党员。审计监督的主体是各级国家审计机关。审计机关作为各级政府的重要组成部门，代表政府行使审计监督权，因而审计监督属于行政监督中的一种。二是监督对象有同有异。党内监督的对象包括党的各级组织和全体党员，重点对象是党员领导干部。审计监督对象主要包括国家机关、人民团体、国家的事业组织、国有企业和国有资本占控股地位或者主导地位的企业（含金融机构），其他管理、分配和使用公共资金、国有资产、国有资源的单位，以及其主要负责人。在中国共产党作为唯一执政党的背景下，两种监督的对象具有高度重合性，都包括各国家机关、各司法机关、各人民团体、各事业单位、全部建立了党组织的国有企业或国有资本占控股地位的企业以及它们的主要领导干部。至于监督对象所不同的是，各级党组织是党内监督的对象而非审计监督的对象。三是监督内容不同。根据 2016 年《中国共产党党内监督条例》第五条规定，党内监督的主要内容包括推进党风廉政建设和反腐败工作、正确选人用人等八大方面。审计监督的主要内容包括“公共资金是否得到合理使用、国有资产投资运营是否得到增值保值、国有资源是否得到有效配置”以及“主要负责人履行经济责任、自然资源资产管理和生态环境保护责任情况”等。四是监督方式不同。党内监督方式主要包括巡视或巡察、党内谈话、领导干部述责述廉、个人有关事项报告、民主生活会、党员民主评议、党员举报等。审计方式主要包括审查会计凭证、会计账簿、财务会计报告等方式。

至于党内监督与审计监督的相联系之处，除了上面所说的两者具有对象的高度重合性之外，还体现在党内监督的内容与审计监督的内容经常互为表里关系或因果关系。一般讲，党员领导干部的廉政问题和作风问题往往会反映在公共资金的违规支出和国有资产资源的流失上。这是因为，大多数领导干部的违纪违法行为以金钱为目标或媒介，往往最后要体现于和落实到经济方面。就此而言，前者为因，后者为果；前者为里，后者为表。例如，一位领导干部超标准装修、配车、公务接待和挪用公款，一个单位违规发放奖金、津补贴和福利，往往会留痕于单位的财务支出，即便作假，也往往有漏洞和破绽。因而，通过对一个单位的审计及延伸审计，往往能看出领导干部的廉政和作风状况，往往能发现领导干部违纪违规的线索。就此而言，审计监督好比党内监督的“导航仪”和“照妖镜”。

正是因为党内监督与审计监督既有不同之处，又密切相连，党内监督才需与审计监督紧密结合，各显其能，形成合力。也正是基于此，在实践中，各级党委开展的巡视或巡察，往往有审计部门的同志参与其中，他们和来自纪委、监察委员会、组织部、宣传部等部门的同志各有分工，做到巡视或巡察过程中对重大决策、选人用人、意识形态、重要资金支出等全部都不放过；往往是经济审计和受理来信来访来电、开展党内谈话、开展问卷调查、查阅领导干部档案和重要会议记录等其他监督方式同步进行，做到多管齐下。总之，在党内监督的实践中，审计监督往往为巡视巡察等党内监督提供有力证据和重要佐证。从党的十八大后的实践来看，将党内监督与审计监督结合起来，将经济审计作为党委（党组）巡视或巡察的重要内容，使审计监督为党内监督助力，取得了显著成效。《国务院关于 2018 年度中央预算执行和其他财政收支的审计工作报告》显示，2018 年度各项审计共发现并移送问题线索 478 起，涉及公职人员 810 多人，造成损失浪费 380 多亿元。须知，这些数据仅是各级审计部门牵头负责的部门经济责任审计或领导干部离任审计等的结果，还不包括审计部门配合纪委开展巡视或巡察所取得的“战果”，但这足以说明审计监督的威力，进而足以表明审计是党内监督特别是巡视或巡察所离不开的“利刃”。

当然，着眼于党内监督和审计监督的更紧密结合，使审计监督更好地助力党内监督，以下工作举措仍然有待探索或加强。

（一）建立党委巡视或巡察工作办公室与同级审计机关联席会议制度

其目的是相互交流、通报年度工作计划和工作重点等情况，协调重要事项办理，解决协作配合中存在的问题。一般每半年召开一次联席会，时间为年初和年中，如此有助于制定年度工作计划，确定年度协调重要事项，并督促这些计划和事项的推进和落实。

（二）加强党委巡视或巡察工作办公室和审计部门的工作统筹和衔接

除了要做到工作计划、巡视巡察和审计结果等信息共享外，还应特别注意以下方面。首先，党委巡视或巡察工作办公室提请确定每轮巡视或巡察对象前，应事先听取审计部门的意见和建议，对近期完成审计且问题比较突出的地方，应优先考虑安排巡视或巡察。审计部门每年在制定审计项目计划时，应将巡视组或巡察组发现的群众反映强烈、廉政风险突出的地方、单位和个人作为重点审计项目进行安排。其次，巡视组或巡察组进驻前，审计部门应安排相关人员向巡视组或巡察组介绍被巡视或巡察地方、单位的审计结果情况，并提供经济责任审计报告和其他专项审计报告等。最后，巡视组或巡察组在巡视或巡察过程中必须将审计发现问题整改情况作为重要监督内容，推动被巡视或巡察地方、单位整改到位。如发现被巡视或巡察地方、单位对审计指出的问题整改措施不力、责任落实不到位，屡审屡犯，以及无正当理由不按期整改或整改造假的，巡视组或巡察组应梳理问责线索，及时移交有关方面办理。反过来，对于审计部门来说，无论是常规审计还是专项审计，都应把巡视或巡察所发现的问题的整改情况作为关注重点。毕竟，审计与巡视或巡察各有各的频次和次序的安排。做好信息共享和成果共享，有助于推动被监督单位及领导干部尽早整改，而不必等到下一次巡视巡察或审计。他们越早整改纠正，就越能减少损失，越有利于党和人民的利益。

二、加强党内监督和民主党派监督的结合

做好党内监督和民主党派监督的结合，其基本前提是必须认识各自的特点，唯此才能发挥各自优势，形成监督合力。大致说来，党内监督和民主党派监督的特点差异体现在以下三方面：（1）党内监督是硬责任，民主党派监督并非硬责任。对中国共产党来说，党内监督既是权利也是责任。2016年《中国共产党党内监督条例》更是“围绕权力、责任、担当设计制度”①，正鲜明地体现了责任导向。对于党中央、党委（党组）、纪委、党的基层组织等主体来说，开展党内监督是必须尽的硬责任；如果其履行党内监督责任不力，则属于失职，必须受到相应的责任追究。但是对于民主党派来说，其对中国共产党开展监督并非硬责任，并不存在履行监督责任不力而必须受到责任追究的问题。（2）党内监督是对人为主，民主党派监督是对事为主。一般而言，党内监督主要针对的是人，具体包括党员个人，也包括党员领导干部和高级领导干部；至于所监督的各级党组织，也可视为党员的集体或组合。党内监督在对人（各级党组织和党员）监督的过程中带动对事的监督，而民主党派监督则是对事为主。（3）党内监督是既对组织又对个人，民主党派监督主要是对组织。如前所述，党内监督是对人为主，具体包括以集体形式呈现的党组织和以个体形式呈现的党员，特别是担任领导干部职务的党员。民主党派监督对事为主，但并不意味着不需要或不会对人进行监督。因为所谓的事归根到底是各级党组织或某些领导干部决定和所行之事，民主党派对事的监督往往要牵涉对人的监督。不过，与党内

---

① 习近平：《关于〈关于新形势下党内政治生活的若干准则〉和〈中国共产党党内监督条例〉的说明》，《人民日报》2016年11月3日。

监督所不同的是，民主党派监督即便是对人，也主要是对组织，而非对个人。像党员领导干部和普通党员的不请示报告、不遵守集中统一领导制度等行为，无疑应属于党内监督范围。只有在某位党员个人（包括领导干部）的行为已给区域公共利益和广大民众根本利益造成重大损害且当地党组织和纪检组织等不能及时制止或者没有发现的情况下，才适合开展民主党派对党员个人的监督。

党内监督和民主党派监督相结合，不仅是历史传统和制度规定，也有现实支撑和成功实践。具体讲，就是各民主党派本身成员众多、各类精英荟萃、社会联系广泛，这就使得民主党派可以广泛地了解人民群众生产生活情况、党委和政府决策部署实施情况、主要党员领导干部履职表现情况，并对此进行研究和分析，加之民主党派作为参政党的组织权威的加持，其对各级党委和政府工作开展某些方面和某种形式的监督显然是没有问题的，甚至也是有力度的。如果拿毛泽东同志的“耳边很需要听到不同的声音”论作喻，那就是民主党派可以帮助作为执政党的中国共产党听到更多的经过提纯、更加响亮的民声和政声。民盟云南省原副主任委员杨维骏多次为民请命，经常给党委和政府政策“挑刺”，不惧压力举报白恩培、仇和、张田欣等原省领导等例子也充分说明，民主党派监督是有显著成效的，党内监督和民主党派监督结合是必要的。当然，在新时代，做好党内监督和民主党派监督的结合，更好地推进全面从严治党，还得有赖健全制度的保障，而不能只寄希望于民主党派人士的工作热情和责任感。具体来说：

（一）建立民主党派每年对党委、政府重大决策部署贯彻落实情况实施专项监督制度

如前所言，民主党派的监督主要是对事，但党委、政府所决所抓大事甚多，民主党派自身力量也有限，因而必须突出重点，必须每年由各级党委根据工作需要和群众愿望，确定若干项重大事项即若干重大决策部署贯彻落实情况主动邀请民主党派监督，直接赋予民主党派监督责任。可以是根据各民主党派特长和优势，实行一党派监督一重大事项的做法，也可以是实行各民主党派分区域监督同一重大事项的做法。例如，在总体部署打赢脱贫攻坚战时，中共中央请各民主党派与8个省份对接，对脱贫攻坚开展民主监督工作，这就是实现民主党派监督和中国共产党党内监督结合的有益实践。总之，每年都明确具体监督事项，能确保民主党派的监督常态化和落地化。

（二）完善人民政协民主监督制度

2017年3月中共中央办公厅印发的《关于加强和改进人民政协民主监督工作的意见》，不仅明确了人民政协民主监督的八方面主要内容，而且提出要完善会议监督、提案监督、视察监督等监督形式，换个角度说，会议监督、提案监督、视察监督实际上也是民主党派监督的具体制度。应该说，这些监督制度其实早已有之，只不过由于党委、政府和民主党派自身的认识偏差等因素，在实际运作过程中存在力度不大、辣味不够、底气不足等问题。各民主党派团体应有底气开展民主监督。2014年8月25日，全国政协十二届常委会第七次全体会议以反腐败为会议主题，邀请时任中央纪委书记王岐山同志出席、与政协委员交流，为民主党派监督与党内监督结合、前者为后者助力树立了榜样。可以说，在中央上述文件的有力指导和保障下，各民主党派对各级党委、政府的民主监督将有更加广阔的空间。

（三）探索建立各民主党派监督与纪委和党的工作部门工作对接的制度

目前，各民主党派对各级纪委和党的工作部门的监督或者是依托人民政协平台，或者是通过党委转交转办进行，而少有直接的“面对面”。执政党掌握的是公权力，执政党的自身建设情况最终关联到国家全局和社会各界，因而，由各级纪委和党委组织部、党委宣传部等党的工作部门与民主党派直接面对面，听取后者的意见、批评和建议，也未尝不可。对于各级纪委和党委组织部、党委宣传部等党的工作部门这些具体党内监督责任的主体来说，各民主党派在广泛深入调查的基础上对其提出意见、批评和建议，必然会给其带来强大的压力，促使其认真履责，进一步做好党内监督工作。

（四）完善监督员制度

中国新型政党制度不仅要求民主党派与中国共产党协商于重大决策之前，也要求民主党派对中国共产党监督于重大决策之后，即重大决策实施过程中。这种监督不仅发生在政协会议等平台和场合，也发生在其他平台和场合；这种监督既可以是民主党派作为组织的监督，也可以是民主党派成员作为个体的监督。基于此，笔者认为，还应更多地聘请民主党派成员担任各种监督员。多年来，各级纪检部门一直有党风廉政建设监督员制度，其聘请的监督员有专家，有人大代表、政协委员等。笔者认为，可以更多地聘请作风正、觉悟高、能力强的民主党派成员担任纪检部门的党风廉政建设监督员。此外，考虑到组织部门掌握着选拔领导干部的重要权力，存在着选人用人腐败的风险，因而，也可探索建立党委组织部门的监督员制度，并使民主党派成员在组织部门聘请的干部选拔工作监督员队伍中占有一定比例。

三、加强党内监督与群众监督和舆论监督的结合

2016 年《中国共产党党内监督条例》第六章第三十九条对党内监督与群众监督和舆论监督的结合做出规定，提出各级党组织和党的领导干部应当认真对待、自觉接受社会监督，并提出新闻媒体应当加强舆论监督。马克思主义经典作家及马克思主义政党历来重视舆论监督。马克

思称舆论是一种“**普遍的**、**隐蔽的**和**强制的**力量”[①]。马克思在《新莱茵报》工作期间，认为报刊的使命为“是公众的捍卫者，是针对当权者的孜孜不倦的揭露者，是无处不在的眼睛”[②]。群众监督虽然不等同于舆论监督，但两者密切相关。一般讲，群众监督主要包括两种形式或渠道：一是通过信访等渠道对党组织和党员、干部进行监督，二是通过报纸特别是现代网络媒体（包括网站、网络邮箱、网络自媒体等）等舆论媒介对党组织和党员、干部进行监督。由于网络技术应用日益广泛，加之网络技术所具有的便捷性、保密性等特点，如今多数人选择通过舆论而非直接信访对党组织和党员、干部进行监督，实现了群众监督方式的时代变迁。正是基于群众监督越来越借助于舆论监督、群众监督与舆论监督交集越来越多的现状和趋势，上述党内法规才将党内监督和群众监督、舆论监督合写于一条规定之中；同样基于此，笔者同时思考党内监督如何和群众监督、舆论监督更好结合的问题。

党内监督、群众监督、舆论监督之所以要相互结合，一方面是因为中国共产党的执政权归根结底是人民群众所委托和赋予的、为广大人民群众服务的。既然“无产阶级的运动是绝大多数人的，为绝大多数人谋利益的独立的运动”[③]，作为无产阶级运动的产物的党的执政权也理所当然地应当接受群众的监督。列宁更是直接指出要重视人民群众对国家政权机关的监督，他曾指出：“正是苏维埃同劳动‘人民’的亲密关系，造成一些特殊的罢免形式和另一种自下而上的监督，这些现在应该大力加以发展。”[④] 邓小平在《党和国家领导制度的改革》一文中也指出：“要有群众监督制度，让群众和党员监督干部，特别是领导干部。凡是

---

① 《马克思恩格斯全集》第1卷，人民出版社1995年版，第385页。
② 陈力丹：《马克思主义新闻观百科全书》，中国人民大学出版社2018年版，第14页。
③ 《马克思恩格斯文集》第2卷，人民出版社2009年版，第42页。
④ 《列宁全集》第34卷，人民出版社2017年版，第186页。

搞特权、特殊化，经过批评教育而又不改的，人民就有权依法进行检举、控告、弹劾、撤换、罢免，要求他们在经济上退赔，并使他们受到法律、纪律处分。”① 那些在各级政府和司法部门任职的党员干部更是经过了人民群众借助人民选举和人民代表大会选举而进行的直接或间接的委托授权，按照谁赋权谁监督、权力行使到哪里权力监督跟进到哪里的政治学基本原理，群众直接地或借助舆论对党组织和党员、干部进行监督是天经地义的。换言之，党内监督和群众监督、舆论监督在监督对象方面是完全一致的，它们之间的结合是理所当然的。另一方面是因为一旦党内监督实现了和群众监督、舆论监督的结合，必然有助于党组织和党员通过更多的渠道获得更多的信息，通俗地说，就是使得中国共产党有了更多的“千里眼”和“顺风耳”，进而有助于中国共产党加强对党组织和党员、干部的监督。特别是一些人往往是因为自身利益受到损害而奋起监督，由此也就使得他们在对党组织和党员、干部的监督过程中更能提供一手且可靠的证据，更能助力于党内监督。

十八大以来，以习近平同志为核心的党中央特别重视运用新媒体新技术，织密群众监督网，畅通舆论监督渠道，助力党内监督。其中包括设立曝光平台、手机随手拍和微信一键通等。除了中央纪委的网络举报渠道，还有地方各级纪委以及各级组织部门的网络举报渠道，它们为各级党委及其职能部门、各级纪委开展党内监督提供了有力的支撑，做出了重要贡献。拿手机随手拍来说，一些党员领导干部正因为手机随手拍，其恐吓群众、高调摆阔、炫耀权力、公款吃喝乃至宾馆开房等种种违纪违法行为被曝光，进而被纪委“关注”，受到查处。群众监督和舆论监督的巨大威力和显著效果由此可见一斑。

从未来看，群众监督和舆论监督的实践空间将越来越广，群众监督

① 《邓小平文选》第2卷，人民出版社1994年版，第332页。

和舆论监督对党内监督的助力将越来越显著。这主要有两方面原因：其一是人们越来越会监督。换言之，人们监督的技术难度越来越低，群众监督和舆论监督的便捷性越来越强。这是人们文化水平不断提升、熟悉网络的网民不断增多、网络应用范围不断拓宽的结果，同时也是网络技术不断进步、网络技术应用变得越来越简单和容易的结果。网络监督太复杂或网民太少都不利于群众监督和舆论监督。其二是人们越来越敢监督。换言之，人们监督的顾忌越来越少，群众监督和舆论监督的保密性越来越强。这固然跟人们民主意识和政治参与意识的增强有关，但更主要的是跟网络监督的低风险有关。实践表明，没有足够的保密性和安全把握，许多人即便自身利益受到严重损害，具有强烈的监督动机，也不会付诸实际行动。20 世纪 90 年代至 21 世纪初，走信访之路的群众比先前大量增加，其重要原因正是打印技术的出现和广泛应用使得信访群众不再担心字迹被认出从而被报复。由此可见，随着网络安全技术的不断进步，加之有关群众举报和网络举报保密制度的不断健全，人们也越来越有勇气对党组织和党员、干部进行监督。

结　语

新时代党内监督体系建设是党的十九届四中全会提出的重大课题。党内监督体系又是党的二十大所提出的完善党的自我革命制度规范体系的重要组成部分。在中国新型政党制度背景下，以执政党自我治理的现代化推动国家治理的现代化，正是中国治理的特有逻辑，是符合中国国情、具有中国特色的国家治理现代化的唯一正确道路。对于执政的中国共产党来说，政党治理的现代化，其核心就是通过完善党内监督体系，强化党的自我监督，确保权为民所赋、权为民所用，使得中国共产党及其领导的各级各类权力机构能够践行全心全意为人民服务的根本宗旨，不忘初心使命，最终实现中华民族伟大复兴的中国梦和共产主义的崇高理想。然而，正如习近平总书记所说："自我监督是世界性难题，是国家治理的哥德巴赫猜想。"在前无成功先例可循、外无成功经验可鉴的情况下，建设有中国特色的中国共产党党内监督体系，自然也是亟待破解的难题。

为了破解这一难题，必须深入研究马克思主义经典作家的党内监督思想，并以之指导新时代党内监督体系建设的实践。马克思和恩格斯作为伟大的思想家和革命导师，为了探索人类社会发展规律、社会主义建设规律和共产党执政规律，有着丰富的思想创造和完整的思想体系。在他们的理论著作中，有大量和党内监督有关的理论。这些理论集中出现在他们参与改造正义者同盟和建立第一国际过程中所写的著作以及所表达的思想中，强调了“党内监督”的重要性，具体观点包括确立代表大会的绝对领导地位、建立代表大会的年会制、建立民主选举制、实行任期制、建立党员群众对党的干部及领导集体对最高领导的监督机制、强调盟员或党员地位平等、反对派别组织活动等。列宁是国际共产主义运动最重要的革命导师之一，他作为名副其实的无产阶级政党［俄国社会民主工党、俄共（布）］的创始人和领袖，有着长期的波澜壮阔的革命经历。由此使得其党内监督思想相比马克思、恩格斯的党内监督思想，既有继承性，更有基于实践的开拓性和创新性。其党内监督思想具体包括重视选举监督、发挥党的代表大会的监督作用、保障党代表的监督权利、强调组织监督、重视党内的批评和自我批评、建立监察委员会等。马克思主义经典作家丰富的党内监督思想在马克思主义中国化和时代化的过程中得到继承和发展，并不断转化为实践，从而构成中国共产党党内监督的理论逻辑，为新时代党内监督体系建设提供丰富理论资源和科学理论指导。

中国共产党成立后，在长期的革命、建设和改革进程中，一直进行着党内监督的探索，形成了许多理论成果、制度成果和实践成果，并给我们留下了诸多宝贵的经验启示。特别是十八大之后，以习近平同志为核心的党中央提出了全面从严治党这一战略目标，在许多领域深化了党内监督的探索、强化了党内监督的力度，取得了党内监督新的更大成效，并在此基础上形成了关于党内监督的许多新观点新论断。概括而言，习近平总书记关于党内监督的新的重要观点有关于党内监督的地位的党内监督第一位论，关于党内监督和其他各种监督形式的关系的党内监督合力论，关于党内监督的责任的党委、纪委、党的工作部门以及书记、常委、委员各有其责论，关于党内监督的重中之重的一把手“关键少数”论，关于党内监督的制度利器的巡视制度是党内监督战略性制度安排论等。习近平总书记这些关于党内监督的新的重要观点，源于马克思、恩格斯和列宁等马克思主义经典作家的党内监督思想特别是列宁的党内监督思想，尤其在立场和原理方面，更是直接来自马克思主义，鲜明体现了人民立场和无产阶级政治立场，充分运用了辩证唯物主义和历史唯物主义原理，从而体现了继承性；同时，习近平总书记这些关于党内监督的新的重要观点又是源于对十八大后中国共产党党内监督成功实践的总结和长期以来中国共产党党内监督问题的反思，从而体现了实践性。习近平总书记在上述两个主要方面的基础上，运用理论思维，进行理论创造，最终形成了比较系统且颇具发展性和创新性的习近平总书记关于党内监督的新的重要观点和重要论断。

经过从马克思、恩格斯到列宁再到中国领导人的探索和创造，马克思主义党内监督思想的传承和发展主要体现在以下几个方面。

第一，从自身建设的视角探索党内监督到从国家治理的视角探索党内监督。马克思和恩格斯主要基于无产阶级革命取得胜利的目标，从自身建设的视角，在参与改造正义者同盟以及建立第一国际过程中对党内监督有了初步的思考。列宁则更多的是在无产阶级取得政权后，对作为执政党的俄共（布）的党内监督进行了探索和思考，虽然取得了显著成效，并形成了不少理论成果和制度成果，但其视角仍然主要是自身建设。习近平总书记则更多地着眼于中国共产党作为唯一执政党的长期执政目标和全面领导地位以及掌握强大执政权力和众多执政资源的事实，着眼于中国共产党是国家治理体系的核心、中国共产党的自我监督和自我治理对国家治理体系和治理能力现代化的牵引作用，探索和思考党内监督这一世界性难题，并把党内监督比喻为中国国家治理的哥德巴赫猜想。这也就表明，习近平总书记的探索和思考，主要是基于国家治理的视角。如此不仅使得其视野更广阔，也使得这种探索和思考的理论和现实意义更加重大；不仅事关对共产党执政规律的探索，而且事关对人类社会发展规律和社会主义建设规律的探索。

第二，从探索建立简单的党内监督体系到探索建立精致的党内监督体系。马克思和恩格斯探索建立的党内监督体系是只有党员群众和下级党组织以及党的领导机关两大主体、由两个支点构成的比较简单的党内监督体系。列宁则在此基础上，在俄共（布）成为执政党后，将监察委员会作为党内的专职监督机构引入党内监督体系，从而形成了由党的领导机关、下级党组织和党员群众、专职监督机构三个支点构成的更科学、更适应监督执政党需要的党内监督体系。以习近平同志为核心的党中央在中国共产党成立后多年探索特别是新中国成立后多年探索并形成稳定的党的组织体系和政权机构体系的基础上，依托党委、纪委、党的工作部门、党的基层组织等组织主体和广大党员，建立健全党中央统一领导、党委（党组）全面监督、纪律检查机关专责监督、党的工作部门职能监督、党的基层组织日常监督、党员民主监督的党内监督体系。这一党内监督体系涵盖主体更广，各主体在党内监督体系中的定位和责任更明确，因而是一个更加精致也更适合中国共产党党情和中国国情的科学党内监督体系。

第三，从注重依靠制度开展党内监督到注重依靠制度和技术开展党内监督。在马克思、恩格斯所生活的时代，现代技术虽相比以往大有进步，但直接应用于党内监督实践的空间甚小，马克思和恩格斯主要是从制度视角思考党内监督问题，他们为此探索建立的制度有选举制、代表大会制、年会制、任期制等。列宁同样主要从制度视角思考党内监督问题，其为此坚持了代表大会制、年会制，完善了民主集中制，探索建立了巡视制度、监察委员会制度、批评和自我批评制度等。进入新时代以来，习近平总书记一方面注重依靠制度开展党内监督，跟邓小平同志一样强调“制度问题更带有根本性、全局性、稳定性、长期性”[①]，提出要“把权力关进制度的笼子里”[②]，并为此完善民主集中制、巡视制度、谈心谈话制度、领导干部个人事项报告制度、纪委双重领导体制等，探索建立了党委（党组）的主体责任制度和纪委的监督责任制度，特别是完善了巡视制度，使之成为党内监督的战略性制度安排，发挥着利剑作用；另一方面，又拓宽视野，注重依靠当代的先进技术特别是互联网技术开展党内监督，具体如纪检部门和巡视组开通网络举报渠道、依靠大数据技术对领导干部个人事项进行核查等，从而显著地提高了党内监督的效能。

第四，从注重权利驱动到注重责任倒逼。无论是马克思、恩格斯还是列宁，他们探索和思考党内监督主要是着眼于权利驱动，为此他们强调对党员及各级党组织权利的尊重、捍卫和保障，并进行了选举制、代表大会制、年会制、任期制等一系列的制度设计。进入新时代以来，以习近平同志为核心的党中央一方面继续注重权利驱动，并为此强调党员民主监督，修订《中国共产党党员权利保障条例》等；另一方面，基于我们党全面执政以及监督党组织和党员干部风险更大、难度更大的现实，更加注重责任倒逼，强调“党内监督是全党的任务，党委（党组）负主体责任，书记是第一责任人，党委常委会委员（党组成员）和党委委员在职责范围内履行监督职责”[③]，“各级纪委是党内监督专责机关，履行监督执纪问责职责”[④]，“党的工作部门是党委（党组）主体责任在不同领域的载体和抓手”[⑤]，提出了党内监督各有其责论，并为此制定和修订了《中国共产党问责条例》，从而形成了全党敢于进行自我监督的良好局面。

---

① 《习近平关于全面从严治党论述摘编：2021 年版》，中央文献出版社 2021 年版，第 430 页。
② 同①，第 318 页。
③ 《习近平关于全面从严治党论述摘编》，中央文献出版社 2016 年版，第 215 页。
④⑤ 同③，第 216 页。

第五，从注重组织监督到强化支部监督。列宁在《进一步，退两步》中充分论述了其组织监督的思想，强调必须建立一个对党员个人进行严格监督、有着严格纪律的政党。他认为，离开组织不可能实现领导、监督和维护纪律，对不加入党组织的党员进行监督只能是句空话。中国共产党根据列宁的这一思想，形成了所有党员都必须编入党的基层组织以及党员领导干部必须以普通党员身份在党的基层组织过组织生活的制度规定。十八大以后，习近平总书记强调党的一切工作到支部，其在十九大报告中明确提出党支部具有监督党员的职责，从而继承了马克思主义政党历来注重组织监督的优良传统，并使之落地落实，从而促进了党内监督体系的完善，有力地增强了全党的政治统一、思想统一和行动统一。

第六，从重视对党员和公职人员的监督到高度重视对领导干部和一把手的监督。在马克思、恩格斯所处的时代，由于党的组织规模小、职业化党员干部少、党掌握的资源也少等因素，他们主要探索和思考的是对党员、公职人员、领导层以及党内各种思想派别的监督。例如，他们在《共产主义者同盟章程》中直接明确，选举者如认为担任公职人员的工作不能令人满意，可随时撤换之。随着党的执政地位的确立，随着党的规模的扩大，随着进入政权体系的职业化党员干部的增加，列宁开始更多地探索和思考对手中掌握公权力的党员干部队伍的监督，他的建立监察委员会这一党内监督专职机构的设想，以及改组工农检查院、将监察委员会和工农检查院合并的建议，都主要着眼于此。在中国，随着中国共产党全面执政地位的确立，随着党的规模的扩大和内部组织层次的增加，从毛泽东到习近平一直在探索和思考对党员领导干部的监督，并为此建立了纪委体系，建立健全了集体领导和个人分工负责相统一、派驻监督、巡视巡察、党员领导干部个人事项报告等制度。此外，习近平总书记面对一把手腐败大量增加且难以监督的严峻现实，特别重视思考破解一把手监督难题的良策，并提出了“各级领导班子一把手是‘关键少数’中的‘关键少数’”① “特别是要把对一把手的监督、管理作为重中之重”“抓住‘关键少数’，破解一把手监督难题”② 等论断，强调要加强上级党委一把手对下级党委一把手的监督，并进行了全面从严治党党委（党组）书记第一责任人制度的设计，从而使得新时代党内监督更具针对性和有效性。

第七，从把巡视制度作为党内监督一般性制度到作为党内监督战略性制度。早在十月革命前，巡视制度就已建立。1912 年，列宁指示俄国社会民主工党俄国局成员奥尔忠尼启则、斯潘达良、斯塔索娃，要他们到所有的地方组织去巡视一番，要各地党组织通过确切的、正式的、详细的、清清楚楚的和毫不含糊的决议，拥护布拉格代表会议精神，接受中央的领导，反对当地的一切取消派，向党提供活动经费③。中国共产党于 1927 年也建立了巡视制度，此后这一制度虽然历经一些波折，但总体趋势是不断制度化和规范化，对党中央大政方针和重大决策部署的贯彻落实、全党的政令统一以及地方和基层党组织工作失误的纠正起到了重要的推动和保障作用。十八大后，习近平总书记对巡视制度之重视、思考之深、制度设计之精细以及这一制度效用之大，是此前从未有过的。他反复强调“巡视是党内监督的战略性制度安排”④，每年都主持中央政治局常委会会议研究中央巡视组工作，听取中央巡视组巡视工作汇报。在以习近平同志为核心的党中央的领导下，巡视制度被写入党章，而且党中央专门制定了《中国共产党巡视工作条例》，从而极大地提升了其权威性和规范性。此外，这一制度还进行了巡视全覆盖、巡视

① 《习近平关于全面从严治党论述摘编：2021 年版》，中央文献出版社 2021 年版，第 403 页。

② 《习近平关于全面从严治党论述摘编》，中央文献出版社 2016 年版，第 211 页。

③ 季正矩：《列宁传》，天地出版社 2018 年版，第 209 页。

④ 同①，第 402 页。

组组长一次一授权和一次 任命、巡视组“三个不固定”、巡视“回头看”、机动式巡视等多方面的制度改进，从而使其在全面从严治党的实践中发挥的作用越来越大，所取得的成效越来越显著。

第八，从注重党内监督和少数外部监督形式结合到注重党内监督和多种外部监督形式结合。马克思、恩格斯在参与无产阶级政党建设之时，无产阶级尚未最终取得革命胜利并建立巩固的无产阶级政权，因而他们既强调基于选举制、任期制和罢免制等制度的党内监督，也在《法兰西内战》中高度赞扬巴黎公社“把自己的所言所行一律公布出来，把自己的一切缺点都让公众知道”[①] 这种人民监督公职人员的做法，但未提出党内监督和外部监督结合与贯通的问题。列宁领导俄共（布）取得十月革命胜利后，陆续建立了各类国家政权机构，其开始探索和思考将党内监督和外部监督结合起来的问题。列宁强调的这种结合，有党内专责监督和国家司法监督的结合，即如他所言，“把工农检查院和中央监察委员会这样结合起来”[②]；有党内监督和人民监督的结合，如他所说，“在评价人的时候……非党无产阶级群众的意见以及在许多场合下非党农民群众的意见是极其宝贵的。劳动群众非常敏感，很会识别谁是忠诚老实的共产党员，谁是那些靠辛勤劳动过活、没有任何特权、根本不会‘讨好领导’的人所厌恶的共产党员”。此外，他很重视人民群众的信访监督。1921 年二三月，列宁接见了大批来访的工人、农民和士兵[③]。来访群众普遍表达了对战时共产主义政策的不满情绪，有的农民代表更是要求取消作为战时共产主义政策的核心政策的余粮收集制。当然，有些人也提出了改进工作的建议，如有位来自弗拉基米尔省的农民切库诺夫就向列宁提出了实行粮食税的建议。中国共产党领导中国人民取得革命

① 《马克思恩格斯文集》第 3 卷，人民出版社 2009 年版，第 164 页。
② 《列宁选集》第 4 卷，人民出版社 2012 年版，第 780 页。
③ 季正矩：《列宁传》，天地出版社 2018 年版，第 402 页。

胜利后，建立了人民代表大会制度和中国共产党领导的多党合作和政治协商制度，建立了专门的独立的司法机构，在政府内部又建立了审计部门，形成了党内监督和人民群众的民主监督、民主党派监督、司法监督、审计监督等外部监督结合的体制和传统。十八大后，习近平总书记更是强调：“要加强党内监督、人大监督、民主监督、行政监督、司法监督、审计监督、社会监督、舆论监督，努力形成科学有效的权力运行和监督体系，增强监督合力和实效。”① 这就表明，随着国家政权体系的细化和完善，随着经济社会的发展，加之因为我国一些特有的基本政治制度的确立，我们党很注重党内监督和多种外部监督形式的结合。

当然，我们也必须看到，中国共产党党内监督已有的实践和成效，同党中央对完善党内监督体系的期待和国家治理现代化的目标相比，尚有不小的差距，依然存在党内监督主体方面的党支部监督缺位，党内监督指向方面的纪委监督同级党委较弱、党代会监督地方党委全会和常委会较弱、党员监督领导干部较难，党内监督对象方面的一把手不好监督，党内监督内容方面的党内政治监督较弱和党内权力监督较难等不足。这就需要我们在新的历史方位上，在习近平新时代中国特色社会主义思想的指导下，坚持系统思维、战略思维、创新思维，解放思想，深入探索，立足中国共产党的实际，契合中国共产党的特点，以制度建设为牵引，以党员领导干部为重点，坚持自上而下、自下而上、平行三种指向并重，坚持民主、平等、团结、集中等价值导向并重，坚持党中央、党委（党组）、纪委、党的工作部门、基层党组织、普通党员等六大方面主体并重，突出系统性、协调性、严密性、可行性、高效性，不断推进党内监督体系建设，最终探索出一条以中国共产党的党内监督引

① 《习近平关于党风廉政建设和反腐败斗争论述摘编》，中国方正出版社2015年版，第132页。

领各种监督、以中国共产党的科学自我治理引领国家的现代化治理、以中国共产党的自我革命推动伟大社会革命的中国特色社会主义政治发展道路。根据马克思主义党内监督思想，遵循这一基本思路，本书认为，完善新时代党内监督体系还需在以下几个方面发力和破题。

其一，从党内监督的主体维度而言，必须围绕建构各尽其责和各显其能的主体体系的目标，同时强化党委（党组）实施的全面监督、纪委实施的专责监督、以党委组织部门为代表的党的工作部门的职能监督以及以党支部为主的基层党组织实施的日常性监督，从而同时发挥党内各种组织性主体的优势，增强党内监督的合力，编织出没有漏洞和死角的党内监督之网。相比党委（党组）实施的全面监督、纪委实施的专责监督、以党委组织部门为代表的党的工作部门的职能监督，以党支部为主的基层党组织实施的日常性监督至今仍然较弱，有待通过经常开展谈话、加强党支部委员会建设等制度和举措，补齐短板，逐步强化。同时，也要提高巡视组（巡察组）和纪委的监督效能。

其二，从党内监督的指向维度而言，必须围绕各种指向均衡的目标，强化自上而下的党内监督、平行的党内监督和自下而上的党内监督，从而满足集中、民主、团结、平等等多种价值追求的共同实现，以及让每一级党组织及其全体党员成为党内监督的主体和对象，进而构建成党内监督环形链，达到党内监督的全覆盖和可持续的目标。比较而言，目前党内自上而下的监督较强也较易做到，自下而上和平行的监督较弱，为此，应重点加强和改进纪委对同级党委的监督、党代会对地方党委全会的监督，以及党员领导干部述责述廉制度；同时，也要加强和改进上级党委对县级党委和乡镇一级党委以及广大非公企业党组织的自上而下的党内监督。

其三，从党内监督的对象维度而言，必须坚持全面性原则和差异性原则相结合，把党员作为党内监督的基本对象，把党员领导干部作为党内监督的重点对象，把一把手作为党内监督对象的重中之重。由于这些党内监督对象所处职位和所掌权力的特殊性和差异性，必须采取有针对性的监督策略，探索有针对性的监督制度和监督路径。比较而言，对一把手的党内监督难度最大，属于党内监督至今没有啃下的“硬骨头”，为此，必须通过强化作为上级党委、上级纪委以及上级党委主要负责人对下级一把手的监督，强化上级党委职能部门主要是组织部等对下级一把手的监督以及加强对一把手的荣誉激励等举措，更好地破解这一难题。此外，普通党员的一言一行关系到党的先进性的体现和人民群众的评价，因而还必须通过完善组织生活会制度和民主评议党员制度，主要依靠基层党组织，加强对他们的监督。对党员领导干部的监督，虽然十八大后成效显著，但仍然需要通过完善谈心谈话制度和民主生活会制度以进一步加强和改进。

其四，从党内监督的内容维度而言，必须坚持党内权力监督、党内日常工作监督和党内政治监督以及党内作风监督全覆盖。在近年来党中央一再强调加强政治监督的背景下，可以探索创设党员、干部政治表现反向评价制度，适当运用技术手段等，以破解党员、干部的政治问题具有隐秘性而不易监督等难题，实现中国共产党的高度政治统一。加强党内权力监督是我们党一直努力但并未彻底攻克的难题，为此，应坚持和完善集体领导和个人分工负责相结合的平行的党内监督制度，并探索党委（党组）会议决策重大事项时录视频的做法，以更好地达到目标。

此外，完善新时代党内监督体系，还必须适应信息技术快速发展的潮流和趋势，具有技术的视角，而不能只有制度的视角。这就需要充分运用互联网、大数据等现代先进技术，不断拓展信息技术在党内监督中的应用空间，具体如探索运用数字化方式全面立体透视察人识人和网上民主测评等。

笔者相信，在以习近平同志为核心的党中央坚强领导下，在党内外各种组织和力量的共同参与下，新时代党内监督体系将变得越来越完善，中国共产党为党内监督贡献的中国经验、中国智慧和中国方案将越来越多、越来越得到世人认可，以执政党自我治理的现代化推动国家治理的现代化的道路将越走越宽广。

参考文献

(一) 经典文献

[1]《陈云文选》第3卷，人民出版社1995年版。

[2]《邓小平文选》第1、2卷，人民出版社1994年版。

[3]《胡乔木文集》第2卷，人民出版社1993年版。

[4]《建国以来毛泽东文稿》第7册，中央文献出版社1992年版。

[5]《列宁全集》第14卷，人民出版社1988年版。

[6]《列宁全集》第12卷，人民出版社1987年版。

[7]《列宁全集》第39、41卷，人民出版社1986年版。

[8]《列宁选集》第4卷，人民出版社2012年版。

[9]《列宁专题文集 论无产阶级政党》，人民出版社2009年版。

[10]《刘少奇选集》下卷，人民出版社1985年版。

[11]《论党的建设》，中央文献出版社2001年版。

[12]《马克思恩格斯全集》第29、34、38卷，人民出版社1972年版。

[13]《马克思恩格斯全集》第42卷，人民出版社1979年版。

[14]《马克思恩格斯全集》第37卷，人民出版社1971年版。

[15]《马克思恩格斯文集》第3卷，人民出版社2009年版。

[16]《毛泽东年谱（1949—1976）》第3卷，中央文献出版社2013年版。

[17]《毛泽东文集》第6、7、8卷，人民出版社1999年版。

[18]《毛泽东选集》第1、3、4卷，人民出版社1991年版。

[19]《习近平谈治国理政》，外文出版社2014年版。

[20]《朱德选集》，人民出版社1983年版。

（二）中文著作

[1] 陈国权：《政治监督论》，学林出版社2000年版。

[2] 杜平：《杜平回忆录》，解放军出版社2008年版。

[3] 黄宇：《中国共产党党内监督史论》，社会科学文献出版社2012年版。

[4] 季正矩：《列宁传》，天地出版社2018年版。

[5] 林尚立：《党内民主：中国共产党的理论与实践》，上海社会科学院出版社2002年版。

[6] 雒树刚：《党内监督》，中国展望出版社1989年版。

[7] 曲青山、高永中：《新中国口述史》（1949—1978），中国人民大学出版社2015年版。

[8]《苏联共产党代表大会、代表会议和中央全会决议汇编》第1、2分册，人民出版社1964年版。

[9] 王长江：《现代政党执政规律研究》，上海人民出版社2002年版。

[10] 习近平：《知之深 爱之切》，河北人民出版社2015年版。

[11]《习近平关于党风廉政建设和反腐败斗争论述摘编》，中国方正出版社2015年版。

[12]《习近平关于坚持和完善党和国家监督体系论述摘编》，中央文献出版社、中国方正出版社2022年版。

[13]《习近平关于全面从严治党论述摘编》，中央文献出版社2016年版。

[14]《习近平关于全面从严治党论述摘编：2021 年版》，中央文献出版社 2021 年版。

[15]《习近平关于严明党的纪律和规矩论述摘编》，中国方正出版社 2016 年版。

[16]《习近平总书记重要讲话文章选编》，中央文献出版社、党建读物出版社 2016 年版。

[17] 萧劲光：《萧劲光回忆录》，当代出版社 2013 年版。

[18] 赵绪生、王士龙：《健全党和国家监督体系：新时代党内监督九讲》，中国方正出版社 2018 年版。

[19] 中共中央党史研究室：《中国共产党历史》第 2 卷（上册），中共党史出版社 2011 年版。

[20] 中共中央组织部、中共中央党史研究室、中央档案馆：《中国共产党组织史资料》第 8 卷（上），中共党史出版社 2000 年版。

[21]《中国共产党党内法规选编》（1978——1996），法律出版社 1996 年版。

[22]《中国共产党历次党章汇编：1921—2017》，中国方正出版社 2019 年版。

[23] 中国人民大学科学社会主义系：《国际共产主义运动史文献史料选编》第 2 卷，中国人民大学出版社 1983 年版。

[24] 中央档案馆：《中共中央文件选集》第 10 册，中共中央党校出版社 1985 年版。

[25] 中央档案馆：《中共中央文件选集》第 3 册，中共中央党校出版社 1983 年版。

[26] 祝灵君：《祝灵君讲稿》，中共中央党校出版社 2019 年版。

（三）译著

[1] 弗·梅林：《马克思传》，樊集译，人民出版社 1972 年版。

［2］雅克·阿塔利：《卡尔·马克思：世界的精神》，刘成富、陈玥、陈蕊译，上海人民出版社2018年版。

［3］约翰·埃默里克·爱德华·达尔伯格-阿克顿：《自由与权力》，侯健、范亚峰译，译林出版社2011年版。

（四）中文期刊和报纸

［1］陈东辉：《党政“一把手”监督的难点问题及其破解》，《中州学刊》2017年第11期。

［2］陈国权、皇甫鑫：《功能性分权：中国特色的权力分立体系》，《江海学刊》2020年第4期。

［3］崔会敏：《中央巡视制度的反腐效用提升思路探讨》，《北京航空航天大学学报》（社会科学版）2019年第1期。

［4］宫玉涛、王志瑶：《党的十八大以来党内巡视制度的新发展与新特点》，《理论与改革》2016年第5期。

［5］过勇、宋伟：《中国地方纪检监察机关改革模式分析》，《政治学研究》2014年第5期。

［6］黄晓辉：《加强纪委对同级党委的监督》，《理论探索》2015年第6期。

［7］蒋来用：《健全党内监督体系要理清四个关系》，《中国党政干部论坛》2020年第2期。

［8］蒋来用：《习近平反腐倡廉思想的新时代特色》，《理论探索》2017年第6期。

［9］蒋来用：《形式主义的治理机制研究》，《中共中央党校（国家行政学院）学报》2019年第6期。

［10］蒋来用：《有关派驻监督的几点探讨》，《理论探索》2018年第5期。

［11］李斌雄、张银霞：《中共十八大以来强化党内监督的新发展》，

《北京航空航天大学学报》（社会科学版）2018 年第 2 期。

［12］李景平、曹阳：《新中国成立 70 年来党内监督体系的历史嬗变与现实启示》，《北京行政学院学报》2019 年第 5 期。

［13］李景治：《党内监督尚需及时补短板》，《党政研究》2017 年第 4 期。

［14］李景治：《党内制约监督制度的改革与完善》，《学习论坛》2014 年第 3 期。

［15］李景治：《加强和改进对党政“一把手”行使权力的制约监督》，《党政研究》2014 年第 4 期。

［16］李锡炎：《党内监督科学化的若干关系》，《中共四川省委省级机关党校学报》2013 年第 5 期。

［17］李新生：《充分发挥基层党代表作用的基本思考》，《集美大学学报》（哲学社会科学版）2013 年第 1 期。

［18］李永忠：《强化监督制约机制的对策性思考》，《前线》1998 年第 3 期。

［19］林宏博：《中国共产党党内监督体系功能论——基于结构-功能论视角》，《决策探索》2021 年第 18 期。

［20］刘益飞：《从“组织本位”到“党员主体”》，《党政干部文摘》，2007 年第 12 期。

［21］刘益飞：《党代会代表提案制度的困境及出路》，《中共成都市委党校学报》2013 年第 1 期。

［22］刘益飞：《谁来监督纪委》，《组织人事报》2005 年 7 月 28 日。

［23］刘云山：《在全国组织工作会议上的讲话》，《党建研究》2013 年第 8 期。

［24］罗翠林：《发挥谈心谈话在严肃党内生活中的作用》，《中国纪检监察报》2017 年 11 月 22 日。

［25］毛政相：《实现党代会的监督职能是提高党内监督质量的关键》，《理论探讨》2007 年第 1 期。

［26］孟庆云：《党代会代表提案制的生成逻辑与推进思路》，《理论探索》2013 年第 2 期。

［27］强舸、马正立：《纪律建设若干原则、重大举措及十八大以来发展历程》，《中共党史研究》2018 年第 3 期。

［28］乔德福：《省部级一把手腐败特点、趋势和风险防控机制创新——基于改革开放以来 54 例省部级一把手腐败案调查思考》，《理论与改革》2014 年第 3 期。

［29］任恒：《论新时代党内监督体系的革新之道》，《中共福建省委党校学报》2018 年第 6 期。

［30］任建明：《派驻制度改革：回顾、反思与前瞻》，《河南社会科学》2022 年第 8 期。

［31］石晓虎：《国外政党党内监督的重点及面临的难题》，《党政研究》2015 年第 5 期。

［32］万雪芬：《党代表提案制运行中存在的问题与完善方向》，《观察与思考》2019 年第 9 期。

［33］王春玺、韩苗苗：《加强对地方党委“一把手”权力制约监督的途径与方法》，《理论探讨》2017 年第 2 期。

［34］王贵秀：《民主集中制的由来与含义新探》，《理论前沿》2002 年第 8 期。

［35］王希鹏：《完善国家监察领导体制及推进纪检监察一体的思考》，《湖南社会科学》2018 年第 2 期。

［36］王永贵：《论新形势下批评与自我批评的优良作风》，《社会科学研究》2014 年第 4 期。

［37］习近平：《努力造就一支忠诚干净担当的高素质干部队伍》，

《求是》2019 年第 2 期。

［38］习近平：《在全国党校工作会议上的讲话》，《求是》2016 年第 9 期。

［39］习近平：《在中央政治局常委会会议审议“两学一做”学习教育方案时的讲话（节选）》，《党建研究》2016 年第 5 期。

［40］肖剑忠：《党员干部直接联系群众：保持党同人民群众血肉联系的一种操作性思路》，《中国共产党》2014 年第 5 期。

［41］肖剑忠：《十八大以来党内监督的新进展》，《井冈山大学学报》（社会科学版）2017 年第 5 期。

［42］肖剑忠、黄宇：《论习近平的作风建设战略进路》，《中共杭州市委党校学报》2016 年第 2 期。

［43］徐理响：《试论中国共产党纪检制度的改革和完善》，《政治学研究》2014 年第 1 期。

［44］许耀桐：《党的十八大以来全面从严治党的新进展》，《国家行政学院学报》2017 年第 4 期。

［45］许耀桐：《党政“一把手”分权限权的若干认识》，《中共天津市委党校学报》2014 年第 6 期。

［46］许耀桐：《列宁党内民主思想探析》，《福建师范大学学报》（哲学社会科学版）2019 年第 3 期。

［47］杨根乔：《当前党政正职领导干部监督中的问题与对策》，《理论建设》2012 年第 5 期。

［48］尹奎杰、刘立刚：《中国共产党纪检监察派驻制度的发展过程与完善》，《中共杭州市委党校学报》2018 年第 3 期。

［49］于学强：《论巡视制度建设科学化的意义与对策》，《中国延安干部学院学报》2019 年第 3 期。

［50］余逊达、伍醒：《党代会常任制：椒江的做法与思考》，《浙江

学刊》2004 年第 2 期。

[51] 周光辉、陈玲玲：《巡视巡察：应对规模治理“失察难题”的长效机制》，《行政论坛》2022 年第 1 期。

[52] 周淑真、蒋利华：《党的十八大以来巡视制度功能探析》，《新视野》2018 年第 1 期。

[53] 朱福惠：《党内监督体系的概念生成、制度特征与实践创新》，《党内法规研究》2022 年第 2 期。

[54] 祝灵君：《“把权力关进制度的笼子”——改革开放以来健全党和国家监督体系的理论和实践》，《宁夏党校学报》2018 年第 6 期。

[55] 庄德水：《论新时期政党纪律治理机制创新——监督执纪“四种形态”的纪律治理意义和价值探讨》，《广州大学学报》（社会科学版）2017 年第 6 期。

后记

20多年前，当我还在浙江大学法学院政治学与行政管理系读中共党史专业硕士研究生时，受余逊达教授和许法根副教授影响，兼政治学和中共党史之专业关联，我便开始了党建研究之路。又因在读研期间在杭州市西湖区灵隐街道挂职主任助理以及毕业后在杭州市萧山区当农村工作指导员之故，很长一段时期，我的党建研究主要偏重于基层党建。我的基层党建成果数量不少，被人大复印报刊资料《中国共产党》全文转载的有11篇。当然，党内民主和党内监督也是我所关注的重要党建研究课题，为此我著文数篇，其中有1篇刊发于中文核心期刊《中州学刊》。真正地投入更多时间和精力于党内监督研究，主要是在同济大学跟随丁晓强教授读博期间，当时正是以习近平同志为核心的党中央通过强化党内监督（包括巡视、派驻监督、纪检监督等）推进全面从严治党卓有成效的时期。无疑，这进一步激发了我的研究兴趣。6年在职读博期间，我关注了不少案例，阅读了不少著作和论文，并撰写了12篇有关党内监督的论文，其中刊发于中文核心期刊《中州学刊》的有3篇，被人大复印报刊资料《中国共产党》全文转载的有2篇。正是在此长期思考并有较多成果的基础上，我开始了著书《新时代党内监督体系建设研究》的行动。如今书稿付印，算是对自己这些年聚焦党内监督研究的一个阶段性总结。

本书正式出版，首先要感谢博士生导师丁晓强教授。我之所以能下决心在职读博，主要是因为有丁老师的关心和鼓励。随丁老师读博后，我受益良多。其次，还要感谢浙大城市学院的肖纯柏教授和中共杭州市委党校的万雪芬教授。他们为拙著提供了充满真知灼见的出版意见。再次，也要感谢我所指导的研究生吕明艳、谢凡、张靖初、王嘉祺、芮永康、雷舒怡、王丽、杨晴、张星月、黄蓉等。他们帮我做了许多调格式、网上查重、译英文等许多我不擅长的烦琐工作。最后，由衷感谢我的妻子和孩子以及我的父母、岳父岳母等家人和亲人。他们为我安心读书和顺利著书创造了良好环境，给予了极大帮助。

图书在版编目（CIP）数据

新时代党内监督体系建设研究 / 肖剑忠著 . -- 北京：中国人民大学出版社，2024. 12. --（党的自我革命与纪检监察研究丛书）. -- ISBN 978-7-300-33528-5

Ⅰ. D262. 6

中国国家版本馆 CIP 数据核字第 2024HV9762 号

党的自我革命与纪检监察研究丛书

新时代党内监督体系建设研究

肖剑忠 著

Xinshidai Dangnei Jiandu Tixi Jianshe Yanjiu

出版发行	中国人民大学出版社		
社　　址	北京中关村大街 31 号	**邮政编码**	100080
电　　话	010－62511242（总编室）		010－62511770（质管部）
	010－82501766（邮购部）		010－62514148（门市部）
	010－62515195（发行公司）		010－62515275（盗版举报）
网　　址	http://www.crup.com.cn		
经　　销	新华书店		
印　　刷	北京昌联印刷有限公司		
开　　本	720 mm×1000 mm　1/16	**版　　次**	2024 年 12 月第 1 版
印　　张	16.75 插页 1	**印　　次**	2024 年 12 月第 1 次印刷
字　　数	214 000	**定　　价**	78.00 元
